금융시장의 이야기꾼들

Stories of Capitalism: Inside the Role of Financial Analysts

금융시장의 이야기꾼들

애널리스트의 내러티브 전략

슈테판 라인스 지음

권세훈·한상범 옮김

한울
아카데미

Stories of Capitalism

Inside the Role of Financial Analysts

by Stefan Leins

감사의 말

이 책을 위한 현장 연구는 실제 연구 프로젝트를 계획하기 훨씬 오래전부터 시작되었다. 인류학 공부를 위한 학자금 마련을 위해 나는 몇 년간 은행에서 파트타임으로 일했다. 처음 근무했던 은행은 프랑스 금융회사로, 인류학자인 빈센트 레피나이Vincent Lépinay의 2011년 저서인 『금융 강령Codes of Finance』의 현장 조사지로 현재 잘 알려져 있다. 두 번째 은행은 취리히에 있는 미국 은행이었다. 내가 은행에서 일하기로 마음먹은 것은 금융시장에 대한 특별한 관심이 있었기 때문은 아니었다. 그보다는 은행이 술집이나 기록보관소보다 근로 학생들에게 더 나은 급여를 지급했기 때문이다. 그러나 직장에서의 첫날부터 나는 금융의 문화적 특성에 매료되었다. 처음으로 은행원으로 차려입고, 술자리에도 참석하며, 미국 고객이 현금으로 찾으려고 했던 100만 달러를 손가락으로 세어보았던 경험들을 기억한다. 이러한 일들은 나를 믿고 그들의 업무 환경에 익숙해질 수 있도록 도와준 여러 은행 실무자들 덕분에 가능했다.

나중에 연구의 주요 관찰 장소가 된 스위스은행에서 또 다른 은행가 그룹이 내가 은행 내부에서 현장 연구를 할 수 있도록 해주었다. 나는 인류학에 진심 어린 관심을 갖고 현재 금융시장 활동을 비판적으로 평가하는 훌륭한 멘토들의 지도를 받을 수 있는 행운을 누렸다. 게다가, 많은 애널리스트가 내게 정보를 제공하고, 그들의 업무 루틴을 설명하며, 내가 그들의 전문적인 직업 생활에 참여할 수 있도록 도와주었다. 이러한 분들이 없었다면 이 연구는 불가능했을 것이다. 이들의 지원에 감사의 뜻을 표한다. 인류학 연구에서는 이렇게 문을 열어준 사람들과 대담자들의 실제 이름을 밝히지 않는 것이 관례이다. 그럼에도 불구하고 그들이 이 책에서 자신의 신원을 확인할 수 있을 것으로 믿는다.

나의 학문적 멘토인 피터 핀케Peter Finke와 엘런 헤르츠Ellen Hertz는 연구 프로젝트에 처음부터 동행하여 이 책이 완성되는 데 크게 기여했다. 나를 위해 학계의 문을 열어주고, 제 프로젝트를 믿어주며, 학문적으로나 개인적으로 지속적인 지원을 해주신 피터에게 감사드리고 싶다. 마찬가지로 엘런은 연구와 집필 전 과정에서 놀라운 지원을 해주었고 그녀의 훌륭한 전문지식도 공유해 주었다. 원고를 시카고 대학교 출판부에 보내자고 제안한 것은 엘런이었다. 아마도 나는 그렇게 할 용기가 없었을 것이다. 고마워요, 엘런! 하인츠 쾨퍼러Heinz Käufeler에게도 감사의 말씀을 드린다. 스위스 인류학 대학원Swiss Graduate School in Anthropology의 학장인 그는 나와 같은 젊은 연구자들에게 우리의 연구 프로젝트를 만나서 토론할 수 있는 기회를 주었다. 또한, 하인츠는 인류학은 물론 일상 정치에서 힙스터 문화에 이르기까지, 사실상 모든 것에 대해 영감을 주는 대화를 항상 준비하고 있었다.

스위스은행의 연구 프로그램에서 내 프로젝트의 현장 연구에 대한 연구비를 지원했다. 취리히 대학교의 연구 기금Forschungskredit은 집필 단계에서 재정적 지원을 제공했다. 이 두 기관 모두 내가 학문적 관심 분야에 전

넘할 수 있도록 도와주었을 뿐만 아니라, 이를 수행할 재정적 수단도 제공해 주어 연구에 큰 도움이 되었다. 이 프로젝트에 자금을 지원해 주신 모든 분께 감사드린다.

이 프로젝트를 진행하는 동안 많은 사람이 자신의 의견과 아이디어를 공유함으로써 연구를 개선하는 데 도움을 주었다. 취리히 대학교 사회·문화인류학과의 동료들은 수많은 영감을 주는 토론과 비공식 대화를 통해 내 작업에 기여했다. 스위스 인류학 대학원의 일원으로서, 진 코마로프Jean Comaroff와 존 코마로프John Comaroff, 알도 해슬러Aldo Haesler, 조지 마커스George Marcus, 리처드 로텐부르크Richard Rottenburg, 그리고 하인츠페터 즈노이Heinzpeter Znoj가 프로젝트에 대해 의견을 제시했다. 골드스미스 런던대학교Goldsmith, University of Lonon에서는 레베카 캐시디Rebecca Cassidy, 클레어 루수아른Claire Loussouarn, 안드레아 피삭Andrea Pisac, 그리고 알렉스 프레더Alex Preda가 유용한 피드백을 제공했다. 독일 예나Jena 대학에서는 올리버 케슬러Oliver Kessler, 옌스 마세Jens Maesse, 한노 팔Hanno Pahl과 함께 일하는 사회학자들의 도움을 받아 논리의 전개를 강화할 수 있었다. 카린 노어 세티나Karin Knorr Cetina는 2015년 취리히에서 열린 워크숍에서 나의 연구에 대해 논평했다. 카를로 카두프Carlo Caduff와 빌 마우러Bill Maurer는 최초에 제출했던 연구 개요에 대해 귀중한 의견을 제공했다. 산드라 베른로이터Sandra Bärnreuther는 수정된 원고의 일부를 읽었다. 에밀리오 마르티Emilio Marti는 내가 제시한 주장이 경영학에서 조직관리 분야를 연구하는 학자들에게 명확히 전달되는지 확인하기 위해 친절하게도 책의 서론과 이론적 논의 부분을 검토해 주었다.

2015년에 런던경제 대학교London School of Economics 인류학과에서 방문 연구원으로 두 학기를 보내는 동안, 로라 베어Laura Bear는 대단히 귀중한 멘토였으며 연구에 대해 통찰력 있는 의견을 풍부하게 제공해 주었다. 그녀는 또한 세계 최고의 경제인류학자들과 토론할 기회를 준 경제인류학 프로그램에 나를 초청했다. 2015년 5월 런던경제 대학교에서 열린 투기에 관한 워크숍에 참석한 리투 비를라Ritu Birla, 막심 볼트Maxim Bolt, 킴벌리 총Kimberly Chong, 엘리자베트 페리Elisabeth Ferry, 캐런 호Karen Ho, 캐럴라인 험프리Caroline Humphrey, 데버라 제임스Deborah James, 스틴 푸리Stine Puri, 기사 베스칼니스Gisa Weszkalnys, 케이틀린 잘룸Caitlin Zaloom의 의견에 대해 감사드린다. 또한 여러 차례 조언을 해준 후안 파블로 파르도-게라Juan Pablo Pardo-Guerra와 레온 반슬레벤Leon Wansleben에게도 감사드린다.

맨더빌Mandeville에서 맨큐Mankiw까지 경제학설사를 토론하기 위해 정기적으로 모였던 취리히 지역 기반의 경제와 문화 독서 그룹에도 빚지고 있다. 커리큘럼의 일부로 니나 반디Nina Bandi, 데이비드 오이그스터David Eugster, 도미니크 그로스Dominik Gross, 마이클 콜러Michael Koller 그리고 율리아 라이헤르트Julia Reichert가 책의 초기 버전을 읽고 논평을 해주었다.

시카고 대학교 출판부의 프리야 넬슨Priya Nelson은 책의 주제에 대한 나의 열정을 공유하고, 첫 원고를 읽기 쉽고, 즐겁게 읽히는 책으로 바꾸는 데 도움을 주었다. 내 책을 믿어 주고 개선할 수 있도록 도와준 시카고 대학교 출판부의 편집위원인 프리야Priya와 원고 리뷰어들에게도 빚을 졌다. 자신의 신원을 공개하기로 동의한 다로미르 루드니키Daromir Rudnyckyj도 리뷰어 중 한 명이었다. 영감을 주는 그의 상세한 논평은 이제 책의 많은 부분에 반영되었다.

마지막으로, 가족과 친구들은 연구를 진행하는 동안 변함없는 응원을 보내주었고, 힘들 때마다 동기를 부여해 주었다. 어머니 도미니크Dominique와 아버지 토마스Thomas의 무조건적인 지원과 저와 제 동생 미리엄Miriam과 로빈Robin에게 보여준 큰 사랑에 감사드린다. 창의성, 호기심, 열린 마음을 촉진하는 여러분의 아름다운 방식이 이 책의 기반이 되었다. 끝으로, 무엇보다도 나자 모시만Nadja Mosimann에게 특별한 감사의 마음을 전한다. 당신의 뛰어난 지능, 열정, 그리고 누구와도 비교할 수 없는 당신의 개인적인 지원이 없었다면 이 모든 것은 불가능했을 것이다. 나자에게 모든 것에 대한 감사를 전하며, 이 책을 당신에게 바친다.

차례

Stories of Capitalism

Inside the Role
of Financial Analysts

제1장

예측하는 사람들과 만나다

Meeting the Predictors

❖

2010년 봄, 글로벌 금융위기는 끝나가는 것처럼 보였다. 각국 정부는 소위 시스템적으로 중요한 금융기관들에게 구제금융을 제공했고, 주식시장은 서서히 회복 조짐을 보였다. 그러나 여전히 사활을 다투는 기업들과 계속 증가하는 실업률은 금융위기의 비극을 분명하게 보여주고 있었다. 그리스나 스페인 같은 나라들은 50% 넘는 청년실업률을 보고했고, 각국 정부 지출은 전례 없는 수준으로 낮아졌다. 주택시장 투기의 후폭풍으로 미국에서만 약 1000만 가구가 집을 잃었다. 그럼에도 대다수 관계자들은 금융시장이 위기를 극복한 것으로 보인다고 주장했다.

그러나 이러한 낙관적 견해는 오래가지 못했다. 2010년 5월 7일, 필자는 현장 연구fieldwork를 하려는 재무분석 부서 사람을 만나기로 약속되어 있었다. 오전 9시 12분, 휴대전화 벨이 울렸다. "시장이 미쳐 날뛰네요. 우리 미팅은 어렵겠습니다."[1] 무슨 영문인지 몰라 인터넷 검색을 시작했다. 뉴욕 시간으로 5월 6일 오후 2시 45분, 가장 중요한 주가지수 중 하나인 다우존스the Dow Jones 산업지수가 불과 몇 분 만에 9% 하락했다. 순간적 급락the Flash Crash의 정확한 원인이 무엇인지는 여전히 논란거리지만, 그날 분명한 사실 한 가지를 깨달았다. 금융시장 예측은 아무리 그럴듯해도 아주 빠르게 쓸모없는 것이 될 수 있다는 것. 재무분석가financial analyst(이하 애널리스트analyst)* 스스로 기꺼이 인정하는 바, 흔히 시장 예측은 단지 베팅에 불과한 것이 되고 만다. 이러한 통찰은 2010년에 금융위기의 장기적 전개

---

* 원서에서 저자는 "financial analyst"와 "analyst"를 의미의 차이 없이 혼용했다. 본 번역서는 이후로 두 용어 모두 "애널리스트"로 번역했다. 참고로 미국 투자은행들에서는 애널리스트를 신참 직원들의 직위를 일컫는 용어로 사용하기도 한다. 이 책 1장의 미주 5번을 참고하라 — 옮긴이.

상황을 예측하는 일에도 그대로 적용되는 것이었다. 필자는 단지 금융위기 이후의 결과들을 경험하는 차원을 넘어, 2010년 통화전쟁("Currency Wars," 2010), 2011년 칼날 위의 경제("On the Edge," 2011), 그리고 2011년 유로의 종말 가능성("Is This Really the End?" 2011)을 목도했다. 대공황 이래 최대의 금융위기가 비극적으로 지속되는 것을 관찰한 것이다.

2010년 9월 오늘날 가장 큰 블랙박스 가운데 하나인 금융계 내부에서 벌어지는 일들을 이해하고자 2년간의 현장 연구를 위해 가칭 스위스은행*에 들어갔다. 필자가 태어나고 자란 취리히는 스위스의 주요 은행 두 곳과 중소규모 금융기관 수십 개가 있다. 금융 부문은 스위스 취리히 칸톤** 경제 GDP의 22% 이상을 차지하는데(Kanton Zürich, 2011: 7), 이들 금융 부문의 자세한 내막은 취리히 사람들에게 잘 알려져 있지 않다. 이러한 불투명성은 금융계 사람들이 자신들 일에 대해 공개적으로 말하는 경우가 드물기 때문이기도 하다. 또한 금융 부문은 해당 지역에 막대한 영향력을 행사하고 세계 경제를 지배하는 막강한 기업체로 인식되는 것을 피하고, 단순한 서비스 산업들 가운데 하나에 불과한 것처럼 보이는 데 성공했기 때문이다.

수치로 보자면 2005년 스위스의 은행계정 총자산 규모는 스위스 GDP의 여덟 배다(참고로 미국의 경우는 국내 계정 총자산 규모가 자국의 GDP와 거의 같은 규모다). 이러한 자산들은 압도적으로 많은 부분이 해외로부터 유입된 것으로, 스위스를 세계에서 가장 큰 역외금융 중심지로 만들어주었다. 대략 말하자면 전 세계 금융자산 가운데 국외에 유치된 것은 3분의 1이 스

•   저자는 책 전체를 통해 자신이 현장 연구 했던 금융기관에 대해 실명 대신 스위스은행(Swiss Bank)이라는 가명을 사용했다 — 옮긴이.

•• 스위스의 행정구역 유형으로 스위스 연방은 26개 주(칸톤, canton)로 이루어져 있다. 취리히 칸톤은 스위스에서 가장 인구가 많은 칸톤이다 — 옮긴이.

위스의 은행계정에 들어가 있다(Straumann, 2006: 139; Wetzel, Flück and Hofstä tter, 2010: 352; Zucman, 2016).

　필자는 스위스은행의 허락으로 재무분석 부서의 일상 업무에 참여했는데, 학벌이 좋고 높은 급여를 받는 150여 명이 근무하는 대규모 부서였다. 애널리스트들은 시장의 전개 상황을 파악하기 위해 정보를 수집하고 분석하며, 투자 기회를 포착하기 위해 기업, 산업, 국가, 지역별로 가치를 평가한다. 그들은 이러한 일을 통해 영향력 강한 시장 참가자가 된다. 그들의 가치평가와 투자 조언은 자본 흐름을 생성, 증가, 감소, 또는 단절시킨다. 애널리스트들이 투자 미래가 유망하다고 전망하는 기업은 사업이 번창할 수 있다. 애널리스트들이 한 국가의 미래 경제 발전을 긍정적으로 평가한다면 해외로부터 투자 유입이 흘러넘칠 것이다. 마찬가지로 애널리스트들은 기업이나 국가를 망하게 할 수도 있다. 아르헨티나나 그리스처럼 "시장이 기다려줄 수 없는" 나라 또는 "시장의 가중된 압력으로" 구조조정에 처한 기업들을 생각해 보라. 어느 정도는 애널리스트들이 경제를 다스리는 셈이다. 기업, 국가, 통화, 그리고 오늘날 금융시장 경제에서 투자와 거래가 가능한 대상은 그 무엇이든 가치 협상에 애널리스트들이 관여한다.[2]

　애널리스트들이야말로 금융시장의 진정한 권력자임을 알게 되는 것은 그리 어렵지 않다. 그러나 필자가 스위스은행에서 깨달은 바로는 이야기가 그리 간단하지만은 않다. 그들의 영향력에도 불구하고, 그들의 역할은 두 가지 수준에서 도전을 받는다.

　첫째, 재무분석은 본질적으로 경제 이론의 핵심 전제를 거스르는 것이다. 경제학자들은 시장을 이길 수 있다는 생각에 대해 상당히 회의적이다. 즉, 특정 예측 방식에 의존하는 투자 전략은 주식시장 전반의 성과를 뛰어넘을 수 없다는 것이다. 알프레드 카울스Alfred Cowles의 연구 이후 경제학자들은 시장 전개에 대한 정확한 예측은 계산 능력이나 전문성에 의한 것이 아니라 단지 운의 결과라고 설명한다(Cowles, 1933). 오늘날 경제학계를 평정한 시카고 스타일의 주류 경제학은 시장 움직임이 예측될 수 있다는 주장을 가혹하게 검증했다.

1960년대와 1970년대에 잘 알려진 경제학자인 새뮤얼슨Paul Samuelson, 파마Eugene Fama, 맬키얼Burton Malkiel 등은 주류 경제학계에 "예측 비판critique of forecasting"을 유행시켰다. 맬키얼은 그의 책 『랜덤워크 투자수업Random Walk Down Wall Street』에서 "논리를 끝까지 확장하면, 랜덤워크, 즉 무작위 보행 이론은 눈을 가린 원숭이가 신문 금융란에 다트를 던져 투자 종목을 선택하는 것과 전문가의 신중한 종목 선정이 별다를 바 없음을 뜻한다"고 말했다(Malkiel, [1973] 1985: 16). 이러한 도발적 발언은 새뮤얼슨과 파마가 정립한 효율적 시장 가설efficient market hypothesis에 기반한다(Fama, 1965, 1970; Samuelson, 1965).[3] 효율적 시장 가설은 시장이 정보 측면에서 효율적이라고 주장한다.* 기대되는 주식가격 변화, 즉 정보는 매우 빠르게 가격에 반영되므로 애널리스트가 주가 변화를 예측할 수 있는 여지가 별로 없다는 것이다. 파마의 말처럼, 효율적 시장에서 주식시장을 예측할 수 있는 유일한 가능성은 다른 사람들은 모두 알지 못하는 정보를 누군가 가지고 있을 때뿐이다. 이러한 내부 정보는 원칙적으로 애널리스트가 접근할 수 없기 때문에, 주류 경제학자들은 시장 예측은 제한된다고 믿는 것이다.

둘째, 애널리스트의 역할은 성공하는 경우가 많지 않다는 통계적 증거에 의해 심각하게 도전받는다. 필자가 실제로 스위스은행에서 경험한 것

---

* 경제학에서 효율성은 기본적으로 배분적 효율성(distributional efficiency), 즉 희소한 자원을 낭비 없이 잘 활용한다는 개념이다. 이와 대조적으로 정보 효율성(informational efficiency)은 가격이 정보를 잘 반영한다는 개념이다 — 옮긴이.

처럼, 흔히 애널리스트들은 금융시장 미래를 정확히 예측하는 데 실패한다. 시장이 (정보에) 효율적이지 않더라도 그들은 예측에 실패하게 된다. 수집된 정보 가운데 어떤 부분이 어떤 방식으로 금융시장에 영향을 미치는지 알지 못하기 때문이다. 애널리스트들의 미래 예측 불확실성 문제를 통계적으로 분석한 연구들은 한결같이 애널리스트들이 평균적으로 시장보다 더 우수한 성과를 얻지 못했다는 결론을 도출했다(Working, 1934; Kendall, 1953; Osborne, 1959).

이러한 발견은 실증적인 금융 연구뿐만 아니라 언론매체에서도 여러 차례 반복되었다. 예를 들어 2003년부터 2009년까지 ≪시카고 선타임스 Chicago Sun-Times≫는 투자 전문가 애덤 몽크Adam Monk의 연간 주식시장 예측을 발표했다. 애덤은 소유주인 빌 호프만Bill Hoffmann의 도움을 약간 받아 매년 초에 신문 금융란에서 무작위로 주식 다섯 종목을 선택하는 꼬리감는원숭이capuchin monkey의 이름이다. ≪시카고 선타임스≫는 농담 삼아 이들 주식을 투자 조언으로 홍보한 것이다. 2006년, 애덤이 전체 주식시장 성과와 비슷한 또는 그의 많은 인간 동료보다 더 우수한 성과를 보인 이후, CNBC 텔레비전의 유명한 애널리스트 짐 크래머Jim Cramer가 애덤 몽크에게 도전장을 내밀었다. 짐 크래머는 매년 초 그 자신도 다섯 종목을 선택하여 자신 같은 스타 애널리스트가 원숭이보다 더 우수한 성과를 낸다는 사실을 보여주려 했다. 그러나 그는 자신의 주장을 입증하는 데 실패했다. 2006년과 2008년에 원숭이의 성과가 더 좋았기 때문이다〔성과 추적은 Free by 50(2009)에 의함〕. 영국에서도 같은 실험이 반복되었다. 올랜도Orlando라는 고양이가 2012년 인간 투자자들을 이겼다. 금융 전문가 그룹, 투자 초보 학생 그룹, 올랜도, 이렇게 세 팀이 대항했는데 올랜도가 가장 높은 수익률을 거둔 것이다(Investments, 2013).

애널리스트들은 왜 존재하는가?

이론적 주장과 실증적 실험을 통해 제기되는 질문은 그렇다면 "왜 애널리스트들이 존재하는가?"이다. 이 책은 인류학적 관점에서 시장의 일상적 기능으로서 재무분석과 애널리스트의 역할에 대해 탐구할 것이다. 필자의 관심사는 불확실한 상황에서 애널리스트들이 어떻게 행동하는지, 어떻게 시장 예측을 형성하는지, 그리고 경제 이론이나 실증적 성공으로 충분히 뒷받침되지 못함에도 불구하고 어떻게 영향력 강한 시장 참가자가 될 수 있는지 살펴보는 것이다.

애널리스트는 다음 세 가지 방식으로 그들의 영향력을 만들고 유지한다. 첫째, 그들은 자신들을 금융시장 전문가 그룹이자 특별한 범주의 세부 전문가 그룹으로 자리매김하는 데 성공했다. 자신들만의 언어와 의상 스타일 같은 문화적 코드를 사용하고, 특별한 지식 체계를 인용함으로써 스스로를 다른 금융 전문가 그룹들과 차별화했다(Boyer, 2005, 2008). 그리하여 그들은 상징자본symbolic capital을 획득했는데(Bourdieu, 1984), 이는 다른 금융 전문가들과 구분되는 데 도움이 된다. 둘째, 그들은 시장 예측이라는 개념을 정립하여, 고도로 불안정하고 불확실한 금융시장 분야에서 통제감sense of agency*을 형성하는 내러티브narrative를 만들어낸다. 그들의 투자 내러티브는[4] 투자자로 하여금 시장 움직임은 무작위가 아니며 애널리스트들의 작업을 통해 이해될 수 있다고 믿게 만든다. 셋째, 그들의 존재와 활동은 고객자산 관리업wealth management이나 은행업에 도움이 된다. 그리고 고객들이 계속 투자하도록 유도해 은행이 수수료 수입을 얻는 것을 돕는다. 결국 이러한 이유로 인해 애널리스트들은 이론적 의구심과 경험적 실패에도

---

* 이후에서는 문맥에 따라서 "주체성"으로도 번역하였음 — 옮긴이.

불구하고 금융시장에서 오히려 강력한 지위를 확보할 수 있었다.

이 책 전체를 통해 재무분석가financial analysts 또는 애널리스트analysts라는 용어는 특별히 기본적 재무분석가fundamental financial analysts를 지칭하는 말로 사용한다.[5] 기본적 분석 또는 펀더멘털 분석fundamental analysis*은 (기업의 이익, 매출, 현금흐름 등과 같은) 기본적인 재무 자료와 (이자율이나 성장률 추정치 같은) 거시경제 자료를 이용하여 주식, 채권, 기타 금융 상품의 가치를 평가하는 시장 기능을 말한다. 애널리스트들은 재무 자료와 거시 자료로부터 기업의 내재가치intrinsic value를 추정할 수 있다고 전제한다. 내재가치는 시장가치와 달리 시장 참가자들에게 주어질 수 있는 모든 관련 정보를 반영하며, 단기적 치우침의 영향을 많이 받지 않는다(Chiapello, 2015). 내재가치와 시장가치를 비교함으로써 투자분석가는 미래의 시장 변화를 예측한다. 즉, 내재가치가 현재의 시장가치보다 높다면, 주가가 오를 것이라고 본다(정보는 결국 시장가격에 반영될 것이므로). 반대로 내재가치가 시장가치보다 낮다면, 주가는 떨어질 것이라고 본다(Bodie, Kane and Marcus, 2002; Copeland, Koller and Murrin, 2000; Zuckerman, 2012).

재무분석 방법으로 펀더멘털 재무분석만 있는 것은 아니다. 다른 방법으로는 흔히 차트분석chartism으로 불리는 기술적 분석technical analysis이 있다(Preda, 2007, 2009; Zaloom, 2003). 기술적 분석가들은 (애널리스트들이 시장의 기본적 정보라고 부르는) 재무 및 경제 자료에 주목하기보다는 시장가격의 시각적 변화를 연구한다. 주식, 채권, 기타 금융 상품의 가격이 어떻게 변할지 분석함에 있어, 그들은 시장가격의 미래 변화에 대해 통찰력을 주는 (시각적) 패턴을 파악하려 노력한다(기술적 분석에 대한 자세한 내용은 이 책의 4

---

*   fundamental analysis는 흔히 "기본적" 분석 또는 "펀더멘털" 분석으로 번역되나, 이 책에서는 오해의 소지가 없는 한 이후에는 기본적 분석으로 번역하기로 한다 — 옮긴이.

장과 5장을 참고하라). 아무튼 중요한 것은 기본적 분석이든 기술적 분석이든 둘 다 주류 경제 이론으로부터 정당성을 인정받지도 못하며, 실제 투자에서도 좋은 성과를 보이지 못한다는 점이다. 그러나 두 방법이 실패를 변명하는 방식은 다르다. 다만 이 책에서 불확실성을 극복하기 위해 내러티브 전략을 구성하는 것에 대해 말할 때는 기술적 분석이 아닌 기본적 분석을 지칭하기로 한다.

애널리스트와 내러티브 경제

금융시장은 각 참가자 그룹이 영향력을 얻고 존중받는 특화된 전문가 범주로 인식되고자 분투하는 장場으로 볼 수 있다. 물론 이러한 관점은 전적으로 새로운 것은 아니다. 마르크스 이후 정치경제학자들은 경제를 정치적 투쟁의 장으로 분석해 왔다. 비슷한 맥락에서, 경제인류학자들은 오랫동안 시장과 권력의 상호작용에 대해 집중했다(개관을 위해서는 Hann and Hart(2011) 참조). 지금껏 금융에 대한 사회학적 연구는, 이 책에서 언급되는 많은 연구에 영감을 불어넣었지만, 금융 전문가들의 광범위한 사회적·정치적 역할에 대해서는 별다른 주의를 기울이지 않았다. 금융을 사회학적 관점에서 연구하는 학자들 대다수는 지식의 생산과 유통 방식을 강조함으로써 전문 지식 자체에 초점을 맞추어 금융시장을 연구해 왔으며, 이 전문 지식이 어떻게 영향력을 갖게 되는지에 대해서는 덜 다루어 왔다.

지식과 금융의 관계를 연구하는 많은 학자는 특히 **수행성**performativity*이

---

* 수행성(遂行性, performativity)은 대화나 발화(發話)의 역할을 단순히 의사소통을 하기 위한 것이 아니라 그 자체가 행위가 되거나 행위를 완결하기 위한 것으로 설명하는 용어이

라는 개념에 중점을 둔다. 캘런Michel Callon이 소개한 이 용어는 경제 이론으로 경제의 틀을 구성하는 것을* 설명하기 위해 사용되었다(Callon, 1988). 캘런은 「경제학이 수행적이라는 말의 뜻은 무엇인가?What Does It Mean to Say That Economics Is Performative?」라는 유명한 논문에서, "경제 주체들의 행태를 예측하기 위해서는, 경제 이론이 반드시 진리일 필요는 없다. 모두가 그렇다고 믿기만 하면 된다"고 말한다(Callon, 2007: 322). 효율적이고 전적으로 수요 공급에만 기반하는 주류 경제학의 시장 모형도 마찬가지다. 그 내용 자체가 자연스러운 것이냐가 중요한 것이 아니다. 오히려, 그것은 지속적인 수행적 담론performative discourse, 즉 "자신이 묘사하는 현실의 구축에 기여하는" 담론을 통해 그 자체가 현실의 일부가 된 모델로 보아야 한다(Callon, 2007: 316; Muniesa, 2014).[6]

이러한 수행적 효과를 분명히 보여주는 것으로 금융의 사회학적 연구자들은 대표적으로 다음 두 가지 실증 사례를 든다. 첫째는 가르시아-파르펫Marie-France Garcia-Parpet의 딸기 시장 연구다(Garcia-Parpet, 2007). 이들은 프랑스의 딸기 시장 구조조정 과정에서 경제 컨설팅 전문가가 주류 경제학에 따른 조언을 제공함으로써 중대한 영향을 끼친 사례를 연구했다. 딸기 시장은 구조 설계 및 기술적 개입을 통해 주류 경제학 이론에 부합하는 방식으로 작동하게 되었다. 이는 경제 이론이 자연법칙이기 때문이 아니라, 주류 경제학적 틀에 따라 시장의 구조를 바꾸었기 때문이다. 두 번째 예는 블랙-숄즈Black-Scholes 공식이다. 매켄지Donald MacKenzie와 밀로Yuval Millo가 보여준 것처럼, 옵션가격을 계산하는 수학 공식인 블랙-숄즈 공식의 개발은

다. 결혼 주례자가 "두 사람을 부부로 선언합니다"라고 말하는 것, 야구 심판이 스트라이크를 선언하는 것, 판사가 판결을 내리는 것 등을 예로 들 수 있다 — 옮긴이.

* 원문 표현: the framing of the economy (as a field) by economic theory — 옮긴이.

금융시장의 가격 모형에 중대한 영향을 미친다(MacKenzie and Millo, 2003). 이 경우는 딸기 시장의 예와는 다르게, 설계나 기술혁신이나 컨설팅이 아니라, 주류 경제학 틀에 맞추어 개발된 경제 모형이라는 비인격 실체를 통해 수행성이 강제된다.*

　이러한 수행성 개념으로 인해 금융 분야에서 새롭고 영감 넘치는 연구들이 대거 등장했고, 금융의 사회학적 연구도 큰 인기를 얻게 되었다. 그러나 다수의 연구자들이 캘런에 의해 정립된 수행성 이론에 대해 비판적 관점을 취하기 시작했다. 예를 들어 버틀러Judith Butler는 금융 사회학에서 학자들이 사용하는 수행성 개념이 경제학을 자기완성적으로 보는 개념 notion of economics as an autonomous field을 암묵적으로 재생산한다고 우려를 표명했다(Butler, 2010). 만약 모든 경제 과정이 경제 이론을 따른다면, 경제학에 대해 (신고전파 경제학이 주류 경제학 헤게모니를 장악한 문제를 제외하고도) 정치적 차원의 비판을 가하는 것이 어려워진다. 비판적 관점을 포기하는 캘런의 입장(Barry and Slater, 2002: 301) 대신에 버틀러는 소득 불평등을 확대하고, 빈곤의 기능적 필요성을 전제하고, 부의 재분배 형식을 수립하려는 노력을 방해하는 자본주의의 다원적 작동 방식을 평가하고 반대하는 시도가 필요하다고 주장한다(Butrler, 2010: 153).

　이와 비슷한 취지로 수행성 개념이 탈정치화 효과를 가질 염려가 있다는 비판도 있다(Mirowski and Nik-Khah, 2007). 수행성 연구 학자들은 경제학자들 사이에서 말해지는 이야기들을 그대로 수용하여 반복할 뿐, 비판적으로 반추하지 못하며, 따라서 자연과학에 준하는 경제과학economic science이라는 개념을 재생산함으로써 주류 경제학의 동반자가 된다는 것이다.

---

*　경제적 수행성 연구를 개관하려면 MacKenzie, Muniesa and Siu(2007)를 참고하라 — 옮긴이.

실증적 측면에서도 비판이 제기되었다. 반슬레벤Leon Wansleben은 외환시장의 전문 지식에 관한 자신의 책에서(Wansleben, 2013a) 시장 지식을 만들고 그 틀을 짜는 것은 경제 이론이라기보다는 "지식 문화epistemic cultures"라고 말한다(Knorr-Cetina 2007). 라일즈Annelise Riles는 법학자들이 금융시장에서 전문성을 구축한 방식을 관찰하면서 비슷한 비판을 제기했다(Riles, 2010). 마지막으로 인류학자인 밀러Daniel Miller는 경제학 교과서와 수행성 학자들의 주장에 모두 반대하면서 오늘날 거래가 시장 법칙에 따라 작동하는 경우가 드물다는 것을 실증적으로 보여주었다(Miller, 2002).

필자는 밀러와는 반대로 경제 이론이 현재의 시장 실무에 대해 큰 영향력을 가지고 있다고 믿는다. 그러나 기존의 수행성 연구 결과와는 달리, 필자의 연구는 경제학에서 이론적 정당성을 갖지 않음에도 불구하고 영향력 있는 시장 관행이 형성되고 지속된 특정한 사례에 초점을 맞추어 살펴본다. 재무분석은 이론과 실무 사이의 수행성 효과가 약한데, 그 이유 가운데 하나는 재무분석이 자동적으로 이루어지는 시장 실무는 아니기 때문이다. 내재가치를 추정하기 위해서는 계산법뿐만 아니라 문화적으로 주어지는 해석과 사회적 상호작용도 필요하다. 이는 계량재무학quantitative finance으로도 불리는 수학적 재무학mathematical finance과는 상당히 다른 점이다. 참고로 계량재무학은 모형의 평가 결과가 (흔히 인간적 개입이 전혀 없이) 바로 투자 결정에 영향을 준다는 의미에서 그러한 명칭으로 불린다. 따라서 최근 수행성 연구가 포트폴리오 가격 결정이나 알고리즘 트레이딩 같은 계량재무학 분야에서 실행되는 경우가 많은 것은 전혀 놀라운 일이 아니다(Beunza and Stark, 2004; MacKenzie, 2006; MacKenzie et al., 2012; MacKenzie and Millo, 2003; Stark and Beunza, 2009). 재무분석 같은 좀 덜 자동적인 분야는 경제 이론과 시장 실무 사이의 관계가 다르다. 애널리스트들은 때로는 경제 이론 개념을 무시하거나 거부하면서도, 한편으로는 자신들의 시장 실무를 합리화하려고 경제 이론을 사용한다. 여기서 경제 이론은 계량재무학처럼 시장 실무를 직접적으로 수행하지는 않고 참고 사항이 될 뿐이다.

기존의 금융 사회학 연구들로부터 아직 배울 점이 많다. 특히 전문가 지식이 어떻게 등장하고 안정되는지에 대해서 그렇다. 베운자Daniel Beunza와 가루드Raghu Garud의 연구가 특히 중요한데(Beunza and Garud, 2007), 이 책 여러 곳에서 애널리스트를 분석한 이들의 연구를 논의한다. 이들은 애널리스트들이 작성한 보고서에 대해 연구하면서 애널리스트들이 계산틀(calculative frame)을 창조한다는 관점을 도입했다. 계산틀이란 경제적 계산을 수행하기 위한 인식적이고 물질적인 토대를 지칭하며, 정보가 지니는 의미에 대해 애널리스트들이 서로 합의하는 방식을 뜻한다. 애널리스트들이 틀을 창조한다고 보는 이러한 관점은 경제 개념과 사회기술 제도, 그리고 인식 문제를 통합적으로 분석할 수 있게 해준다. 이렇게 함으로써 애널리스트들의 복잡한 활동 영역을 이해하는 데 도움이 되도록 애널리스트에 대한 이전의 관념(예: 계산자, 모방자, 정보 가공자 등)들을 더욱 정교화할 수 있다.

그러나 베운자와 가루드의 연구에서 빠진 부분이 있는데, 바로 그 계산틀이 실무적 차원에서 어떻게 등장했고 어떻게 영향력을 가지게 되었는지를 실증적으로 관찰하는 것이다. 그 대답은 이 책이 제시하는 좀 더 일반적인 주장의 한 부분을 이룬다. 이 책은 애널리스트들이 자신들의 예측을 설득력 있는 이야기로 만들어내는 데 성공했다고 주장한다. 따라서 시장 예측은 그것을 내러티브 구조에 짜맞출 수 있는 애널리스트의 능력에 고도로 의존하게 되었다.

홈스Douglas Holmes와 아파두라이Arjun Appadurai라는 뛰어난 인류학자 두 사람이 최근 저서를 발간했는데, 여기서 그들은 현재의 경제에서 언어와 내레이션이 지니는 중심적 역할을 강조했다. 홈스는 『말의 경제학: 중앙은행의 의사소통Economy of Words: Communicative Imperatives in Central Banks』이라는 책에서 시장은 "언어의 함수function of language"라고 말한다(Holmes, 2014: 5). 중앙은행의, 특별히 금융위기 시작 이후의 역할과 전략을 분석하면서, 의사소통이 우리가 시장이라고 이해하는 것을 어떻게 만들어내는지를 보여준다. 그의 주장은 중앙은행 총재들의 의사소통은 시장에 대한 반응을 표현하는 것이라기보다는 오히려 시장 자체를 만들어낸다는 것이다. 독자들은 아마도 이러한 주장이 이미 언급한 수행성 논지와 비슷하다는 사실을 알아차렸을 것이다. 그러나 중앙은행 총재들의 의사소통 전략에 대한 홈스의 분석에서 수행성 효과는 시장 실무자와 시장 그 자체 사이에 발생한다. 경제 이론이 중앙은행 총재들의 행위를 만들어내는 것이 아니다. 중앙은행 총재들이 말을 통해 시장을 움직이는 것이다. 유로 위기 당시 유럽 중앙은행의 역할이나 근래의 통화정책 전략에서 재닛 옐런Janet Yellen(미국 연방준비제도이사회 의장)의 전략에 대해 생각해 보면, 말의 역할은 분명하다. 홈스가 설득력 있게 보여준 것처럼 현재의 시장 환경에서 내러티브는 "통화정책의 주된 수단"이 되었다(Holmes, 2009; 2014: 11).

『말에 기초한 은행: 파생금융 시대의 언어의 실패Banking on Words: The Failure of Language in the Age of Derivative Finance』라는 책에서 아파두라이도 현재의 금융 시장에서 언어의 역할을 강조한다(Appadurai, 2016). 2000년대 이후부터는 파생상품 ─ 다른 자산으로부터 가치가 파생되는 금융 수단 ─ 이 투기의 중심적 수단이 되었다는 주장을 도출하면서, 그는 2007년 시작된 금융위기를 언어의 맥락에서 분석한다. 그는 파생상품을 "미래의 불확실성에 대한 약속"이라고 본다. 약속이 언어적 행위라는 사실은 파생상품 시장을 언어적 현상으로 만든다. 홈스와 달리 그는 최근의 금융 현상에서 언어의 성공이 아닌 실패를 진단한다. 그의 논지를 따라가면 2007년 금융위기를 유발한 파생상품 시장의 붕괴는 사실 "약속의 사슬chain of promises"이 무너진 것이다.

홈스와 아파두라이의 연구는 언어가 현재의 경제체제에서 가장 중요한 질적 요소임을 알려준다. 금융시장이라는 맥락에서 내러티브는 감정affect, 계산 방식, 암묵적 지식tacit knowledge, 그리고 내재화된 경험들로부터 만들어지는 모든 요소를 포괄한다.[7] 그것들은 성과, 미학, 그리고 윤리적 질서에 대한 감각을 통해 구축된다. 이러한 내러티브는 대개는 암묵적인 것이지만 애널리스트가 시장 보고서나 투자 추천 보고서를 작성하고 이를 다른 금융 시장 참가자들에게 전달할 때는 명시적인 것이 될 수도 있다.

다수의 인류학자는 그러한 내러티브에 기여하는 다층적 요소들을 자세히 구분했다. 금융회사 트레이더trader*에 관한 연구에서 잘룸Caitlin Zaloom은 감정과 내재화된 경험의 중요성을 강조했다(Zaloom, 2003, 2006, 2009). 그녀의 지적처럼 금융시장에서는 분명한 근거 없이 감정이 유발되기도 한다(Zaloom, 2009: 245). 레피나이Vincent Antonin Lépinay와 헤르츠Ellen Hertz와 마찬가지로, 그녀도 시장 참가자들이 불확실한 미래에 대처하기 위해 어떻게 시장에 대한 감정을 전개하는지를 보여준다(Lépinay and Hertz, 2005). 필자가 연구한 애널리스트의 경우도 마찬가지다. 그들은 좋은 애널리스트가 되기 위해서는 시장 감각market feeling을 개발할 필요가 있다고 강하게 주장한다. 이러한 시장 감각은 과거 성공과 실패의 경험이 내재화된 결과로서, 향후 미래의 희망과 의심에 반영되고, 한번 정립된 뒤에는 확신이 된다(Chong and Tuckett, 2015; Miyazaki 2007; Wansleben, 2013a을 보라).

시장 감각 수립과 병행하여 애널리스트는 계산 방식에도 관여한다. 더 우수한 성과를 보장하는 하나의 계산법이 있는 것은 아니므로, 계산 방식 역시 전반적인 내러티브에 기여하는 기법들의 광범위한 레퍼토리의 일부

---

* 금융회사에서 금융 거래를 수행하는 업무를 담당하는 사람 ― 옮긴이.

에 불과하다. 애널리스트들은 가격 예측을 위해 여러 방식 가운데 일부를 선택한다. 그러나 감정에서 비롯되는 미래 전망과 부합되지 않는 결과를 산출하는 계산 방식은 결코 사용되지 않는다. "촉gut feeling"이라는 감정적 요소와 계산적 결과가 크게 다르다면 애널리스트는 흔히 계산보다는 촉을 더 선호한다.

또한 투자 내러티브는 성과와 미학적 고려에 따라 형성되기도 한다. 여기서 라일즈의 연구가 중요하다(Riles, 2006, 2011). 그녀는 법적인 문서가 금융시장 내러티브에 어떻게 미학적으로 기여하는지 보여주었다. 그것은 애널리스트들 사이에서 내러티브가 형성되는 과정을 연구할 때도 동일하게 관찰될 수 있다. 애널리스트들은 새로운 내러티브를 만들거나 기존의 것을 안정화시키기 위해 설득력 있는 차트, 표, 그림 등을 활용한다.

금융시장에서 언어와 내러티브의 중심적 기능으로 인해 필자는 현재의 경제를 **내러티브 경제**narrative economy로 생각해 볼 것을 제안한다.[8] 이 개념을 이해하려면 오늘날의 경제는 철저히 미래 지향 시스템이라는 것을 깨달아야만 한다. 베케르트Jens Beckert가 언급한 것처럼 현대 자본주의의 모든 특성 요소는 기대에 기초한다(Beckert, 2013, 2016). 베케르트에 따르면, 혁신, 신용, 상품화, 경쟁이라는 자본주의의 네 가지 특성 요소는 모두 기대의 관리와 관련된 시장 관행들이다. 이런 기대 관리는 "미래에 대한 상상력imaginaries of the future"을 필요로 하기 때문에(Beckert, 2013: 328; see also Bear, 2015, 2016; Comaroff and Comaroff, 2000; Guyer, 2007), 이러한 관행들은 불확실성의 조건 아래에서 이루어진다. 이는 애널리스트와 그들이 시장 변동을 예측하려는 시도에도 해당된다. 애널리스트는 자신이 직면하는 불확실성에 대처하기 위해 미래에 대한 상상력을 창조해야 한다.

내러티브 경제에서는 미래에 대한 이러한 상상력이 자원 배분의 핵심 도구가 된다. 따라서 현재의 경제는 상상력과 내러티브에 의존하여 성장하는 시스템으로 이해될 수 있다. 여기서 애널리스트의 역할이 분명해진다. 그들은 미래의 내러티브를 창조하며, 그것은 다른 시장 참가자가 금융자원을 배분할 때 사용된다.

*   *   *

시장에 애널리스트는 왜 존재하는가? 이 책은 경제학자들이 답하지 못한 이 질문에 인류학적 답변을 제시하려 한다. 먼저 시장 관행으로서의 예측과 경제 이론 간의 관계를 자세히 설명할 것이다. 시장 예측이 경제 이론에서 왜 오랫동안 문젯거리였는지 간단히 훑어본 다음, 은행의 내부를 살펴볼 것이다. 그리고 애널리스트들이 자신들을 특별한 전문가 집단으로 보이게 하는 방식에 대해, 그리고 어떻게 은행 내에서 다른 그룹들과 자신들을 차별화시키는지에 대해 주목할 것이다. 애널리스트들은 영향력을 확보하기 위해 다음과 같은 관념에 의존한다. 즉, 은행업 참가자는 동질적 그룹이 아니라 저마다 고유한 속성으로 정당성과 영향력을 놓고 지속적으로 경쟁하는 다양한 전문가 집단들의 집합체라는 것이다. 이러한 점을 보여주기 위해 현장 연구에서 사용하는 문화서술적^{ethnographic}* 연구 방법이 이용될 것이다.

다음으로 애널리스트들이 관여하는 실무적인 시장 관행과 그들이 투자 내러티브를 구성하는 방식에 대해 초점을 맞춘다. 여기서 초점은 애널리스트라는 행위자로부터 재무분석이라는 행위 자체로 옮아간다. 애널리스

---

* 이 연구 방법은 어떤 특정 문화를 기준으로 묶일 수 있는 민족이나 집단에 직접 참여하여 그들의 일상적 경험과 의미를 깊이 있게 이해하고 해석하는 인류학의 질적 연구 방법 중 하나이다. 문화서술적, 문화기술적, 민속지학, 민족지학, 또는 참여관찰법 등으로 번역되며, 외래어 그대로 에스노그래피라고 불리기도 한다 — 옮긴이.

트들이 사용하는 방법론을 설명함으로써 재무분석이 계산 방식과 문화적 해석 사이를 오가는 시장에서의 실무적 관행임을 보일 것이다. 마지막으로 애널리스트의 시장중개자 역할에 눈을 돌린다. 재무분석 부서를 떠나서 애널리스트들과 다른 금융 참가자들의 관계를 파악하는 것이다. 어떻게 시장 예측이 은행 내부에서 유통되는지 그리고 어떻게 다른 이해관계자가 그것을 투자 결정에 이용하는지 설명한다. 그리고 애널리스트들은 대개 시장의 중립적 관찰자이자 독립적 해설자로 알려져 있지만, 실제로는 투자 촉진 역할을 적극적으로 수행한다는 사실을 언급하고 싶다.

우리는 애널리스트들이 경제의 비전과 미래의 경제 발전을 만들어내는 데 핵심 역할을 한다는 것을 보게 될 것이다. 그들은 금융시장 전문가로서 주가의 상승이나 하락, 특정 투자 상품의 성공이나 실패, 그리고 국가 경제의 성장이나 쇠퇴에 대해 다른 시장 참가자들이 투기할 수 있도록 하는 가상의 미래 시나리오를 창조한다. 그들이 이러한 내러티브를 도출하기 위해 사용하는 관행은 마치 에번스-프릿차드Edward E. Evans-Pritchard나 터너 Victor Turner와 같은 고전적 인류학자들이 묘사한 점괘 기술을 연상시킨다 (Evans-Pritchard, 1937; Turner, 1975). 진 코마로프Jean Comaroff와 존 L. 코마로프 John L. Comaroff가 일깨워주는 바처럼, 이것은 놀랍기는 하지만 자본주의가 신자유주의 형태로 일상의 윤리와 관행에 자리 잡는 방식의 특징적 면모이다. 이들은 투기를 새로운 형태의 "마법"이라고 말한다(Comaroff and Comaroff, 2000: 310). 이는 미래에 대한 상상과 미래 예측을 통해 큰 노력을 들이지 않고도 부를 창출할 수 있다는 개념에 의존한다. 이러한 점을 염두에 둔다면, 이 책은 신자유주의적 자본주의에 의해 조장된 특별한 형태의 마법에 대한 설명으로 읽힐 수도 있다. 그러나 이 책은 애널리스트들의 업무가 논쟁의 여지가 있는 관행을 나타내기보다는 오늘날 금융시장 경제의 핵심이자 신자유주의 문화의 특징적인 요소라는 점을 보이려는 것이다.

제2장

예측과 경제 이론

The Problem with Forecasting in Economic Theory

❖

금융에 대한 최근의 사회학적 연구 대부분은 학문 분야로서의 경제학과 현장 경제 사이의 관계에 초점을 둔다. 이론과 실무의 관계를 고려할 때, 이들 연구는 일반적으로 다음 세 가지 입장 중 하나를 취하게 된다. 첫째는 경제 이론이 경제 현실을 정확하게 반영한다고 주장하는 것이다. 이는 금융에 대한 사회학적 접근 방법에 익숙하지 않은 대다수의 경제학자들이 취하는 입장이다. 둘째는 경제 이론이 경제 현상을 구현한다는 주장으로, 이는 제1장에서 소개된 수행성performativity 접근 방식의 핵심 메시지이다. 셋째는 경제 이론과 현실은 전혀 관련이 없다는 주장이다. 이는 시장을 인식적 문화epistemic culture로 연구하는 학자들(Knorr Cetina, 2007, 2011; Wansleben, 2013a)이나 이념적 투사체ideological project로 이해하는 학자들이(Carrier, 1997; Miller, 2002) 제기하는 주장이다.

그러나 재무분석의 관점에서 볼 때, 이러한 입장 중 어느 것도 '경제 이론'과 '시장 관행으로서의 재무분석' 사이의 관계를 명확하게 설명하지 못한다. 첫째, 경제 이론이 경제 현실을 정확하게 반영한다면, 재무분석이라는 분야의 존재에 대한 이론적 설명이 있어야 한다. 그러나 아래에서 설명하겠지만 그러한 설명은 존재하지 않는다. 둘째, 만약 경제 이론이 일반적으로 경제 현실에서 수행된다면, 주류 경제학자들이 "주식시장 예측의 이론적 근거는 없다"고 주장하는 것처럼 재무분석이라는 분야도 존재하지 않아야 한다. 따라서 재무분석은 수행성 이론performativity theory의 경계조건 밖에서 작동하는 것으로 보인다. 셋째, 경제 이론과 경제 실무를 완전히 독립적인 별개의 분야로 볼 수 있다면, 애널리스트들이 지금까지 해온 것처럼 경제 이론을 많이 참고할 이유가 실제로는 없게 된다. 그러나 실무적인 재무분석 교과서 저자들과 현업 애널리스트들은 여전히 자신들의 시장 관행을 경제적으로 의미 있는 것으로 이론화하려고 노력하고 있다. 따라서 경제 이론은 재무분석에서 기준점으로 사용되지만, 시장 예측의 경우 이론과 현실과의 관계는 문제가 많고 충돌이 발생하기 쉽다. 이러한 점은 오늘날 경제학계에서 주류를 이루는 신고전파 경제 이론뿐만 아니라, 시카고학파 스타일의 신고전파 경제학을 비판하며 1970년대 이후 인기를 끌게 된 경제사상인 행동경제학과 신제도파 경제학에도 해당된다.

신고전파 경제학

신고전파 경제학은 19세기 말에 기원을 두며, 오늘날 주류 경제사상 학파로 자리 잡고 있다. 20세기 중반 시카고 대학교University of Chicago 경제학자들이 경제학 원리를 근본적으로 변화시킴으로써 이 학파는 지배적인 위치를 차지하게 되었다(Lee, 2009). 경제학이라는 학문은 1950년대 이전에 이미 대중화되었고 널리 퍼져 있었다. 그러나 당시 경제학은 단편적 경험의 사례연구와 임시적이고 비전형적인 이론이 지배적이었다(Harvie, Lightfoot and Weir, 2013; Jensen and Smith, 1984). 시장 작동 방식에 대한 근본적인 신념과 연관된 체계적 접근법의 도입은 시카고 경제학파가 경제학을 특정한 방식으로 형성하도록 했으며, 신고전파 사고방식이 경제학의 주류 접근법이 되도록 만들었다(Van Horn and Mirowski, 2010; Van Overtveldt, 2007).

1962년 정치경제학자 로렌스 밀러H. Laurence Miller는 시카고에서 탄생하여 얼마 지나지 않아 큰 영향력을 갖게 된, 이 새롭고 독특한 종류의 경제학의 특징을 처음으로 규명했다. 그는 "'시카고 경제학파'에 관하여"라는 기사에서 다음과 같이 썼다.

그[시카고 출신 경제학자]를 다른 경제학자들과 구분 짓는 것은 서로 밀접하게 관련된 다음과 같은 특성들이다. 개인주의 시장경제 옹호자로서의 극단적 입장, 신고전파 경제 이론의 유용함과 적절함에 대한 강조, 실제 시장과 이상적 시장을 동일시하는 방식, 모든 일을 경제학으로 파악하고 적용하는 방식, 실증 경제학에서 소홀히 다루어지던 가설검정에 대한 강조 등이다(Miller, 1962: 65).

밀러가 관찰한 것처럼, 1950년대와 1960년대에 시카고 대학교에 소속된 프리드먼Milton Friedman, 베커Gary Becker, 파마Eugene Fama와 같은 학자들은 훨씬 더 체계적이고 적용 가능하며 규범적인 방식으로 경제학을 발전시켰다. 시장 작동 방식을 설명함에 있어 시카고학파의 새로운 자유주의 경제학자들은 애덤 스미스Adam Smith와 데이비드 리카도David Ricardo 같은 고전적 자유주의 경제학자들의 영향을 크게 받았다. 이들은 시장이 외부의 개입 없이 수요와 공급을 규율하는 보이지 않는 손에 의해 지배된다고 설명했다.[1] 그러나 시카고학파 구성원들은 이전의 선구자들과는 매우 다른 시대를 살았다. 제2차 세계대전과 최초의 사회주의 국가의 출현을 경험한 이들은 국가의 역할을 재구성함으로써 그리고 체계적인(신고전주의파) 경제과학의 뒷받침을 통해 자율적으로 운영되는 시장을 적극 장려해야 한다고 주장했다(Friedman, 1962; Friedman and Friedman, 1990). 이러한 주장은 정치철학자 프리드리히 하이에크Friedrich A. Hayek의 저술에 기반한다(Hayek, 1944, 1960). 하이에크는 나치 정권의 독일과 사회주의 국가들에서 나타난 '중앙계획의 폭정tyranny of central planning'을 막을 수 있는 핵심은 개인의 경제적 자유라고 주장했다. 자유시장은 자연적으로 존재하지 않으므로 국가의 규제와 개입을 통해 자연스러운 것으로 만들어져야 한다는 생각은 오늘날 많은 사회과학자(소수의 경제학자)가 신자유주의라고 부르는 정치 프로그램으로 이어졌다.[2] 경제 이론을 수립하는 새로운 체계적 방식과 정치적으로 적용 가능한 결과를 도출하려는 목표 사이의 긴밀한 연결은 신고전파 사상이 경제학 분야 내외에서 영향력을 얻는 데 도움이 되었다.

1970년대 이후, 신고전파 경제학은 경제학의 주류 패러다임이 되었으며 세부 분과인 기업재무 분야에도 상당한 영향을 끼쳤다. 『현대 기업재무 이론The Modern Theory of Corporate Finance』(Jensen and Smith, 1984)이라는 교과서는 신고전파 경제학의 성공이 재무학 연구에 새로운 패러다임을 제공했음을 인상적으로 보여준다. 이 책 서문의 세 번째 문장에서 저자들은 "1950년대 이전의 기업재무 이론은 논리적 모순이 가득했고 대부분의 내용이 규정적, 즉 규범 지향적이었다"고 말한다. 이 교과서는 현대적인 기업재무 이론을 전개하면서 효율적 시장 가설, 포트폴리오 이론, 자본자산 가격 이론, 옵션가격 이론, 대리인 이론이라는 다섯 가지 개념을 이론적 초석으로 삼았다.[3]

이 가운데 재무분석 맥락에서, 효율적 시장 가설이 특히 관심을 끈다. 이는 시장이 정보 차원에서 효율적이라고 말한다. 즉, 기업에 관한 공개된 모든 정보는 기업의 주식가격에 즉시 반영되며, 따라서 장기적으로 주식시장 움직임을 예측하는 것은 불가능하다는 것이다.

비록 효율적 시장 가설이라는 용어는 시카고 경제학파 학자들에 의해 만들어졌지만, 효율적 시장 가설의 초기 형태는 19세기로 거슬러 올라갈 수 있다(Jovanovic and Le Gall, 2001, Preda, 2004).[4] 한편 1933년 알프레드 카울스Alfred Cowles는 주식시장 가격 변동을 예측하는 시도를 실증적으로 검증한 논문을 발표했다. 카울스는 16개의 금융 서비스 기관에서 나온 7500개 주식시장 예측을 분석한 후 "가장 우수한 개별 기록들에 대한 통계적 검증에서 이들이 특별한 예측 능력을 보였다는 증거를 찾지 못했으며, 오히려 이는 우연의 결과일 가능성이 더 크다는 것을 시사했다"고 결론 내렸다(Cowles, 1933: 323). 이러한 예측 실패가 숙련되지 않은 애널리스트들의 부실한 작업 때문이 아니라는 것을 증명하기 위해, 카울스는 당시 ≪월스트리트 저널Wall Street Journal≫의 편집자였던 윌리엄 피터 해밀턴William Peter Hamilton이 발표한 예측들의 성공 여부도 검증했다. 카울스는 논문에서 다음과 같은 결론을 내린다.

> ≪월스트리트 저널≫의 편집자였던 윌리엄 피터 해밀턴은 다우 이론Dow Theory을 기반으로 1904년부터 1929년까지 26년 동안 주식시장 전망을 발표했는데, 이는 일반적으로 정상적인 투자 수익률로 여겨지는 것보다는 더 나은 결과를 보였다. 그러나 이 기간 동안 대표적인 보통주에 지속적으로 단순히 직접 투자한 결과보다는 저조한 성과를 거두었다. 그는 90번의 시장 전망 변화를 발표했는데, 이 중 45번은 성공했고 45번은 실패했다(Cowles, 1933: 323).

이 충격적인 결과는 세계 최고의 경제학 학술지 가운데 하나인 ≪이코노메트리카Econometrica≫ 창간호에 「주식시장 예측가들은 예측할 수 있는가? Can Stock Market Forecasters Forecast?」라는 제목으로 발표되었는데, 이 논문은 주식시장의 예측 가능성을 체계적으로 문제 삼은 최초의 실증 연구 중 하나였다. 그러나 이 연구는 주식시장 예측에 대한 인기가 높아져 가는 실무에 큰 변화를 주지 못했다. 오히려 1930년대 말에는 시장 기법으로서 예측의 사용이 크게 증가했다. 완슬레벤이 지적한 것처럼 이러한 추세의 한 가지 이유는 루스벨트 대통령의 뉴딜 정책으로 인한 규제 환경의 변화였다(Wansleben, 2012: 251~255). 루스벨트 정부에 관여했던 경제학자들은 대공황이 부분적으로는 기업 실적에 대한 투자자들의 정보가 불충분했기 때문에 발생했다고 주장했기 때문에, 기업들에게는 기업 활동과 재무 상황에 관한 더 많은 정보를 제공하는 새로운 보고 기준이 강요되었다. 엄청난 양의 새로운 정보로 인해 애널리스트들은 시장 정보를 해석하는 역할을 확대할 수 있었다.

주식시장 예측에 대한 학문적 검증은 1930년대와 1960년대 사이에 여러 차례 반복되었다. 이러한 검증은 주식가격이 예측 가능하지 않고 무작위로 움직인다는 것을 보임으로써 카울스의 결과를 확인시켜 주었다(Working, 1934; Kendall, 1953; Osborne, 1959). 그러나 예측에 대한 비판이 경제학의 핵심 이슈가 된 것은 시카고에서 이른바 현대 재무학이 탄생한 이후다.

1960년대 이후, 저명한 경제학자인 폴 새뮤얼슨과 유진 파마는 과거 주식가격 움직임이나 잘못된 가격 정보를 이용해 주식시장 움직임을 예측할 수 있다는 가정을 재검증하고 이를 반박하는 논문을 작성했다. 1965년 새뮤얼슨은 「적절히 예측된 가격이 무작위로 움직인다는 증거Proof That Properly Anticipated Prices Fluctuate Randomly」라는 제목의 논문을 발표했다. 이 연구는 시카고에서 거래되는 밀의 가격 자료를 분석한 결과, 가격 변동이 정규분포를 따른다는 결론을 내렸다. 새뮤얼슨은 자신이 연구한 밀 가격의 움직임을 랜덤워크random walk, 즉 예측할 수 없는 움직임으로 설명했다.

같은 해에 새뮤얼슨과는 독립적으로(Lo, 2008) 파마는 「주식시장의 가격 행태The Behavior of Stock-Market Prices」라는 논문을 발표했는데, 이 논문은 (통계학에서 빌려온 용어인) 랜덤워크 개념이 주식시장에서 어떻게 나타나는지에 대해 자세히 설명하고 있다.

> 랜덤워크 이론에 따르면, 증권 가격의 미래 경로는 일련의 무작위 숫자의 경로와 별반 다르지 않다. 통계학적으로 말하자면 일련의 가격 변동은 독립적이고 동일하게 분포된 확률변수로 볼 수 있다. 가격 변화는 과거에 의존하지 않는다는 것, 즉 어떠한 의미 있는 방식으로도 과거를 이용하여 미래를 예측할 수 없다는 것을 의미한다(Fama, 1965: 34).

인용한 내용에서 나타나듯이, 파마는 기술적 분석가들이 주가의 역사적 움직임의 시각적 패턴을 인식하고 이를 주식가격의 미래 예측에 사용하려는 시도를 반박하기 위해 랜덤워크 이론을 사용한다. 랜덤워크 이론을 소개하기 전에 파마는 "차트 분석가(즉, 기술적 분석가)의 이론은 다양하지만 모두 동일한 기본 가정을 하고 있다고 말한다. 즉, 증권 가격의 과거 움직임 안에 미래 움직임에 관한 정보가 풍부히 존재한다고 가정한다"(Fama, 1965: 34).

기술적 분석가와 달리 기본적(펀더멘털) 분석가는 기업의 내재가치와 시장가치 사이의 가격 불일치에 주목하는데, 이러한 불일치는 가격이 정해지지 않았거나 잘못된 정보로 인해 발생한다(이 책의 5장 참조). 시각적 패턴이 시간이 지나면서 복제되지 않는다고 가정해도 이는 정당화될 수 있다. 그러나 파마가 나중에 '효율적 시장 가설'이라고 명명한 이론의 개발은 기술적 분석과 기본적 분석 모두에 대한 공격을 의미한다. 나중에 쓴 논문에서 파마는 다음과 같이 자신의 입장을 명확히 밝힌다.

> 자본시장의 핵심은 경제 내의 자본에 대한 소유권을 배분하는 것이다. 이상적인 시장은 가격이 자원 배분에 대한 정확한 신호를 제공하는 시장이다. 즉, 기업이 생산-투자 결정을 내릴 수 있고, 모든 사용 가능한 정보는 증권 가격에 완전히 반영되어 투자자가 기업 활동의 소유권을 나타내는 증권들을 선택할 수 있는 시장이다. 가격이 항상 이용 가능한 정보를 "완전히 반영"하는 시장을 "효율적"이라고 한다(Fama, 1970: 383).

여러 실증 연구를 검토한 후, 파마는 이상적인(즉, 효율적인) 시장에 대한 자신의 정의가 단순히 희망적인 생각이 아니라는 결론에 이른다. 그는 "효율적 시장 모형을 뒷받침하는 증거는 광범위하며 (…) 모순되는 증거는 드물다"고 말한다(Fama, 1970: 416). (과거 가격 데이터만 고려하는) 약형 가설, (공개적으로 이용 가능한 데이터를 고려하는) 준강형 가설, (미공개 내부 정보에 대한 독점적 접근까지 고려하는) 강형 가설을 검토한 파마는 세 가지 가설 수준 모두에서 증권 가격은 이용 가능한 모든 정보를 언제나 완전히 반영한다고 결론지었다.[5*] 재무분석 측면에서 이는 현재 가격에는 반영되지 못하고 미래 가격에 반영될 정보를 기본적 분석가가 체계적으로 탐지할 기회가 없음을 의미한다. 효율적 시장 가설의 논리는 새뮤얼슨의 말처럼 "만약 가격이 상승할 것이 확실하다면 주가는 이미 상승했을 것이다"라고 지적한다(Samuelson, 1965: 41).

효율적 시장 가설이 나온 직후 기본 가정에 동의하지 않는 경제학자들 사이에서 비판이 제기되었다. 파마가 언급했듯이 시장이 효율적이라는 주장은 첫째, 시장 참여자들이 미래 가격 변동에 대한 기대를 합리적으로 형성하고, 둘째, 시장은 수요와 공급의 힘에 의해 가격이 안정화되는 균형 상태로 발전한다는 가정에 기반을 두고 있다(Fama, 1970; Lo, 2008).

• 참고로 3요인 모형은 시장 자산(market portfolio)과의 상관관계에 기반하는 베타 위험(beta risk), 기업 규모, 장부가 대비 주가비율 세 요소가 주식 투자에서 체계적 위험(systematic risk)이 된다는 주장이다. 체계적 위험이란 개별적인 효과를 제거하고자 여러 주식에 금액을 나누어 분산 투자하여도 궁극적으로 잔존하여 기대수익률 결정에 영향을 미치는 위험 요인을 말한다. 기존에는 베타 위험 외에는 일반적으로 인정되는 체계적 위험 요인이 명시적으로 정립되지 않았고, 기대수익률에 영향을 미치는 것으로 조사되는 여러 요인을 이례 현상(anomalies)으로 치부했는데, 이들 요인에 대해서는 실증적 증거를 통합하는 이론적 근거를 마련하지 못했기 때문이다. 3요인 모형 역시 실증적 증거를 뒷받침하는 이론적 근거는 충분하지 못하다는 비판을 받는다. 그러나 이후 재무학계에서는 이론적 근거가 부족함에도 불구하고 주식시장 가격 변동에 영향을 미치는 것으로 조사되는 다양한 위험 요인을 체계적 위험 요소로 간주하는 연구들이 대거 등장했다. 역자가 보기에 이는 한동안 비약적으로 발전하던 재무 이론이 전반적으로 한계 상황에 이르면서 이론보다 실증 자료를 중시하는 연구 유행의 변화라고 판단된다 — 옮긴이.

오늘날에도 여전히 신고전파 경제학의 중심에 있는 이 두 가정은, 1970년대에 인기를 얻기 시작한 두 가지 경제사상, 즉 행동경제학과 신제도파 경제학에 의해 곧 도전을 받게 된다. 경제 주체가 제약 없이 합리적으로 행동하며 시장이 효율적이라는 신고전파 가정에 이 두 학파는 도전한다. 행동경제학자들은 심리학에서 얻은 통찰력을 사용하여 그들의 주장을 펼치며, 신제도파 경제학자들은 자신들의 비판을 뒷받침하기 위해 정치경제학을 참고한다.

행동경제학

행동경제학은 이름에서 알 수 있듯이 경제적 의사결정에서의 개인의 행동을 연구한다. 역사적으로, 경제 행동에 대한 관심은 애덤 스미스의 『도덕감정론Theory of Moral Sentiments』([1759] 2002)으로 거슬러 올라갈 수 있는데, 여기서 스미스는 경제 행동의 윤리적·심리적 기반에 대해 자세히 설명했다. 그러나 19세기 말 경제학은 경제 행위자가 왜 그런 행동을 하는지 묻기보다는 경제 행위자가 실제로 무엇을 하는지 설명하는 데 집중해야 한다고 주장한 알프레도 파레토Alfredo Pareto의 영향으로 경제학 연구에서 윤리와 심리학의 중요성은 경시되기 시작했다(Cartwright, 2011: 5). 그러나 1960년대에 신고전파 경제학이 주류로 자리 잡게 되고 가정에 기반한 시장 모형화가 증가함에 따라, 많은 학자들이 이에 대한 반작용으로 경제적 행동의 심리적 기반에 대해 다시 생각하기 시작했다.

심리적 측면에서 경제적 행동에 대한 연구의 부활은 주로 사이먼Herbert Simon, 카너먼Daniel Kahneman, 그리고 트버스키Amos Tversky의 획기적인 연구에 힘입은 바 크다. 사이먼은 시장 참여자들이 합리적으로 행동할 수 있는 능력에 의문을 제기한 최초의 경제학자였다. 그는 경제 주체들이 합리적으로 행동하고자 하지만, 정보에 대한 제한과 미래의 불확실성으로 인해 그들의 능력에는 한계가 있다고 주장했다(Simon, 1957). 오늘날 많은 행동경제학자가 사이먼을 학파의 창시자 중 한 명으로 여기고 있지만, 그의 주장은 행동주의라기보다는 제도적 측면이 더 강했다. 따라서 신제도파 경제학을 논의할 때 다시 사이먼의 제한된 합리성 개념으로 돌아가기로 한다.

반면에 카너먼과 트버스키는 심리적 행동 연구에서 얻은 통찰력을 바탕으로 합리적 행위자 가정을 비판하고 이를 경제학에 도입했다. 이들은 제한된 정보와 불확실성 외에도 경험적 접근과 인지적 편향bias이 의사결정 과정에서 체계적인 오류를 초래하기 때문에 시장 행위자들이 합리적으로 행동하는 것을 방해한다고 주장했다(Kahneman and Tversky, 1973, 1979). 이러한 오류를 설명하기 위해 위험 회피에 관한 예를 하나 생각해 볼 수 있다. 어떤 사람이 1000달러를 받을 확률이 50%이거나 아무것도 받지 못할 확률이 50%인 복권(옵션 A)과, 아무런 위험 없이 450달러를 확실히 받을 수 있는 선택권(옵션 B)을 제공받은 상황에서, 대부분의 사람들은 옵션 A의 기대 수익이 더 높음에도 불구하고 옵션 B를 선택한다. 카너먼과 트버스키에 따르면, 사람들은 이익극대화 관점에서 보면 위험이 따르는 옵션(A)을 선택하는 것이 더 합리적임에도 불구하고 가능하면 위험을 피하려는 경향을 보인다.* 카너먼과 트버스키는 위험 회피 외에도 사람들이 종종 신고전파 경제 이론에서 가정하는 합리적인 방식으로 행동하지 않는다는 것을 보여주기 위해 다양한 경험칙heuristics과 인지적 편향cognitive bias

---

* 참고로 이러한 위험회피 성향은 카너먼과 트버스키가 새로 지적한 것은 아니다. 기존 경제학에서도 기대이익 극대화 대신 기대효용 극대화 이론을 통해 위험회피 성향을 어느 정도 설명한다 — 옮긴이.

을 파악하고 이를 검증했다[Kahneman(2011)은 관련 예시들에 대해 훌륭한 개관을 제공한다].

오늘날 카너먼과 트버스키의 연구는 인간의 의사결정이 비합리적이라는 주장에 자주 사용되지만, 이는 사실 잘못된 것이다. 카너먼과 트버스키를 비롯한 많은 행동경제학자는 합리성이라는 개념에 근본적으로 도전하는 것이 아니라 경제 행위자들이 합리적으로 행동하지 못하도록 하는 경험적 조건과 인지적 편향을 찾고자 하는 것이다. 사이먼과 마찬가지로 이들은 경제 행위자는 합리적으로 행동하려고 하지만 여러 제약으로 인해 합리성이 제한된다고 말한다. 인간이 합리적으로 행동한다고 가정하는 모형과의 이러한 느슨한 연계는 시장 행동의 심리학을 자주 언급했던 케인즈John Maynard Keynes의 연구가 행동경제학자들의 연구에서 거의 언급되지 않는 이유일 것이다[한 가지 예외는 애컬로프George Akerlof와 실러Robert J. Shiller의 연구(Akerlof and Shiller, 2009)이다]. 케인즈가 『고용, 이자 및 화폐의 일반 이론The General Theory of Employment, Interest, and Money』에서 제시한 야성적 충동animal spirits 개념은 경제 행위자가 합리적으로 행동한다는 가정에 대한 훨씬 더 근본적인 공격이기 때문에 합리적 선택 이론에 통합되기가 더 어렵다(Keynes, 1936).

행동재무학Behavioral finance은 최근에 행동경제학의 특히 인기 있는 하위 분야로 부상했다. 이 분야는 금융시장 맥락에서 명시적으로 경제적 행동에 초점을 맞춘다. 행동경제학과 마찬가지로 행동재무학은 "몇 가지 심리적 현상이 금융시장 전체에 만연하다"는 가정에서 출발한다(Shefrin, 2000: 4). 행동재무학은 내 연구에서 특히 관심이 있는 분야이다. 이 분야는 투자의사결정에 행동 경제학 개념을 적용할 뿐만 아니라, 이 분야에서 활동하는 많은 학자들이 재무 분석에서 경험칙과 인지적 편향의 역할을 명시적으로 다루고 있기 때문이다.

몬티어James Montier는 투자자와 애널리스트가 투자 또는 가치평가 과정에 참여할 때 주의해야 할 다양한 인지적 편향과 경험칙을 나열하고 있다(Montier, 2002). 예를 들어 과도한 낙관주의overoptimism와 과도한 자신감overconfidence 개념은 시장 참여자들이 자신을 다른 참여자들보다 시장을 해석하는 능력이 더 뛰어나다고 생각하는 경향이 있다고 알려준다. 인지 부조화cognitive dissonance는 시장 참여자가 자신의 가정과 모순되는 사실을 접했을 때 자신의 가정이 틀렸다는 사실을 인정하지 않으려는 경향을 설명한다. 확증 편향confirmation bias과 보수적 편향conservatism bias도 비슷한데, 두 편향 모두 시장 참여자들이 일단 전략을 선택하면, 그 전략의 유효성을 의심하기보다는 지지하는 데이터를 찾아서 전략을 유지하려고 애쓰는 현상을 특징으로 한다.

이러한 편향은 실제로 애널리스트 업무에서 자주 관찰될 수 있다. 그러나 인지적 편향이 존재한다는 사실을 아는 것만으로는 도움이 되지 않는다. 다른 참가자들이 모두 편향된 경우 시장가격 역시 편향될 것이므로 편향 없는 중립적 예측이 성과가 더 나쁠 수도 있다. 따라서 편향의 존재로부터 이익을 얻을 수 있으려면 다른 시장 참여자들이 내리는 편향된 의사결정을 예상할 수 있어야 한다.

그러나 행동재무 분야 학자들은 이 문제를 부분적으로만 인정한다. 이들은 의사결정에 편향이 있기 때문에 시장이 효율적으로 작동한다고 볼 수 없다고 주장한다. 그러나 동시에, 일부 학자들은 이러한 편향을 고려함으로써 투자자와 애널리스트들이 주식, 채권 또는 다른 금융 상품의 편향되지 않은 가치를 추정할 수 있다고 주장한다(예: Michaely and Womack, 2005; Shefrin, 2000: 33~58 참조). 이러한 주장은 편향성이 일시적으로 제한되며 미래에 조정될 것이라는 가정에 근거한다. 만약 현재의 시장가격이 편향과 경험칙을 반영하고 있다면, 미래의 어느 시점에 시장이 애널리스트가 미리 예측할 수 있는 편향되지 않은 공정한 가치를 나타낼 것이라고 가정하는 것은 논리에 맞지 않다. 재밌는 점은 애널리스트들이 종종 같은 실수를 반복한다는 것이다. 그들은 현재 가격이 조작과 심리적 과잉에 의해 결정되지만 미래 가격은 사실에 기반한 추정을 통해 예측될 수 있다고 가정한다.

그러나 실무 현상에 집중하는 일부 학자를 제외하고는, 행동경제학은 재무분석을 합리화할 수 있는 이론적 근거를 제공하지 않는다. 행동경제학은 시장 참여자가 인지적으로 편향되어 있고 경험칙에 따라 행동한다고 보기 때문에, 신고전파 경제 이론에서와 마찬가지로, 성공적인 시장 예측은 불가능하다. 최근 ≪타임Time≫지와의 인터뷰("10 Questions" 2011)에서 카너먼은 자신의 입장을 매우 명확하게 밝혔으며, 심지어 효율적 시장 가설의 극단적 옹호자들이 흔히 사용하는 맬키얼의 원숭이 비유를 언급하기도 했다. 금융시장 전문가와 그들의 직관을 믿어야 할지 물어본 질문에, 카너먼은 "전문성이 불가능한 영역이 있습니다. 주식 종목 선택이 좋은 예입니다. 그리고 장기적인 [⋯] 예측에서는 주사위 던지는 원숭이보다 전문가들이 더 나은 것이 없다는 것이 밝혀졌습니다"라고 대답했다.

신제도파 경제학

신제도파 경제학은 1970년대에 신고전파 경제학의 대안으로 인기를 얻은 두 번째 경제학파다. 행동경제학과 마찬가지로 신제도파 경제학은 신고전파 경제학이 경제 주체를 무제한적인 합리적 행위자로 모형화할 수 있고 시장이 일반적으로 수요와 공급에 따라 효율적인 균형을 이룬다고 가정하는 것에 비판을 제기했다. 그러나 행동경제학과 달리 신제도파 경제학자는 비판의 대상을 심리 현상에만 국한하지 않는다. 그들은 또한 정보의 분배와 비용, 그리고 경제 주체들 사이의 비대칭적인 권력관계가 어떤 역할을 하는지를 강조한다.

이름에서 알 수 있듯이, 신제도파 경제학은 제2차 세계대전 이후 신고전파 경제학 패러다임에서 제도가 어떠한 역할도 하지 않았다는 점에 특별히 주목한다(Furubotn and Richt'er, 2005: 1; North, 1992: 3). 경제학에서, 제도는 사람들이 상호작용하는 방식을 구조화하는 사회적 규칙, 규범 및 관습으로 정의된다. 제도는 문화적으로 내재된 관념과 이념culturally embedded ideas and ideologies에서 비롯된다(Hodson, 2006: 2; North, 1990: 3; 1992). 제도적 전통의 경제학자들은 제도가 인간 행동을 제약하거나 촉진함으로써 인간 행동에 영향을 미친다는 데 동의한다. 제도는 사람들이 어떻게 행동하고 다른 사람과 상호작용하는지를 구조화한다. 19세기 후반과 20세기 초반에는 많은 경제분석에서 여전히 제도가 중요하게 여겨졌는데, 시카고식 신고전파 경제학의 등장과 함께 제도의 존재는 더 이상 큰 의미를 지니지 않게 되었다(예: Coase, 1937; Commons, 1924; Veblen, [1899] 2007 참조).

제도가 중요하다는 주장은, 경제학자 노스Douglass North가 설명한 것처럼, 경제 주체가 편향이 없고 자유롭게 무제한적으로 정보에 접근한다고 모형화하는 것에 대한 주요한 반론이 되었다(North, 1990). 제도는 문화적으로 내재된 사회적 관습으로 이해되기 때문에 신제도파적 접근 방식은 경제학 외부의 학자들이 (경제적) 행동과 상호작용에 대해 생각해 볼 수 있는 길을 열어주었다. 곧 사회학(Brinton and Nee, 1998의 모든 기고문 참조), 정치학(Hall and Taylor, 1996 참조), 인류학(Acheson, 1994; Ensminger, 1992; Finke, 2005, 2014 참조) 분야의 학자들이 인간(경제적) 행동의 기초를 둘러싼 논쟁에 합류했다. 이러한 광범위한 영향력은 다양한 형태의 새로운 제도주의가 존재하는 오늘날의 상황으로 이어졌다. 그러나 경제 이론과 시장 실무로서의 재무분석의 관계 측면에서는 합리성의 한계, 거래비용 개념, 신고전파 시장 균형 개념의 비판이라는 세 가지 주제가 특히 중요하다.

앞에서 언급했듯이, 허버트 사이먼의 연구가 신제도파 경제학에 큰 영향을 미쳤다. 주류 경제학자와는 달리, 사이먼은 정보 접근의 제한성과 미래의 불확실성 때문에 경제 주체의 합리성은 제한된다고 말한다. 노스는 이러한 정보의 제약과 불확실성의 만연이 제도가 만들어지는 이유라고 주장한다(North, 1990). 이러한 제약은 경제 주체들이 상호작용할 때 가능한 결과에 대한 일정 정도의 안정성과 예측 가능성을 창출하는 데 도움을 준다(Finke, 2005; 25). 노스의 주장에 따르면, 정보 제약은 두 가지 수준에서 존재한다. 첫째 제약은 정보가 인식되고 해석되는 방식에 차이를 만드는 문화적 의미 체계에 의한 것이다. 둘째 제약은 이른바 거래비용의 존재에서 비롯된다.

거래비용 개념은 코즈Ronald Coase의 유명한 1937년 논문 「기업의 본질The Nature of the Firm」로부터 기원하며, 시장 정보는 공짜가 아니라는 전제에 기초한다. 신제도파 경제학자들에 따르면 경제 주체들은 거래하기 전에 먼저 정보 수집을 위해 시간과 자원을 사용하게 된다. 이처럼 시장 정보를 수집하고 평가하는 데 드는 비용 등을 거래비용이라고 칭할 수 있다 (Furubotn and Richter, 2005: 47~76). 거래비용이 존재함은 신고전파적 의미에서 시장이 효율적인 것으로 이해될 수 없음을 의미하는데, 효율적 시장 가설은 모든 시장 참여자가 관련 정보에 아무런 비용 없이 접근 가능하다고 가정하기 때문이다(North, 1992: 4). 그러나 정보에 비용이 든다고 가정한다면, 시장은 수요와 공급의 상호 과정 결과로서 효율적인 시장 균형을 향해 움직여 나간다고 볼 수 없다. 거래를 위해 정보를 수집하고 평가하는 데 투입 가능한 자원의 양이 경제 주체마다 다르기 때문이다. 이에 나이트는 시장균형이 반드시 모든 시장 주체에게 유익한 결과를 낳는 것은 아니며,

시장균형은 협상력을 가진 이들에 의해 만들어지는 규칙의 산물이라고 지적한다(Knight, 1992; Knight and Sened, 1995). 제도적으로 볼 때 시장균형은 수요와 공급 과정의 결과가 아니라 이념, 사회 관습, 그리고 권력의 비대칭에 의해 영향 받는 제도적 장치의 결과라고 할 수 있다.

그렇다면 신제도파 경제학의 개념은 시장 예측의 경제적 토대에 대해 무엇을 알려줄 수 있을까? 신고전파 경제학이나 행동경제학과 달리, 신제도파 경제학의 개념은 재무분석 실무 교과서에서 거의 다루지 않으며, 실제로 애널리스트들이 참고하는 경우도 거의 없다. 여기에는 두 가지 이유가 있다. 첫째, 금융시장 프로세스 연구에 이 개념을 적용한 신제도파 경제학자가 거의 없기 때문이다. 예를 들어, 애널리스트에게 기준점reference point을 제공할 수 있는 신제도학파의 재무분석 연구는 아직 없다. 또한 신제도파 경제학은 예를 들어 협상력 개념과 같이 착취적인 권력관계를 다루기 때문에, 일반적으로 행동경제학보다 주류 경제학에 대해 훨씬 더 급진적인 비판을 가하는 것으로 평가받고 있다. 그렇기에 오늘날의 신고전파 경제학자들은 시장 효율성을 논할 때 보통 행동경제학의 비판은 언급하지만 신제도파 경제학의 비판은 덮는 경우가 많다.[6]

신제도파 경제학의 비판이 은폐되는 것은 놀라운 일이다. 왜냐하면 신제도파 경제학의 개념들이 실무적으로 재무분석을 이해하는 데 어느 정도 도움이 될 수 있기 때문이다. 재무분석은 여러 가지 규범과 관습을 기반으로 한다. 예를 들어 기본적 분석가들이 기업의 이익, 매출, 비용과 같은 경제적 요인을 고려하여 미래 가치를 추정할 수 있다는 주장은 하나의 관습으로 이해될 수 있다. 이러한 관습(신제도파 경제학 용어를 사용하자면 제도)은 애널리스트의 협상력을 높이는 데 사용되고, 이러한 협상력은 미래의 성과를 안정화시키는 데 사용될 수 있을 것이다. 더욱 놀라운 점은 거래비용 개념이 애널리스트들의 활동을 이해하는 데 설득력 있는 방법을 제공한다는 점이다. 애널리스트들이 투자자를 위한 서비스로 정보를 수집하고 평가함으로써, 투자자가 직접 시장 정보를 찾고 해석할 필요성을 줄여준다.[7]

그러나 시장 예측의 관점에서 거래비용 개념은 시장 실무를 정당화하는 데 도움이 되지 않는다. 그 이유는 상대적으로 많은 양의 정보를 가지고 있더라도 이 정보가 미래 주식시장에 어떻게 영향을 미치는지 모르기 때문이다. 더욱이 (내재가치 분석 관행을 규율하는 협약 같은) 제도가 금융시장의 불확실성을 줄인다면, 그것은 시장의 불안정성에 기반한 투기의 기회를 최소화하게 된다. 따라서 제도가 미래의 기대를 안정화시키는 다른 경제와는 달리, "자본주의 경제는 […] 불확실성을 줄이는 제도와 불확실성을 만들어내는 제도, 특히 시장과 같은 제도 사이에 특정한 긴장 관계가 존재하는 것이 특징이다"(Beckert and Berghoff, 2013: 498). 그 결과 미래의 불확실성은 항상 금융시장 경제의 일부가 된다(Beckert, 2013, 2016; F. Knight, 1921 참조). 따라서 신고전파 및 행동경제학과 마찬가지로 신제도파 경제학 역시 애널리스트의 시장 실무를 정당화하는 이론적 배경을 제공하지는 않는다.

제3장

스위스 은행의 내부

Inside Swiss Banking

❖

대학교 신입생 시절에 강의를 빠지고 취리히의 파라데플라츠Paradeplatz에 가서 정치적으로 상당히 중요한 사건을 직접 목격했다. 2002년 6월 18일, 전직 미국 변호사인 에드 페이건Ed Fagan은 스위스의 여러 은행을 대상으로 남아프리카 아파르트헤이트Apartheid* 정권과의 과거 사업 거래와 관련해 소송을 제기하겠다고 공개적으로 발표하기 위해 파라데플라츠를 방문했다. 페이건이 도착하기 훨씬 이전부터 이미 광장은 사람들로 가득 차 있었다. 그중에는 나처럼 구경꾼도 있었지만, 스위스 은행들에 대한 페이건의 공격을 스위스 전체에 대한 공격으로 여기는 사람들도 많았다. 주로 나이든 스위스 남성들로 구성된 군중은 야유를 보내며 "페이건은 집에 가라"고 외쳤다. 그들 중 일부는 현수막을 내걸었고 다른 일부는 오래되어 시든 채소를 가져와 페이건에게 던졌다. 물론 페이건이 파라데플라츠를 집단소송 발표 장소로 선택한 것은 우연이 아니었다. 이 장소는 스위스 은행업의 상징적인 핵심 지역이고, 그는 이 소송이 스위스 은행업 및 관행에 대한 광범위한 공격으로 인식되기를 바랐다.

페이건의 선택은 옳았다. 20세기 말부터 파라데플라츠는 스위스 은행업의 상징적 중심지로 자리 잡았다. 이러한 배경에서, 2011년 점령운동Occupy Movement에 참여한 지역 활동가들이 투기적 금융으로 인한 사회적 불평등 심화에 항의하기 위해 특별히 파라데플라츠를 선택한 것은 결코 우연의 일치가 아니었다(Juris, 2012 참조). 스위스의 두 주요 은행인 UBS와 크레디트스위스Credit Suisse의 본사, 그리고 다수의 소규모 은행들의 본사가

---

* 남아프리카공화국의 백인 정권에 의해 1948년에 법률로 공식화되었던 유색인종에 대한 차별 정책 — 옮긴이.

파라데플라츠에 있다. 스위스판 모노폴리Monopoly 게임에서 파라데플라츠는 (작은 플라스틱) 주택이나 호텔을 건설할 때 가장 많은 비용이 소요되는 장소로 설정되어 있다. 현실 세계도 마찬가지다. 2011년에는 1제곱미터(m²)당 4만~6만 달러에 판매된 것으로 추산된다(Vorwärts, 2011). 은행들이 많이 들어서면서 파라데플라츠는 도시의 여러 전설들에 대한 이야기의 중심지가 되었다. 취리히의 어떤 이들은 세계에서 가장 많은 금이 광장 아래에 실제로 보관되어 있다고 주장한다. 재정적인 문제가 생기면 스위스 사람들은 파라데플라츠에 가서 땅을 파보라고 농담하기도 한다. 물론 파라데플라츠가 실제로 금 위에 세워진 것은 아니다. 하지만 스위스의 두 주요 은행은 고객이 보물을 실제 보관할 수 있는 금고 중 일부를 파라데플라츠에 두고 있다.

파라데플라츠는 지리적으로는 작은 면적이지만, 취리히 금융의 중심지일 뿐만 아니라, 여러 중요한 장소들과 붙어 있다. 그중 하나는 취리히에서 가장 큰 쇼핑 거리인 반호프스트라세Bahnhofstrasse이다. 파라데플라츠를 가로지르는 이곳에는 세계적으로 유명한 고가의 패션 디자이너 매장, 주요 도시들을 장악하고 있는 패션 소매업체들, 그리고 수많은 은행이 자리 잡고 있다. 또한, 취리히의 전통적인 금융 중심가가 파라데플라츠 남서쪽에 위치한다. 오늘날, 이 지역은 글로벌 대형 은행의 지점들과 스위스의 민간은행들, 그리고 헤지펀드와 사모펀드 같은 다양한 금융기관이 모인 복합금융 중심지로 자리매김하고 있다.

낮 시간에 파라데플라츠 인근 지역은 간단한 점심, 커피, 혹은 담배를 즐기려 사무실을 잠시 벗어난 정장 차림 남녀들로 활기를 띤다. 그래서 이 지역은 작은 커피숍과 레스토랑이 여럿 생겨났고, 상당수는 낮 시간에만 문을 연다. 저녁 시간에도 영업하는 곳은 은행 직원들이 퇴근 후 맥주, 와인, 증류주, 그리고 다양한 음식을 즐기며 휴식을 취하는 공간이 된다. 일반적으로 이 지역의 커피숍과 퇴근 후 술집의 분위기는 예상과는 달리 크게 시끄럽지는 않다. 뉴욕의 월스트리트나 런던의 시티와는 달리 스위스의 은행 문화는 언제나 신중하고 겸손해 보이려고 애쓴다. 이것은 아마도 취리히의 프로테스탄트 배경(Weber, [1905] 2009 참조)과 스위스 은행업의 덕목을 실천하려는 열망이 합쳐진 결과일 것이다. 부의 집중과 관련해 다수의 지위 상징이 감지된다. 이런 바에서 술을 마시고 있으면, 2분마다 페라리, 람보르기니, 포르쉐 같은 고급 자동차가 곁을 지나가는 것을 볼 수 있다. 바 안에서는 사람들의 손목이 그 역할을 한다. 모든 은행 직원들이 화려한 복장을 선호하는 것은 아니며, 바깥에 나오기 전에 사무실에서 옷을 갈아입는 사람도 많다. 그러나 그들이 착용하는 고가의 스위스 시계들은 그들이 상당히 높은 수입을 가진 사람들임을 나타낸다.

파라데플라츠와 그 주변 지역은 취리히의 은행 직원들을 관찰하고 연구할 수 있는 매우 좋은 기회를 제공하지만, 취리히의 은행 업계가 오로지 이 지역에만 국한되어 있는 것은 아니다. 실제로, 취리히의 많은 은행 직원들은 도심 외곽에서 근무한다. 두 대형 은행이 스위스에서만 약 4만 5000명의 직원을 고용하고 있다는 점을 감안하면, 모든 직원을 취리히 도심에 배치하기는 재정적으로 매우 부담스러운 일이다. 따라서 파라데플라츠에 위치한 두 은행의 건물들은 주로 상징적인 역할을 맡는다. 이 건물들은 재정적 잠재력, 권위, 그리고 명성을 쌓는 일을 한다. 파라데플라츠에 있는 이 건물들의 대부분의 공간은 고객 미팅 전용으로 마련되어 있다. 대리석 바닥, 대형 목재로 만들어진 회의용 테이블, 벽에 걸린 고가의 예술품 등 모든 것이 고객에게 강렬한 인상을 남기기 위해 세심히 디자인되었다. 다수의 고객자산 관리자들은 은행 구역 밖에 위치한 자신들의 사무실을 출발해 고객들과 만나기 위해 파라데플라츠로 온다. 고객과의 미팅이 끝나면 그들은 파라데플라츠의 화려한 건물과 비교하면 상대적으로 소박한 자신의 사무실로 돌아간다.

스위스 은행 산업의 간략한 역사

취리히의 파라데플라츠와 취리히 외곽의 여러 장소는 오늘날 글로벌 자
본주의의 핵심 산업으로서 스위스 은행업의 대단한 규모를 보여준다. 2007
년을 기준으로 세계의 역외 금융자산 중 약 28%가 스위스에 있다(Straumann,
2006: 139; Wetzel, Fluck and Hofstatter, 2010: 352; Zucman, 2016). 특히 2007년 금
융위기 이후 스위스 은행업은 미국, 독일, 프랑스 등 여러 국가에서 정치
적 논란의 중심에 서게 되었다. 영화나 문학 작품에서 스위스 은행은 악당
들이 자금을 숨기는 장소로 자주 묘사된다(예를 들어, 〈나를 사랑한 스파이The
Spy Who Loved Me〉, 〈다 빈치 코드The Da Vinci Code〉, 〈더 울프 오브 월스트리트The Wolf of
Wall Street〉 참조). 일부 독자들은 스위스 은행을 신중하고 책임감 있게 돈을
보관하는 투자자들의 안전한 피난처로 여길 수도 있다. 다른 한편으로는
자금 세탁, 세금 사기, 탈세와 같은 불법적인 시장 활동으로 유명한 곳으
로 인식할 수도 있다. 어떤 관점이든, 스위스 은행은 많은 이에게 특별한
의미를 지닌다.

스위스 은행업은 15세기에 시작되었으며, 현대의 은행업을 개척한 주
요 인물들과 직접적인 연관이 있다.[1] 15세기 초, 피렌체, 베니스, 시에나
를 중심으로 활동한 이탈리아 상인들에 의해 복식부기가 도입되었고, 이
를 통해 자금의 대출과 차입이 제도화되어 은행업이 좀 더 체계적으로 운
영되기 시작했다. 복식부기 덕분에 상인들은, 이전처럼 대출과 차입을 번
갈아 실행하기 위해 단기에 자금을 회수하지 않고도 더 큰 규모의 대출과
차입을 할 수 있게 되었다(Carruthers and Espeland, 1991; Power, 2012; Valdez,

2007).

이러한 제도화 시기 동안, 르네상스 시대에 아마도 가장 성공적이고 영향력 있던 상인인 메디치Medici 가문은 북유럽과 남유럽을 연결하는 (당시 독립 교구인) 제네바의 지정학적 중요성을 간파했다. 이에 메디치 가문은 1425년에 초기 자회사 중 하나로 메디치 은행Banco Medici의 전신前身을 제네바에 설립했다(Bergier, 1990: 327). 제네바는 이미 급성장하는 교역 시장trade fairs을 열고 있었으며, 메디치 가문과 또 다른 피렌체 상인들의 참여로 인해 그 성공은 더욱 확대되었다(Goldthwaite, 2009). 고급 직물을 중심으로 교역 시장은 오랜 기간 제네바에 상당한 부富를 가져다주었다. 그러나 1462년에 교역 시장은 제네바에서 프랑스의 리옹으로 옮겨졌다. 이는 프랑스 왕 루이 11세가 자신의 왕국과 너무 가까이 위치한 독립 지역인 제네바가 크게 번영하는 것을 반기지 않았기 때문이다. 결국, 제네바는 그 즉시 부富에 대한 접근성을 잃었고, 상인들의 중심지로 리옹이 그 자리를 차지하게 되었다(Bergier, 1990: 297).[2]

그 후 수 세기 동안, 오늘날 스위스의 두 금융 중심지인 제네바와 취리히는 초국가적인 무역과 은행업 분야에서 보조적인 역할만을 수행했다. 그러나 18세기와 19세기 스위스에는 상대적으로 유동 자금이 많았고 대출 이자율이 낮았다는 역사 자료의 보고가 점점 늘어나고 있다(Cassis and Tanner, 1992, 294). 카시스Youssef Cassis와 태너Jakob Tanner는 이러한 부의 증가가 스위스의 농업 부문 번영과 관광 산업 성장의 결과였다고 주장한다. 당시 스위스의 이웃 국가 대부분은 유럽의 산업화로 인한 경쟁적 환경에 대응하고자 좀 더 더 체계적인 은행 시스템을 구축해 가고 있었고, 이를 통해 농민, 상인, 그리고 기업가들이 경쟁 우위를 위해 필요한 대규모 인프라 투자에 자금을 조달하도록 지원했다. 독일과 오스트리아에서는 저축 은행Sparkassen 네트워크가 본격적으로 구축되었고, 프랑스에서도 증가하는 대출 수요를 저축은행banques d'épargne이 감당하기 시작했다.

스위스는 주정부 은행(칸토날 뱅크Kantonalbanken/banques cantonales)을 설립함으로써 이러한 변화에 대응했다. 칸톤에 의해 설립된 이 공공 소유 금융저축기관은 지역민들의 금융 수요를 충족시키고자 만들어진 것이다. 그러나 이러한 저축기관들이 설립되는 시기에, 스위스의 여러 가문은 이미 상업과 산업 분야에서 큰 성공을 거둔 상태였고, 해외의 대규모 산업 프로젝트에 대한 스위스의 투자 활동도 적극적으로 진행되고 있었다. 이로 인해 19세기에는 이중 은행 시스템dual banking system이 구축되었다. 주정부 소유의 은행Kantonalbanken들은 노동자 계급과 소규모 사업가들을 위한 저축 및 대출 서비스를 제공하고, 민간은행 네트워크는 해외의 부유한 가문들의 금융 거래를 주선하고 투자를 관리했다. 누군가가 이러한 이중 시장을 독점하려고 생각해 내는 것은 단지 시간의 문제였다.(Bergier, 1990; Cassis and Tanner, 1992).

19세기 후반 스위스에서는 다수의 유니버설 은행universal bank들이 설립되었다. 릿츠만Franz Ritzmann이 언급한 바와 같이(Ritzmann, 1973), 이 새로운 대형 은행들은 "상업은행, 지주회사, 중앙은행, 투자신탁의 특성이 묘하게 합쳐진 형태"를 띠었다(Cassis and Tanner, 1992: 295에서 인용). 이 새로운 은행들의 전략은 매우 성공적이었다. 유니버설 은행들은 작은 금융 서비스 회사들을 인수·합병해 규모를 키워갔고 시간이 지날수록 더욱 강력해졌다. 카시스와 태너의 연구에 따르면, 새롭게 부상한 유니버설 은행들이 우세를 점하면서, 1910년 이후 장기간에 걸쳐 은행들의 병합과 이로 인한 자산의 급속한 증가가 일어났다(〈표 3-1〉 참조).

20세기 초 이러한 병합 과정 이후에도 소규모 스위스 민간은행들은 여전히 많이 존재했다. 그러나 이러한 통합 과정은 스위스 은행업의 전환점이 되었다. 이는 대형 금융기관이 저축, 자금조달, 그리고 투자 기회를(유

표 3-1 은행 수 및 은행 지점 수, 그리고 총자산의 변화, 스위스(1910~1960)

구분	1910	1920	1930	1940	1950	1960
은행 수	449	378	362	335	325	319
은행 지점 수	-	-	-	1,051	1,311	1,519
총자산(10억 달러)	7.9	13.5	21.2	17.2	25.8	50.8
총자산/은행 수(100만 달러)	18	36	60	51	79	159

자료: Cassis and Tanner(1992: 296).

니버설 은행 한 곳에서 모두)* 제공함으로써 막대한 수익이 창출되는 새로운 유형의 은행업을 향한 움직임이었다. 다른 나라의 은행업들이 서로 비슷한 통합 과정을 거친 것과 달리, 스위스의 대형 금융기관들은 스위스 국민의 재산에만 관심을 두기보다는 외국 자금 관리에 초점을 맞추기 시작했다. 귀스Sébastien Guex에 따르면, 스위스의 일부 주변 국가들에서 세금이 증가함에 따라, 스위스 은행들은 1900년경 은밀하게 관리되는 외화예금을 새로운 틈새 전략으로 제공하기 시작했다(Guex, 2000). 19세기 말 스위스 은행들은 이미 "비밀주의 관행"을 도입하여 활용하기 시작했다(Guex, 2000: 240). 20세기 초반 이들은 해외 자본을 유치하기 위해 이러한 비밀주의를 적극적으로 홍보했고, 결과적으로 외국 고객에게 세무 당국으로부터 자금을 은닉하는 방안을 제공하기 시작했다. 귀스(Guex, 2000: 241)가 언급한 바, "해당 홍보 캠페인의 강도가 지나치게 높아져서 〔…〕 외국 정부의 반발을 우려한 스위스 경제부 장관이 은행가들에게 홍보의 수위를 낮출 것을 요청해야 할 정도였다".[3]

• 　유니버설 은행의 특성에 대한 이해를 돕고자 역자가 보충적으로 삽입함 — 옮긴이.

세계대전 기간과 그 이후의 스위스 은행 산업

〈표 3-1〉에서 확인할 수 있듯이, 스위스에서 관리되는 자산의 규모는 1910년부터 1960년 사이에 크게 증가했다. 스트라우만Tobias Straumann은 세계대전 기간과 그 이후 스위스 은행이 금융 서비스 분야에서 선도적인 역할을 수행하는 데 직접적으로 기여한 두 가지 요인과, 20세기 동안 스위스 은행이 성공을 안정적으로 유지하는 데 도움이 된 네 가지 요인을 분류했다(Straumann, 2006). 첫 번째로, 스트라우만은 스위스의 정치적 중립 정책이 금융 중심지로서 스위스의 입지를 강화하는 데 기여했다고 강조한다. 두 번째로, 1934년에 도입된 새로운 법적 구조는 고객 정보의 기밀성을 높였는데, 이 프레임워크의 일부는 오늘날 스위스 은행의 비밀보장주의로 잘 알려져 있다.

스트라우만은 초기 두 요인이 만들어낸 동력이 추가적인 다음의 네 가지 요소를 통해 장기적으로 안정화되었다고 말한다. 첫 번째로, 스위스는 네 가지 공용어를 사용하며, 인도주의적 활동에서 주요한 역할을 수행하므로 국제적으로 연결성이 뛰어났다. 두 번째로, 스위스는 두 차례의 세계대전에 직접 참여하지 않았다.[4] 셋째로, 스위스 은행업은 세계대전 이전에 이미 상당한 안정성을 확보했다. 마지막으로, 스위스의 정치 구조는 20세기 대부분 기간 동안 경제적 자유를 중시하는 보수적인 정치에 의해 지배되었다.

따라서 스트라우만은 스위스 은행의 비밀주의가 스위스 은행이 성공하는 데 기여한 다양한 요인 중 하나에 지나지 않는다고 주장한다. 반면, 귀스는 19세기 후반부터 스위스 은행들이 실천해 온 비밀유지 관행이 스위스를 세계 최고의 자산관리 중심지로 만드는 데 결정적인 역할을 했다고 강조한다(Guex, 2000). 1930년대 초 스위스는 비밀유지 관행을 법적으로 공식화하는 은행법을 도입함으로써, 스위스 은행의 비밀보장주의를 법적으로 확립했다. 흔히 "스위스 은행법"이라고 불리는 '1934년 은행 및 저축은행에 관한 연방법' 제47조에 따르면, 은행, 스위스 금융감독 기관 또는 스위스 법률하에 있는 기타 금융기관의 대표로서 자신에게 위탁된 비밀 정보를 누설한 자는 징역형 또는 벌금형에 처해질 수 있음을 명시하고 있다.

실무적으로 보자면 스위스 은행들의 비밀보장주의 자체는 대중이 상상하는 것만큼 흥미롭지 않을 수 있다. 오히려 그 특별함은 세부적인 법적 차이, 즉 조세 사기tax fraud와 조세 회피tax evasion 사이의 구별에 있다. 스위스 법에 따르면, 조세 사기는 위조된 문서 등을 사용하여 규제 당국을 적극적으로 속이는 행위로 정의되며, 조세 회피는 소득원이나 은행예금을 세무 당국에 전혀 신고하지 않거나 불완전하게 신고하는 행위로 정의된다. 조세 사기의 경우와 달리, 세무 당국이 조세 회피를 의심하는 경우 스위스 은행들은 비밀보장 조항에 따라 정보를 공개할 의무가 없다. 이는, 세무 당국이 스위스 은행들 고객의 재정 상태에 대한 정보에 접근하기 위해서는, 위조문서 등 조세 사기에 대한 증거를 제시해야 한다는 것을 의미한다(1934년 "은행 및 저축은행에 관한 연방법Bundesgesetz uber die Banken und Sparkassen"). 1934년부터 오늘날까지 스위스 정부는 스위스 은행들의 비밀유지 목적이 개인의 사생활을 보호하는 것임을 강조해 왔다. 그러나 1934년 2월 2일에 제안된 연방법 초안을 살펴보면, 스위스 은행법의 목적이 단순히 사생활 보호에만 국한되지 않음을 알 수 있다. 이 법은 스위스 은행업을 전략적으로 강화하려는 의도도 담고 있었다. 초안은 다른 국가들의 은행법을 검토하고, 국제 환경에서 스위스 은행들을 안전하고 신중하게 운영할 수 있도록 하는 스위스 은행법 제정의 필요성을 제기했다(1934년 스위스 연방의회).

제2차 세계대전 동안 스위스 은행이 가지고 있던 안전하고 신중한 이미지가 처음으로 모호하고 불확실한 결과를 낳았다. 저명한 스위스 역사학자들이 광범위한 역사적 조사를 통해 밝혀낸 바에 따르면, 이 시기에 스위스 은행들은 여러 의심스러운 거래를 통해 상당한 이득을 취했다. 나치에 의해 몰수된 개인과 가족들의 재산이 스위스로 보내졌으며, 스위스 은행들이 이러한 몰수 재산을 보관했다. 또한 스위스 은행들은 비밀보장 정책을 이유로 홀로코스트 동안 살해된 사람들의 재산 정보를 그 가족들에게 제공하는 것을 거부했다(Bonhage, Lussy and Perrenoud, 2001; Francini, Heuss and Kreis, 2001; Perrenoud et al., 2002 참조).[5] 전쟁 이후에도 스위스는 불법적으로 획득되었거나 세금 신고되지 않은 자금을 보유함으로써 계속해서 이득을 보았다. 이후 스위스 은행들의 비밀주의는 조세 회피를 보호한다는 비판을 받아왔다. 스위스 내에서 이와 관련된 정치적 논란은 거의 주기적으로 발생하는 공공 스캔들을 통해 주목을 받고, 이로 인해 논쟁이 다시 활발해지곤 한다.[6]

현대에도 소득과 자산에 대한 미신고 문제는 여전히 활발한 논쟁의 대상인데, 스위스 은행은 (명백한 이유로) 이 특정 주제에 대한 정보공개를 꺼린다. 신중한 은행 관계자들은 스위스 은행들 계좌가 보유하고 있는 외국 고객 자금 중 30~50%가 세무 당국에 신고되지 않은 것으로 추정한다(스위스 은행가 콘라트 훔러Konrad Hummler에 의한 추정, 스위스 언론에 반복적으로 보도됨). 반면, 제네바에 본사를 둔 싱크탱크인 헬비아Helvea는 스위스가 보유한 해외 자산 중 거의 80%가 세무 당국에 신고되지 않았다고 분석했다(연구 접근 불가, "Woher das Schwarzgeld,"* 2010에 재현됨). 이에 대응하여, 2012년 스위스 정부는 스위스 은행의 이미지를 개선하고 유럽연합European Union 및

---

* 2010년 2월 12일 스위스 일간지인 《타게스 안자이너(Tages Anzeiger)》에 실린 기사 "스위스 은행의 검은 돈의 출처는 어디일까요?(Woher das Schwarzgeld auf Schweizer Banken kommt)"에서 인용 ― 옮긴이.

미국과의 미신고 자산 보유에 대한 정치적 갈등을 완화하기 위해 '청정자금 전략Strategie d'argent propre'을 도입했다. 지금으로서는 이 새로운 전략이 스위스 은행업에 중대한 변화를 가져올 것인지, 아니면 해외의 적대적인 비판으로부터 전통적인 스위스 은행들의 관행을 보호하기 위한 단순한 명분 제공(립서비스)에 그칠 것인지 판단하기 어렵다.

20세기까지 스위스의 금융 활동 중심지는 주로 제네바였고, 바젤 또한 은행업이 어느 정도 번창한 지역으로 알려져 있었다. 취리히도 견고한 금융기관 네트워크를 갖추고 있었으나, 오랫동안 제네바와 바젤에 이어서 세 번째 위치였다. 이러한 상황은 20세기 내내 변하지 않았으며, 취리히가 스위스 최고의 금융 중심지로 널리 인식되기 시작한 것은 비교적 최근의 일이다. 오늘날, 스위스에서 가장 큰 은행인 UBS와 크레디트스위스가 모두 취리히에 본사와 주요 운영 직원을 두고 있는 것을 보면, 취리히의 금융 중심지로서의 지위는 자명한 사실로 여겨진다. UBS는 1912년에 설립된 스위스 유니온방크Union de Banques Suisses와 1854년에 설립된 스위스 방크페어아인Schweizerischer Bankverein이 합병함으로써 1998년에 탄생되었다. 반면, 두 대형 은행 중 더 작은 규모의 크레디트스위스는, 1856년에 설립된 스위스 크레디트은행Schweizerische Kreditanstalt을 전신으로 하며, 1997년에 구조조정 과정을 거쳐 새롭게 크레디트스위스로 명명되어 출범되었다.

1980년대 말과 1990년대 초, 스위스 은행 업계는 중요한 전환점을 맞이했다. 이 기간 대다수 은행들은 골드만삭스, 메릴린치, 모건스탠리와 같은 월스트리트 경쟁자들의 매출 증가 속도를 따라잡기 위해 애쓰고 있었다. 이에 따라 수많은 스위스 은행들이 그들의 전략을 수정하고 보다 공격적인 시장 전략을 채택하기 시작했다(Wetzel, Fluck and Hofstatter, 2010: 350). 1990년대 말부터 2000년대 초반까지, 이 공격적인 전략으로 인해 상당한 이익이 발생했다. UBS의 주가는 10년 만에 두 배 이상 (1997년 주당 34달러

표 3-2 **법적 주소지 자산 기준 상위 20개 은행**   (단위: 10억 US 달러)

순위	은행	법적 주소지	자산
1	UBS	스위스	1,533
2	씨티그룹(Citigroup)	미국	1,484
3	미즈호 파이낸셜 그룹(Mizuho Financial Group)	일본	1,296
4	HSBC 홀딩스(HSBC Holdings)	영국	1,277
5	크레디트 아그리콜 그룹(Credit Agricole Groupe)	프랑스	1,243
6	BNP 파리바(BNP Paribas)	프랑스	1,233
7	JP 모건 체이스(JP Morgan Chase)	미국	1,157
8	도이체방크(Deutsche Bank)	독일	1,144
9	스코틀랜드왕립은행(Royal Bank of Scotland)	영국	1,119
10	뱅크오브아메리카(Bank of America)	미국	1,110
11	바클리즈 은행(Barclays Bank)	영국	992
12	미츠비시 도쿄 파이낸셜 그룹(Mitsubishi Tokyo Financial Group)	일본	980
13	크레디트스위스(Credit Suisse)	스위스	963
14	스미토모 미쓰이 파이낸셜 그룹(Sumitomo Mitsui Financial Group)	일본	897
15	ING 은행(ING Bank)	네덜란드	839
16	ABN 암로 은행(ABN Amro Bank)	네덜란드	829
17	소시에테 제네랄(Societe Generale)	프랑스	819
18	산탄데르 센트랄 히스파노 은행(Santander Central Hispano)	스페인	783
19	HBOS	영국	760
20	케스 데파르뉴 그룹(Groupe Caisse d'Epargne)	프랑스	741

자료: Valdez(2007: 40).

에서 2007년 주당 67달러) 증가했으며, 크레디트스위스의 주가는 같은 기간 동안 세 배(1997년 주당 31달러에서 2007년 주당 93달러) 가까이 상승했다. 2000년대 중반에는 이 두 은행이 세계에서 가장 영향력 있는 금융기관에 들게 되었다. 2004년 UBS는 관리하는 자산 규모로 세계 최대 은행이 되었고, 크레디트스위스는 13번째로 큰 은행이 되었다(Valdez, 2007: 40; <표 3-2> 참조).

금융위기 시기의 스위스 은행 산업

스위스 은행들이 2000년대 초반 채택한 성공적인 전략에 대해 당시 스위스 정계와 금융계에서는 별다른 비판이 없었다. 주된 이유는 은행들의 성공으로 새로운 일자리가 창출되고 세수가 증가하는 등 스위스 경제에 전반적으로 긍정적인 영향을 미쳤기 때문이다. 게다가 많은 은행이 자신들의 이익을 대변하기 위해 스위스 의회에 강력한 로비 활동을 펼쳤다. 그러나 2007년 금융위기가 시작되면서 이러한 은행들의 공격적인 전략에 대한 무비판적인 태도와 규제의 부재가 문제가 되기 시작했다. 특히 UBS는 미국 서브프라임 시장에 대규모 투자를 진행했으며,[7] 독성 자산으로[8] 분류되어 나중에 문제가 된 모기지 담보부 증권MBS과 담보부 대출 채권CDO 등과 같은 금융 상품을 가장 적극적으로 개발하고 거래한 은행 중 하나로 밝혀졌다(Straumann, 2010).

숫자가 많은 것을 말해준다. UBS는 2006년에 119억 달러의 이익을 기록했으나, 2007년에는 46억 달러의 손실을 보고했다(Wetzel, Flück and Hofstätter, 2010: 347). 금융위기가 스위스에 끼친 영향은 생각보다 심각했다(Hablützel, 2010). 2007년 여름에서 2009년 봄 사이에 스위스의 은행 부문은 전체적으로 총 750억 달러의 손실을 보았으며, 이는 국내총생산GDP의 17.9%에 해당하는 것이었다. 동일한 기간 미국의 은행 부문 손실은 GDP의 5.4%에 불과했고, 독일은 GDP의 2.3%의 손실을 기록했다. 스위스가 막대한 금융 손실을 겪었음에도 불구하고, 실업률은 약간 증가하는 데 그쳤고, 상대적으로 성과가 좋은 중소기업들이 이러한 손실을 어느 정도 상쇄할 수 있었다. 그러나 이제 스위스는 불과 몇 년 전까지만 해도 생각조차 하지 않았던 정치적 조치를 취할 필요가 생겼다.

미국에서는 2008년 긴급경제안정화법Emergency Economic Stabilization Act에

따라 뱅크오브아메리카Bank of America, 씨티그룹Citigroup, 골드만삭스Goldman Sachs를 포함해 많은 금융기관이 정부로부터 금융 지원을 받았다. 마찬가지로 스위스도 중앙은행과 정부가 스위스 최대 은행인 UBS를 구제해야 했다. 2008년 10월 16일, UBS는 710억 달러의 추가 자본을 확보했는데, 이는 은행이 금융 시스템에 중대한 영향을 미칠 수 있다고 판단되어 취해진 필수적인 조치였다.[9]

스위스 은행가에 대하여

20세기 말과 21세기 초에 많은 스위스 은행이 전략을 수정하면서 스위스 은행가들의 사회적 역할도 크게 변화했다.[10] 1960년대까지만 해도 스위스 은행가들은 대체로 카리스마가 없고, 비밀스럽고, 소심한 인물로 여겨졌다. 하지만 1964년, 영국 노동당 출신의 정치인 조지 브라운George Brown이 영국 파운드화에 대한 스위스 은행가들의 공격적인 투기를 비난하면서 "취리히의 난쟁이들Gnomes of Zurich"이라는 표현을 창조했을 때, 더 이상 이전의 이미지는 유효하지 않게 되었다(Tanner, 1993: 21). 이 표현이 등장하면서 스위스 은행가들은 이전의 이미지를 벗어나 공격적이고 탐욕적인 인물로 여겨지기 시작했으며, 일부 은행가들은 이 새로운 이미지를 즉시 자신의 것으로 만들었다. 역사학자 보울비Bowlby에 따르면, 그들은 영국에서 걸려온 전화를 "안녕하세요, 난쟁이gnome입니다"라고 받으며 새로운 사회적 역할을 적극적으로 받아들였다("Why Are Swiss Banker?", 2010).

앞서 언급했듯이, 1980년대와 1990년대에 스위스 은행 업계는 구조적 변화를 경험했다. 프라이빗 뱅킹private banking 분야에서 성공을 거둔 스위스의 대형 은행들이 투자은행investment banking 부문으로 그 영역을 크게 확장하기 시작했다. 스위스 은행들은 전통적인 자산관리asset management 은행에서, 골드만삭스나 모건스탠리에 버금가는, 글로벌 자산관리 **및** 투자은행으로의 변화를 꾀했다. 이 새로운 방향은 월스트리트와 런던에서 투자은행 업무 경험을 쌓은 스위스의 몇몇 주요 인물들에 의해 주도되었다. 이렇게 투자 지향적으로 재편된 스위스 은행 업계에서는 여전히 "난쟁이" 같은 성격의 일면을 지닌 회계사스러운 과거의 은행가banquier들은 실질적으로 더 이상 쓸모가 없게 되었다.

이 변화는 대담하면서도 위험을 기꺼이 감수하는 새로운 유형의 스위스 은행가를 등장시켰는데, 이들은 스위스 은행들이 그토록 갈망해 온 금전적 성공을 더욱 효과적으로 달성하는 방법을 상징하는 것처럼 보였다. 1980년대와 1990년대에 기존의 스위스 **은행가**Swiss *banquier*를 대체하기 시작한 이 새로운 유형의 스위스 은행가Swiss banker는, 올리버 스톤Oliver Stone 감독의 영화 〈월스트리트Wall Street〉에 등장하는 가상 인물 고든 게코Gordon Gekko와 유사한 월스트리트 은행가들의 이미지와 표현에서 많은 영감을 받았다.[11] 이러한 이미지가 스위스에서 자리 잡게 된 데는, 영국과 미국의 금융업계를 경험한 다수의 스위스 출신 인사들이 크게 기여했다. 합병* 이후 UBS의 CEO가 된 오스펠Marcel Ospel은 1980년대의 대부분을 런던과 뉴욕에서 보냈다. 바우만Claude Baumann의 묘사에 따르면, 오스펠은 자신이 성장하며 경험한 "개신교 문화〔…〕의 규율, 성취, 겸손"과 같은 가치들을 언급하며 자신의 가족과 어린 시절에 대해 회상했다〔Baumann, 2006: 57, 이 책의 저자 슈테판 라인스(Stefan Leins) 번역〕. 이전 세대의 많은 스위스 은행가들과 달리, 오스펠은 부유한 스위스 가문 출신이 아니었다. 바젤의 노동자 계급 가정에서 성장한 그는, 많은 동료들처럼 가족 관계나 군대 기반

---

* 스위스 유니온방크(Union de Banques Suisses)와 스위스 방크페어아인(Schweizerischer Bankverein)의 합병 — 옮긴이.

의 네트워크에 의존하기보다는 자신의 규율과 위험을 감수하는 능력을 통해 은행 업계에서 성공을 거두어야 했다.

런던과 뉴욕에서 경험한 공격적인 비즈니스 운영 및 인사관리에 익숙해진 오스펠은, 1990년대와 2000년대 초반 스위스 은행들의 확장 전략에 큰 영향력을 미쳤다. 1995년 이루어진 인수* 바로 첫날에 오스펠은 1000개의 일자리를 줄이겠다고 발표했다. 이 결정은 영국 언론에 의해 "대학살"로 묘사되었지만, 오스펠의 공격적이고 무자비한 경영 방식은 전통적인 스위스 네트워크 대신에 개인의 성과와 위험 감수 능력을 중시하는 새로운 세대 스위스 경영진에게 롤모델이 되었다(Baumann, 2006: 61).

사회학적 관점에서 볼 때, 전통적인 네트워크에 의존하던 은행이 능력주의 시스템으로 전환한 것은 당시 사회에서 일어나고 있던 광범위한 변화를 반영하는 것이었다. 1980년대 이전까지만 해도 스위스 은행 산업은 국내에 깊이 뿌리박고 있었으며, 은행 직원들은 대부분 스위스 내부에서 채용되었다. 이에 따라, 군대,[12] 취리히에 기반을 둔 길드Zünfte, 정치적 연계, 영향력 있는 가문 등과 같은 전통적 네트워크는 누가 은행가가 될 수 있는지를 결정하는 데 중요한 역할을 했다. 1980년대 말과 1990년대 초에 이러한 전통적인 네트워크는 점차 약화되어 결국 능력주의 시스템으로 거의 완전히 대체되었다. 이 새로운 능력 기반 시스템에서는 은행 업계에서 성공하기 위해 굳이 전통적인 네트워크의 일원일 필요가 없었다. 그러나 그 대신 특정 대학에서의 교육은 필수적이었다(스위스 은행의 애널리스트 채용 프로세스에 대한 자세한 내용은 이 책의 4장을 참조).

스위스 은행업에서 일어난 이러한 변화는 크게 두 가지 광범위한 변화

---

* 스위스 방크페어아인(Schweizerischer Bankverein)이 영국의 워버그 투자은행(S. G. Warburg)을 인수함 ─ 옮긴이.

와 관련이 있다고 볼 수 있다. 첫 번째는 글로벌화의 영향으로, 스위스 은행들이 성공적인 경영을 위해서 스위스 내에서만 은행가와 관리자를 채용하는 것이 불가능해졌다는 점이다. 이로 인해 스위스의 전통적인 네트워크의 중요성이 약화되었다. 두 번째는, 푸코Michel Foucault가 언급한 신자유주의 윤리의 등장으로 개인의 능력이 강조되면서 전통적인 네트워크에 속하지 않은 이들도 경쟁 환경에서 뛰어난 성과를 내면 이 업계에 진출할 기회를 얻게 되었다는 점이다(Foucault, 2008). 부유한 집안 출신은 아니었지만 월스트리트에서 성과를 입증한 오스펠은 이러한 변화의 혜택을 모두 누렸다. 오스펠뿐만 아니라, 뮐레만Lukas Mühlemann(1996~2000년 크레디트스위스 최고경영자), 카비알라베타Mathis Cabiallavetta(1998년 UBS 회장), 에브너Martin Ebner (1990년대 후반 UBS 최대 주주였던 BZ은행 소유주)와 같은 경영자들도 이 새로운 세대 은행가들의 대표적인 예로 꼽힌다. 이들은 그들의 전임자들과는 달리 단기적인 이익을 추구하기 위해 대규모 위험을 감수했고 무자비한 인사관리 방식을 채택했다. 이 새로운 전략은 두 대형 은행의 엄청난 성장과 함께 직원들의 보수를 크게 증가시켰다. 이 기간 스위스에서는 30세 은행 직원이 월급으로 1만 5000달러를 받고, 연말에는 여섯 자릿수의 보너스를 받는 것이 일상적인 일이 되었다고 한다(Baumann, 2006: 103).

1990년대와 2000년대 초반, 스위스 은행가들의 이미지가 비밀스러운 회계사에서 공격적이고 외향적인 사업가로 전환된 것은 스위스 은행업을 재편하는 데 매우 성공적인 전략으로 널리 인정받았다. 이러한 변화는 미셸 푸코가 언급한 기업가적 자아의 등장과 함께 가속화되었는데, 이는 유연성, 경쟁력, 경제적 이해관계를 인격화하는 것을 의미한다(Brockling, 2016; Foucault, 2008).

그러나 이들의 성공 스토리는 금융위기가 발발하며 큰 타격을 받았다. 이 새로운 세대의 경영진 중 많은 이가 스위스 은행들이 서브프라임 모기지 사태에 깊숙이 연루된 데 대한 책임을 질 수밖에 없었다. 예를 들어, UBS가 2008년에 710억 달러 규모의 정부 구제금융을 요청한 것은 그들의 서브프라임 투자 실패 때문이었으며, 이에 대한 많은 비난이 오스펠에 집중되었다. 스위스 은행들의 새로운 전략이 실패함에 따라, 공격적인 스위스 은행가들의 새로운 사회적 역할에 대한 의문이 제기되었다.

스위스 은행가의 범주

은행가들은 대개 하나의 동일한 집단으로 여겨진다. 이러한 인식에는 타당한 측면이 있는데, 그 이유는 그들이 모두 은행 업무를 수행하고, 비교적 비슷한 스타일로 옷을 입으며, 많은 공통된 특성을 공유하는 것처럼 보이기 때문이다. 하지만 은행가들 자신의 시각으로 볼 때, "은행가"라는 단일한 개념은 실제로 존재하지 않는다. 예를 들어, 나와 함께 일했던 애널리스트들은 자신들을 결코 은행가라고 부른 적이 없었고, 누군가가 그들을 그렇게 불렀을 때는 화를 냈다. 내가 현장에서 경험한 바로는 **은행가**banker라는 용어는 자기 자신을 일컫는 범주로 사용되는 경우가 거의 없다.

은행가들은 자신들을 서로 구별하기 위해 복장, 말투, 외모, 소속감과 같은 문화적 코드를 사용하는 데 상당한 노력을 기울인다. 이들은 이러한 코드들을 활용하여 자신이 은행 내에서 트레이더, 고객자산 관리자 또는 애널리스트 등과 같은 특정 전문 분야의 세부 그룹에 속해 있음을 드러내려고 노력한다. 2005년 개봉한 스위스 영화 〈백설공주Snow White〉에는 은행 내 전문가들 사이에서 다양한 분야별로 경계를 나누려는 이러한 노력이 잘 드러나는 장면이 있다. 여기서 두 명의 남성 은행가는 취리히의 그랜드 호텔 돌더Dolder에서 두 명의 콜걸과 만난다. 대화 도중 한 은행가가 다른 은행가를 향해 돌아서면서 다음과 같이 말하는 부분이 있다. "어서, 브랜디, [⋯] 여자들에게 당신의 역동적인 삶에 대한 흥미진진한 이야기를 해줘요. 그렇게 하지 않으면 그들은 당신을 금융 컨설턴트가 아닌 은행가로 여길 거예요(Samir, 2005, 이 책의 저자 슈테판 라인스 번역)."

현장 연구를 진행하면서, 은행가들 사이에 명확하게 구분되는 직업적 전문 분야의 세부 그룹을 발견할 수 있었다. 이들 세부 그룹은 금융시장 내에서의 역할과 업무 영역을 기준으로 구분된다. 금융시장 참여자들 사이에서 일반적으로 알려진 주요 구분 중 하나는 프라이빗 뱅킹 분야와 투자은행 분야에서 근무하는 사람들 사이의 차이다.

프라이빗 뱅킹은 전통적으로 개인 고객을 위한 금융 서비스를 제공한다. 업무 측면에서 볼 때 프라이빗 뱅킹은 일부 국가에서 상업은행 업무라고 알려진 것과 비슷하다. 그러나 스위스에서는 주로 은행 계좌에 최소 미화 100만 달러 이상의 자산을 보유한 고객을 대상으로 제공되는 서비스를 "프라이빗 뱅킹"이라고 부른다. 프라이빗 뱅킹 고객은 상업은행 고객과 비교하여 좀 더 다양한 서비스를 이용할 수 있으며, 특별한 유형의 고객자산 관리자인 개인 고객 자문가personal client advisers라는 전문가의 지원을 받는다. 프라이빗 뱅킹 및 상업은행의 고객은 대출자, 차입자 또는 투자자로서 은행과 거래할 수 있다. 예금계좌를 가진 고객은 은행에 자금을 맡기고, 그 대가로 이자를 받는다. 은행은 이렇게 모인 예금자들의 자금을 다시 다른 고객에게 대출해 수익을 창출한다. 대출은 일반적으로 고객이 신용대출이나 주택담보대출(모기지 대출)을 요청할 때 제공된다. 이 과정에서 은행은 빌려준 돈에 대해 고객으로부터 이자를 받는다. 프라이빗 뱅킹 고객의 경우, 이들은 시장에서 투자자 역할을 할 수 있으며, 프라이빗 뱅킹은 이러한 투자를 처리하고 관리하기 위해 수수료를 받는 서비스를 제공한다.

반면 투자은행은 개인 대출이나 투자에 직접 관여하지 않으며, 대신 기업에게 금융 서비스를 제공한다. 제공하는 서비스에는 펀드 및 채권과 같은 투자 상품을 구조화하거나 기업을 위한 대규모 프로젝트에 대한 자금 조달 지원 등이 포함된다. 투자은행은 또한 법인 설립을 원하는 기업을 돕고, 이들이 기업공개IPO를 준비할 수 있도록 지원한다. 이와 더불어, 인수 합병, 기업의 일부 또는 전체의 인수, 구조조정, 청산 등의 과정에도 적극적으로 참여한다.

프라이빗 뱅킹과 투자은행의 서로 다른 활동 영역은 직원들의 다양한 사회적 역할에서 분명하게 드러난다. 프라이빗 뱅킹 분야에서는 개별 고객과의 신뢰 구축 및 소통 능력이 특히 중요시된다. 반면 투자은행에서 근무하는 직원들은 더 많은 자본과 높은 수준의 위험을 다루며, 주로 프로젝트 기반으로 일한다. 이로 인해 프로젝트의 마감 기한이 임박하면 상당한 정도의 스트레스를 경험할 수 있으며, 이를 관리할 수 있는 능력이 요구된다.

프라이빗 뱅커와 투자은행가가 서로에 대해 이야기할 때, 그들의 직업적 차이가 다양한 특성을 부각시키는 경우가 많다. 프라이빗 뱅커들은 흔히 투자은행가들을 대담하고 위험을 두려워하지 않으며, 시끄럽고 거친 태도를 가지고 있다고 표현한다. 또한 그들이 자신들처럼 개인 고객과 직접 소통할 필요가 없다는 점을 지적한다. 필자가 현장 연구를 진행하는 동안, 한 인턴이 스위스 은행의 프라이빗 뱅킹 부서에서 투자은행 부서로 이동하기로 결정했다. 이 결정을 둘러싸고 프라이빗 뱅킹 부서의 동료들 사이에는 투자은행의 문화와 잠재적 위험에 대해 경고하는 논쟁이 벌어졌다. 한 고참 애널리스트는 그 인턴에게 "투자은행에서 일하면 스트레스가 많이 쌓이며, 동료들이 시끄럽고 예의 없을 수 있다"고 언급했다. 몇 달 후, 인턴이 이전에 속했던 프라이빗 뱅킹 부서를 방문했을 때, 그들의 경고가 맞았다고 확인해 줬다. 그러나 그는 자신이 이제 새로운 팀의 일부가 된 것에 대해 자부심을 느끼며, 투자은행의 거친 업무 환경을 성공적으로 이겨냈다고 자신 있게 말했다. 개인적인 대화에서 그는 프라이빗 뱅킹보다 투자은행 업무를 선호하는 이유를 상세히 설명했다. 그는 투자은행가들 사이에 널리 퍼져 있는 프라이빗 뱅커들에 대한 고정관념을 인용하며, 자신이 "단조롭고 예측 가능한" 프라이빗 뱅킹 환경에서 벗어난 것에 대한 기쁨을 표현했다.

취리히에서 은행 업계 종사자들은 주로 프라이빗 뱅커와 투자은행가로 나뉘는 것이 일반적이지만, 이러한 분류는 실제로 은행 내부의 다양한 전문 분야를 매우 포괄적으로 묶은 것에 불과하다. 필자가 근무했던 프라이빗 뱅킹 분야 안에서 대략 다섯 가지 전문 분야를 구분할 수 있었다. 법무 및 컴플라이언스compliance* 담당자, 고객자산 관리자 및 영업 전문가, 백 오피스back-office 직원, 트레이더, 그리고 애널리스트들이다. [13]

법무 및 컴플라이언스 부서(이하 준법 부서)의 직원들은 보통 법률에 대한 배경 지식을 가지고 있으며, 은행 업무를 법적 관점과 위험관리 관점에서 평가한다. 이 분야는 라일즈의 연구(Riles, 2004, 2010, 2011)를 통해 인류학적으로 탐구되었으며, 그의 연구는 금융기관의 준법 부서 직원뿐만 아니라 변호사 및 규제 기관까지 확장되었다. 이들은 은행 내 다른 직무를 수행하는 사람들의 활동을 모니터링하며, 일반적으로 다른 그룹과는 대립적인 관계에 있다. 특히 트레이더와 고객자산 관리자는 준법 부서의 직원들을 재미없고 파티의 분위기를 망치는 사람들로 여기는 경향이 있다. 2011

---

* 법무(law/legal) 및 컴플라이언스(compliance) 업무에서 법무(law/legal) 업무는 기업의 "준법지원 서비스"를 수행하는 반면, 컴플라이언스(compliance) 업무는 주로 "준법감시"와 "내부통제" 업무를 수행한다. 이하에서는 오해의 여지가 없는 경우 이들 업무를 간단히 "준법" 업무라고 줄여 칭하기로 한다 — 옮긴이.

년 여름 파라데플라츠에서 회의를 마치고 돌아오는 길에 스위스은행의 고객 관계에 적용되는 새로운 규제에 대해 한 고객자산 관리자와 대화를 나눈 적이 있다. 그는 고객의 배경을 확인하여 거래 관련 위험을 고객에게 알리는 새로운 의무를 부담스러워했다. 그는 준법 부서를 언급하며, "이들은 모든 재미있는 것을 금지합니다"라고 농담처럼 말했다.

은행 업무의 법적 준수를 규율하는 역할 때문에, 준법 부서의 직원들은 다른 은행 직원들로부터 물리적으로 분리된 공간에서 근무하는 경우가 많다. 따라서 그들은 데이터 공유, 은행 관행 점검, 새로운 규정 및 행동 강령의 수립과 같은 공식적인 상호작용 프로세스를 제외하고는 다른 부서와 거의 교류하지 않는다. 여러 차례 준법 부서 직원들과 대화를 나누면서 알게 된 사실이지만, 이들은 자신들을 시장의 일부가 아니라 시장 외부에서 은행 직원들의 활동을 감시하는 존재로 보는 것을 더 선호한다.

고객자산 관리자와 영업 담당자는 은행 직원 사이에서 흔히 '프런트 오피스front office'로 불린다. 이들은 은행의 신규 고객(소위 잠재 고객)을 확보하고 기존 고객과의 관계를 유지하고 강화하는 데 직접 관여한다. 금융 사회학 분야에서는, 해링턴Brooke Harrington과 레피나이가 이러한 직원들의 역할과 활동에 대해 일정 부분 연구한 바 있다(Harrington, 2016; Lépinay, 2011). 이들의 주요 활동은 책상 앞에서 이루어지기보다는 고객과 만나는 회의, 점심, 저녁 식사 및 다양한 행사를 통해 진행된다. 고객의 재산이 많을수록 고객자산 관리자는 관계를 형성하고 유지하기 위해 더 많은 노력을 할 수 있다. 이런 노력에는 종종 해외 출장이나 고객과 보내는 며칠 또는 주말이 포함될 수 있다. 고객자산 관리자가 은행을 신뢰할 수 있고 명성 높은 기관으로 보이게 하기 위해서는 그들의 외모도 중요하다. 예를 들어 남성 고객자산 관리자는 흔히 비싼 정장, 넥타이, 커프스단추를 착용하는 것으로 알려져 있다. 이런 모습은 때때로 고객자산 관리자들을 거만하고 잘난 척하는 이미지로 인식하게 만든다. 이는 은행 내 다른 직원들 사이에서 고객 자산 관리자들에 대해 자주 회자되는 인상 중 하나이다.

프런트 오피스 직원들과는 달리 백오피스 직원들은 주로 은행의 다른 직원들이 성사시킨 거래의 처리와 관련된 업무를 수행한다. 인류학자인 호Karen Ho는 월스트리트에 관한 자신의 문화서술적ethnographic 연구의 상당 부분을 이 특정한 직업 부류에 초점을 맞추었다(Ho, 2005, 2009). 이들의 업무에는 거래 정보 및 고객 정보의 관리, 미체결 거래의 처리, 회계 등이 포함된다. 백오피스 직원은 은행 내에서 가장 큰 그룹을 형성하고 있음에도 불구하고, 자신들을 은행원의 전형으로 여기지 않는 경향이 있다. 현장에서 백오피스 직원 여러 명과 대화를 나누며, 그들이 은행 내 다른 전문 분야에 대해 어떻게 생각하는지 알아볼 기회가 있었다. 그들 중 다수는 백오피스 직원이 아닌 다른 직원과의 교류에 매우 소극적이며, 때로는 불편하다고 느끼는 것으로 나타났다. 일부는 트레이더, 애널리스트, 법률가, 고객자산 관리자 등이 자신들을 진정한 은행원으로 보지 않는다고 불만을 표현했다. 그러나 동시에 그들 중 일부는 은행원이 되고자 하는 바람이 전혀 없으며, 단지 좋은 급여를 받는 관리직의 혜택을 받고 싶다고 밝혔다.

백오피스 직원들 역시 높은 급여와 보너스를 받지만, 다른 은행 부서의 직원들에 비해서는 상대적으로 많이 낮은 편이다. 이로 인해 그들은 종종 다른 부서에 대해 모호한 태도를 취하는 경우가 많다. 백오피스 직원들은 다른 전문가 그룹의 직원들이 보수가 더 높고 거만하며 가부장적이라고 생각하지만, 동시에 언젠가는 그들의 일원이 되어 더 높은 급여와 보너스, 그리고 영향력 있는 자리를 원하는 바람도 가지고 있다.

오늘날 트레이딩은 주로 컴퓨터를 통해 진행되고 있지만, 여전히 신체적으로 부담되는 업무이다. 트레이더들은 스트레스가 높은 환경에서 작업하며, 수익을 얻기 위해 높은 리스크를 감수해야 한다. 금융시장의 문화를 연구하는 인류학과 사회학 분야의 학자들 사이에서, 트레이더는 가장 많이 연구되는 전문직 중 하나다. 아볼라피아Mitchel Y. Abolafia의 『시장 만들기Making Markets』(1996)와 헤르츠의 『트레이딩 크라우드The Trading Crowd』(1998) 같은 초기 인류학적 금융 연구들은 모두 트레이더들에게 초점이 맞추어져 있다.

이후 미야자키Hirokazu Miyazaki와 잘룸과 같은 학자들은 트레이딩 활동에 대한 인류학적 연구를 진행했다(Miyazaki, 2003, 2013; Zaloom, 2003, 2006). 이와 유사하게, 금융 사회학 분야에서도 많은 연구가 트레이딩과 관련된 주제들을 다루었다. 먼저 트레이딩룸에서 사용되는 기술 및 접근 방식과 관련된 문제들에 대한 연구가 있다(MacKenzie, 2006; MacKenzie et al., 2012; MacKenzie and Millo, 2003; Muniesa, 2008, 2011; Stark and Beunza, 2009). 따라서 다른 전문 분야들에 비해 트레이더들과 트레이딩 활동에 대한 학문적 문헌은 상대적으로 풍부하다.

트레이더들은 외모에서 다른 은행 직원들과 확연히 구별된다. 그들은 보수적인 복장 방식을 따르지 않으며, 종종 다양한 색상의 셔츠를 입는다. 흰색 목깃(윈체스터 칼라)이 달린 색깔이 있는 셔츠는 트레이더들을 구별하는 주요 특징 중 하나로, 취리히에서는 이를 '트레이더 셔츠'라고 부르기도 한다. 이런 복장 스타일은 트레이더들 사이에서 흔하게 볼 수 있으며, 다른 전문 직군의 사람들에게는 거의 발견되지 않는다. 필자가 주로 시간을 보낸 부서에 있던 한 트레이더는 스위스은행의 트레이딩 부서와 재무분석 부서 간의 교류 역할을 담당했는데 자신의 소속을 나타내기 위해 종종 윈체스터 칼라 셔츠를 입곤 했다.

트레이더들은 대화 방식에서도 구별된다. 그들은 애널리스트, 법률 전문가, 고객자산 관리자, 백오피스 직원들이 사용하는 것과는 완전히 다른 언어 스타일을 구사한다. 트레이더들은 시장 상황에 대해 설명할 때 "시장에서 플레이하다", "주식에 베팅하다" 같은 도박 관련 용어를 자주 사용한다. 또한 일상 업무에서도 저속한 언어를 사용하는 것으로 잘 알려져 있다. 예를 들어, 잘룸의 2006년 연구에 따르면, 트레이더들은 시장 상황을 설명하면서 가끔 '개자식cunt'과 같은 매우 공격적인 언어를 사용하기도 한다. 경험상 이러한 말은 은행 내 다른 전문 직군의 대화에서는 전혀 사용되지 않는다(Zaloom, 2006: 88~89).

마지막으로, 애널리스트들은 자신들을 금융시장 전문가라고 자부하는 고학력 은행원들이다. 이들은 금융시장 활동에 직접 참여하기보다는 전문가로서 시장 동향을 중립적으로 분석하는 관찰자 역할을 선호한다. 애널리스트로서 그들의 전문가적 지위는 종종 그들이 옷을 입고, 행동하며, 시장의 다른 참가자들과 소통하는 방식을 통해 더욱 강화된다. 일반적으로 그들은 보수적인 방식으로 옷을 입으며, 커프스단추나 색상이 있는 액세서리를 착용하지 않으며 검은색이나 회색의 정장을 선택한다.[14]

이러한 복장 규정은 일반적으로 명시적인 것은 아니지만, 구성원들이 이를 따르지 않는 경우 문제가 되기도 한다. 이러한 상황은 젊은 수습사원인 데이비드David가 재무분석 부서에 들어갔을 때 발생했다. 데이비드는 디자이너 브랜드의 정장과 커프스단추를 착용하고 출근했다. 처음 일주일 동안은 다른 애널리스트들이 별다른 반응을 보이지 않았지만, 두 번째 주부터 데이비드의 복장은 선배 애널리스트들 사이에서 논란의 대상이 되었다. 점심시간에 그들은 "그가 고객자산 관리자처럼 옷을 입는 것을 선호하는데" 왜 재무분석 부서에 합류하기로 결정했는지에 대해서 서로 의문을 제기했다.

언어 사용에 있어 애널리스트들은 경제학적 개념에서 영감을 얻은 용어를 사용하여 지적인 우월감을 드러낸다. 이들의 자부심은 은행의 다른 전문 분야에 대한 그들의 견해를 묻는 질문에 답할 때 명확히 나타난다.

애널리스트들은 트레이더와 고객자산 관리자를 지적이지 않고 때로는 본능적으로 행동하는 사람들로 묘사하는 것을 좋아한다. 인류학적으로 이 책은 애널리스트에 대한 최초의 본격적인 문화서술적 연구이다. 그러나 애널리스트는 사회학자들에게 완전히 새로운 연구 대상은 아니다. 트레이딩 룸에서 일하는 외환 애널리스트에 대한 인터뷰 자료와 문화서술적 관찰을 담은 연구(Knorr Cetina, 2011; Wansleben, 2013a)도 있고, 인터뷰, 문서 분석, 역사적 자료를 활용하여 사회학적 관점에서 애널리스트들을 분석한 연구(Beunza and Garud, 2007; Preda, 2002, 2007)도 있다.

은행 내 전문직 범주는 더 세부적으로 나눌 수도 있다. 이미 언급한 범주 외에도 홍보, 커뮤니케이션, 기술 인프라 등을 담당하는 직원들도 자신들만의 독특한 그룹을 형성하여 다른 직원들과 차별화하려 한다. 다양한 그룹의 구성원들이 서로 구별되기 위해 많은 노력을 기울이는 것은 부분적으로는 고용주들의 엄격한 규범 준수 요구에 대한 반응으로 이해할 수 있다. 여기서 커프스단추, 윈체스터 칼라, 특정 언어 스타일 등과 같은 항목들은 개성을 드러내는 데 중요한 수단이 된다. 또한 금융위기 이후 은행원에 대한 대중의 인식이 변화함에 따라 단순히 은행원이라는 일반적인 범주에 속하는 것을 피하려는 욕구가 강해졌다.

분석적 측면에서 보자면 은행원들이 이처럼 세부 분야별로 규범을 개발하고 실천하려 애쓰는 것은 다음 두 가지 이유로 인해 중요하다. 첫째, 이는 외부인이나 학자들이 일반적으로 생각하는 것보다 은행업이나 금융업을 훨씬 더 다채롭고 복잡한 분야로 제대로 이해할 수 있도록 돕는다. 금융시장 참여자들을 단일한 집단으로 보는 대신 특정 전문 분야만을 살펴보는 문화서술적 연구들이 이미 있음에도 불구하고, 은행원들 사이의 이러한 차별화 과정에 초점을 맞춘 연구는 드문 편이다. 이런 차별화 과정에 주목하는 것이 중요한 이유는 연구 결과 발견되는 내용의 특수성을 더 부각시켜 줄 수 있기 때문이다.

두 번째로, 애널리스트들이 어떻게 금융 분야에서 영향력 있는 참여자가 되는지 알아보려 할 때, 은행 직원들 각자가 세부적인 전문가 범주의 일원임을 강조하려고 애쓰는 점은 흥미로운 통찰을 제공한다. 애널리스트들은 시장에서 전문가 그룹으로 인정받기 위해서 자신들을 은행업 내의 더 세부적인 전문가 범주로 차별화하고자 한다. 그들은 지적 우월성을 전면에 내세우고, 문화적 코드를 활용해 전문성을 강조함으로써, 금융시장 내에서 존경받는 정당성 있는 참여자가 되고자 적극적으로 노력한다.

제4장

애널리스트들 사이에서

Among Financial Analysts

❖

스위스은행은 전 세계적으로 수만 명의 직원을 고용하고 있다. 이들 중 절반 가량은 스위스에서 근무하고 나머지는 세계 각지에서 일한다.[1] 운영 측면에서 은행은 프라이빗 뱅킹, 투자은행, 자산관리의 세 부문으로 구분된다. 스위스은행의 프라이빗 뱅킹 부문은 개별 고객의 자산을 관리하는 업무를 담당한다. 이들 개인 고객은 고액 자산가, 초고액 자산가, 그리고 일반 소매금융 고객으로 세분화된다. 고액 자산가 고객은 은행 계좌에 미화 100만 달러에서 5000만 달러 사이의 자산을 보유한 사람들이며, 초고액 순자산가는 미화 5000만 달러 이상의 자산을 은행에 보유한 고객을 의미한다. 또한, 스위스은행은 국내에서 계좌 잔액이 미화 100만 달러 미만인 일반 소매 고객에게도 서비스를 제공한다. 이렇게 스위스은행의 프라이빗 뱅킹의 핵심 고객은 스위스 및 해외의 고액 자산가와 초고액 자산가들이다.

필자의 연구 맥락에서 프라이빗 뱅킹과 투자은행 업무의 구분은 특히 중요한데, 다른 은행들과 달리 스위스은행은 재무분석 부서를 두 부문이 각자 운영하기 때문이다. 투자은행 부문의 재무분석 부서는 **매도측**sell-side 이라 불리며, 다른 은행이나 기업에 판매되는 투자 보고서를 작성한다. 반면 필자가 집중적으로 연구한 **매수측**buy-side 재무분석 부서는 스위스은행의 프라이빗 뱅킹 및 자산관리 고객을 대상으로 시장 자문 서비스를 제공한다. 이러한 서비스의 고객들은 개인 투자자 및 보험회사나 연기금 같은 기관 고객이다.

스위스은행의 프라이빗 뱅킹 부문 대부분은 약 7000명 직원을 수용할 수 있는 외곽의 큰 건물에 자리 잡고 있다. 이 건물은 파라데플라츠로부터 10분에서 15분 정도 떨어진 거리에 있으며, 트램이나 버스로도 갈 수 있다. 스위스의 많은 직원은 출퇴근 시 대중교통을 이용한다. 아침 7시에서 9시 사이, 그리고 저녁 5시에서 7시 사이에는 수천 명의 은행 직원들이 건물에 들어가거나 나와서 다음 버스나 트램 정류장으로 향한다.

버스나 전차를 타기 위해 이 건물로 들어오거나 나서는 모습을 볼 수 있다. 이러한 시간대를 제외하면 건물 주변은 상대적으로 조용하다. 근처에는 몇 안 되는 다른 건물들이 있고, 은행 건물 뒤쪽에는 울창한 숲이 있는데, 일부 은행원들은 점심시간을 이용해 숲에서 조깅을 즐기기도 한다. 그러나 대다수 직원들은 하루의 대부분 시간을 건물 내부에서만 보낸다. 건물 외부의 평온함과는 대조적으로, 건물 내부는 활기차고 분주한 분위기로 가득 차 있다. 내부에는 여섯 개의 넓은 층을 연결하는 에스컬레이터와 12개의 엘리베이터가 설치되어 있으며, 이 층들은 업무를 위한 컴퓨터로 가득 채워져 있다. 각 층에는 컴퓨터 앞에 앉아 있거나, 커피를 마시기 위해 잠시 자리를 비우거나, 복도에 서서 음료를 마시며 동료와 담소를 나누는 직원들로 붐비는 모습을 볼 수 있다. 이곳은 시끄럽고 분주하며, 카페테리아에서 제공하는 음료와 음식 냄새가 공간에 가득 차 있다. 복도에서는 주변 사무실에서 울리는 전화벨 소리가 들리고, 복도 일부에 설치된 텔레비전 화면에서는 경제 뉴스가 방송된다. 이 모든 것이 합쳐져, 처음 이 건물에 들어섰을 때 농산물 직거래 시장을 떠올리게 한, 복잡한 소리의 풍경을 만든다. 스위스은행 건물 안에서 상품이 직접 물리적으로 거래되지는 않지만, 이곳은 사실상 오늘날 세계화된 시장을 대표하는 공간으로서 기능한다.

스위스은행 건물 안에서 각 부서의 위치는 수직적 배치를 따르는데, 이는 은행 내부의 계층 구조를 반영한다. 지하 1층에는 정보기술IT 부서가 위치하는데, 많은 IT 직원이 아시아계인 것을 외부 고객이 보지 못하게 하려는 의도로 이 부서를 건물의 가장 하단부에 배치한 것 같은 인상을 받았다. 지상 2층은 입구층으로 내부 및 외부 회의를 위한 여러 회의실이 있으며, 이 층은 건물 밖에서도 볼 수 있기 때문에 파라데플라츠의 정문만큼이나 고급스럽게 꾸며진 것이 특징이다. 3층과 4층은 백오피스 부서가 있으며, 은행의 거래를 처리하고 고객자산 관리자들의 계약을 회계 정리하는 업무를 담당한다. 스위스은행의 백오피스 직원들은 대부분 상업 활동이나 은행업 관련 자격증(스위스 KV 또는 Fachhochschule)을 보유하고 있으며, 이 자격증은 미국의 학사학위에 비유될 수 있다. 다만, 미국의 학사 과정과는 달리, 이러한 교육의 대부분은 대학보다는 은행 내부에서 진행된다. 스위스에서는 이 분야의 인력 수요가 높기 때문에 스위스은행은 백오피스 부서에 필요한 인재를 양성하기 위한 견습 프로그램을 적극적으로 운영하고 있다.

이 건물의 최상위 두 층은 프라이빗 뱅킹의 가장 중요한 세 개 부서인 법무 및 컴플라이언스 부서, 재무분석 부서, 그리고 트레이딩 부서가 차지하고 있다. 트레이딩 부서 직원들은 건물의 최상층에 위치해 있으나, 그중 소수의 트레이더만이 취리히의 아름다운 경치를 감상할 수 있는 위치에 자리한다. 대다수는 넓게 탁 트인 트레이딩 룸 중앙 부근에 앉아서 또는 서서 일하며, 시장 정보, 가격 변화, 주문 정보가 표시된 6~8개의 컴퓨터 화면을 모니터링한다(Zaloom, 2003, 2006 참고). 이 세 개 부서의 직원들이 동일한 카페테리아를 이용함에도 불구하고 서로 교류하는 경우는 드물다. 일부는 다양한 전문 분야의 프로젝트 참여를 통해 서로를 알게 되기도 한다. 그러나 대개는 각 세부 전문 부문별로 구성원들끼리 술을 마시거나 점심식사를 같이 하며 시간을 보내는 경우가 많다.

IT 부서와 백오피스 부서가 위치한 세 개 층들은 1970년대 디자인의 갈색 가구로 꾸며져 있다. 반면 꼭대기 층에 위치한 트레이딩 부서, 법무 및 컴플라이언스 부서, 재무분석 부서의 가구는 좀 더 현대적인 디자인을 특

그림 4-1   인류학의 문화서술적 현장으로서의 스위스은행의 구조

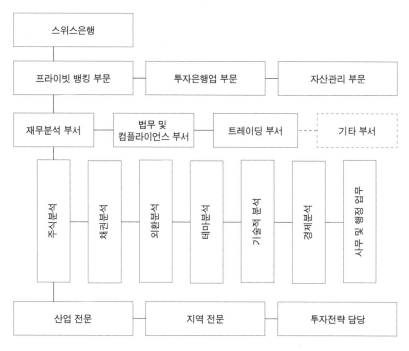

징으로 한다. 은행에 맨 처음 들어섰을 때, 은행의 호화로운 입구를 지나 내부로 들어서자마자 나타난 오래된 카펫과 낡은 사무기기가 있는 먼지투성이의 개방형 사무실을 보고 깜짝 놀랐던 일을 기억한다. 은행의 이익이 주로 주주와 최고 경영진에게 배분되기 때문에, 장기적인 인프라 개선 작업은 거의 진행되지 않는다. 이러한 지출 정책은 매우 높은 연봉을 받는 직원들조차도 상대적으로 열악한 근무 조건에서 일하는 환경을 만든다.[2]

〈그림 4-1〉은 문화서술적 현장으로서의 스위스은행의 구조를 보여준다. 왼쪽 부분은 은행 내부의 계층 구조를 나타내며, 필자 연구의 중심이 되는 주식시장 애널리스트들은 프라이빗 뱅킹 부문 내 재무분석 부서에 소속된다. 각 줄row별로는 동일한 계층을 뜻하며 왼쪽에서 오른쪽으로 가

면서 다른 부서를 표시한 것이다. 두 번째 줄은 조직 본부division, 세 번째 줄은 부서department, 네 번째 줄은 부서 내 전문 그룹group, 다섯 번째 줄은 부서 내 세부 전문 그룹subgroup을 나타낸다.

재무분석 부서

스위스은행의 5층에 자리 잡은 재무분석 부서는 트레이딩 부서 바로 아래 층이다. 이곳은 두 개의 개방형 사무 공간으로 나눠지는데, 이 가운데 더 넓은 공간은 재무분석 부서의 운영팀이 차지하고 있다. 운영팀은 재무분석의 예측 결과를 온라인으로 발행하는 업무를 맡은 약 30명의 IT 지원 직원과 인쇄·출판을 담당하는 12명의 편집자로 구성된다. 스위스은행은 애널리스트들의 견해를 알리기 위해 다양한 매체를 활용하는데, 짧은 분량의 온라인 추천부터 시작해 온라인 보고서, 인쇄 보고서, 윤기 나는 고급 표지를 갖춘 잡지에 이르기까지 다양하다.

애널리스트들은 세 개의 팀을 이루어 운영팀 옆에 포진해 있다. 그중 가장 큰 규모를 자랑하는 팀은 회사채와 국채를 평가하는 약 20명의 채권 애널리스트들로* 구성된다. 이들은 기업과 국가의 신용도를 평가할 때 단기적 변동보다는 장기적인 관점을 중시한다.[3] 한편 금융위기 동안 그리스와 스페인 같은 유로존 국가들의 국채가 투기 대상이 되면서 이러한 평가 방식에도 변화가 생겼다. 그러나 여전히 대다수 채권 애널리스트들은

---

* 원문의 "fixed-income analysts"라는 단어를 간결한 단어로 번역하기 위해 "고정수익증권 애널리스트"보다는 "채권 애널리스트"로 번역했다. 참고로 고정수익증권(fixed-income securities)은 정해진 현금흐름을 지급하기로 약정된 증권을 말하며, 대표적으로 장기채권(bond)이 여기에 속한다 — 옮긴이.

그들의 장기적 가치평가 업무에 적합한, 조용하며 집중적이고 감정이 배제된 작업 방식을 고수한다. 주식시장 애널리스트들은 채권과 주식 부문이 혼재된 경우를 분석할 때 채권 애널리스트들과의 협업이 까다롭다고 말한다. 한 주식시장 애널리스트는 "채권 애널리스트들은 시장에 대한 감이 없다. 그들은 빠르거나 공격적일 필요가 없기 때문이다"라고 말한 적이 있다. 반면에 채권 애널리스트들은 주식시장 애널리스트들을 종종 "시끄럽고, 공격적이고, 본능적이고, 비지성적"이라고 묘사하곤 하는데, 이는 주식시장 애널리스트들이 트레이더를 묘사하는 말과 비슷하다.

채권 애널리스트 옆에는 약 10명으로 구성된 외환 및 상품 애널리스트 팀과 다섯 명의 기술적 분석가들이 있다. 기술적 분석technical analysis은 금융시장의 움직임을 파악하는 특별한 방법으로, 기본적 분석fundamental analysis 다음으로 재무분석에서 가장 중요한 분석 방법 중 하나로 여겨진다(Preda, 2007: 42). 기술적 분석가들은 기본적 분석가들과는 달리 기업의 재무 상황이나 거시경제 데이터와 같은 시장의 기초 자료를 분석하지 않으며, 기업의 본질적 가치와 시장가격 사이의 인과관계를 탐색하지도 않는다. 그들이 예측 작업에 사용하는 유일한 정보는 오직 시장에 반영된 가격뿐이다. 이들은 시장가격의 움직임에서 패턴을 찾아내려고 한다. 인류학자 케이틀린 잘룸은 이러한 분석가들의 해석적 작업을 탐구하여 기술적 분석가를 지칭하는 일반적인 용어인 '차티스트chartists'로 그들을 지칭했다(Zaloom, 2003).

기술적 분석의 기원은 19세기 말로 거슬러 올라간다. 이 시기에 티커테이프ticker tape*를 통해 트레이더와 투자자들이 처음으로 주식가격의 움

---

* 1870년경부터 1970년대까지 사용된 최초의 전기식 금융통신 매체로, 전신선을 통해 주가 정보를 전송했다. 이것은 주식시세 표시기(stock ticker)라고 하는 기계를 통해 실행되는

직임을 숫자로 볼 수 있게 되었다. 1870년대부터 1970년대까지 사용된 티커 테이프는 시장에서의 주식가격 변동을 인쇄한 종이 스트립paper strips이었다. 이를 통해 초기 기술적 분석가들은 가격 변동에서 패턴을 발견하기 시작했으며, 이 패턴들을 분석하여 미래 가격 움직임의 규칙성을 찾으려고 노력했다. 1970년대 이후 컴퓨터 화면에서 가격 변동을 곡선 형태로 볼 수 있게 되면서 기술적 분석은 더욱 널리 퍼져 나갔다. 현재 많은 투자자와 트레이더들이 기술적 분석을 기본적 분석의 대체재나 보조 수단으로 활용하고 있다(Preda, 2007, 2009).

스위스은행의 재무분석 부서뿐만 아니라 현장 연구 중 알게 된 다른 금융회사들의 재무분석 부서도 기본적 분석을 수행하는 애널리스트 수가 기술적 분석을 하는 애널리스트보다 많았다. 그러나 잘룸과 완슬레벤이 설명한 것처럼, 트레이더들과 함께 근무하는 애널리스트들은 예측을 수행할 때 종종 기술적 분석법을 활용하기도 한다(Zaloom, 2003; Wansleben, 2013a). 스위스은행의 경우는 기술적 분석 담당자 수가 매우 적어 상대적으로 높은 관심을 받았는데, 기술적 분석을 담당하는 애널리스트는 다섯 명에 불과하고, 기본적 분석을 담당하는 애널리스트는 60명을 넘었다.

흥미롭게도, 기본적 분석가들과 기술적 분석가들은 각기 다른 방식으로 시장 예측을 내놓으면서도, 일반적으로 서로의 시장에 대한 관점을 공유하고 토론에도 적극적으로 참여한다. 스위스은행에서 근무한 지 두 달째 되었을 때, 신참 기본적 분석가들이 기술적 분석의 기초를 배우도록 마련된 교육 프로그램에 참여했다. 기술적 분석팀의 젊은 분석가인 샘Sam은 워크숍을 시작하며 "시장에서 정말 확실한 것은 가격뿐이며, 경제의 본질은 가격에 있습니다. 이는 단순히 금융시장의 수요와 공급에 의해 결정됩

종이 스트립으로 구성되어 회사 이름을 알파벳으로 축약하여 인쇄했다 — 옮긴이.

니다"라고 말했다. 샘은 이어서 기술적 분석가들이 가격 변동을 분석할 때 주로 사용하는 시각적 패턴의 선택에 대해 소개했다. 그가 소개한 패턴 중 '헤드 앤 숄더head and shoulders'는 가격이 상승 후 하락하고, 다시 더 높게 상승 후 또 하락하고, 그러고는 약간 상승한 뒤 최종적으로 하락하는 모습을 시각적으로 나타낸 것으로, 마치 머리가 두 어깨 위에 있는 것처럼 보이는 곡선 형태를 일컫는 말이다. 샘은 또한 매달린 사람the hanging man, 망치the hammer, 별똥별the shooting star 등과 같은 다른 시각적 패턴들도 언급했다. 이러한 패턴들은 모두 향후 가격 움직임을 예측하기 위한 시각적 패턴을 식별하고 이에 이름을 붙이려는 시도였다.

샘의 강의가 끝난 후, 워크숍에 참여한 한 기본적 분석가가 샘에게 이러한 형태가 왜 발생하는지 질문했다. 샘은 "솔직히 저도 왜 그런지 정확히는 모릅니다. 많은 학술연구는 기술적 분석이 무의미하다고 주장하지만, 실제로는 그렇지 않습니다! 아마도 그것은 대중의 심리와 연관되는 것 같습니다. 〔…〕 기본적 분석가들은 항상 어떤 이야기를 전달하려 애씁니다. 그러나 투자자들이 이해해야 할 것은 때로는 전달할 이야기가 전혀 없을 수도 있다는 점입니다"라고 대답했다.

물론 기술적 분석가들의 작업 역시 기본적 분석가들처럼 내러티브를 기반으로 하지만, 그들이 만들어내는 이야기의 스타일은 기본적 분석가들이 만드는 내러티브와는 차이가 있다. 기본적 분석가들은 금융 및 거시경제 데이터를 내러티브의 기반으로 삼는 반면, 기술적 분석가들은 시장 가격만을 유일한 권위로 삼고 두려움, 과열, 군집과 같은 심리적 효과를 함께 고려하여 시장 움직임을 해석한다.

기본적 분석과 기술적 분석의 접근법이 서로 대립하는 경우가 많음에도 불구하고, 필자가 연구한 재무분석 부서에서는 이 두 방식이 종종 결합되어 사용되는 점이 매우 흥미로웠다. 예를 들어 평판이 좋은 기본적 분석가인 마르코Marco는 투자 추천을 할 때 기술적 분석에서 자주 활용되는 피보나치수열을 종종 사용했다. 이 수열은 수학자 레오나르도 피보나치 Leonardo Fibonacci의 이름을 딴 것으로 자연계에서 흔히 나타나는 수열로 알려져 있다. 피보나치가 주장한 것처럼, 이 수열은 줄기에 붙어 있는 꽃잎의 배열*이나 꿀벌, 토끼와 같은 동물의 개체군 성장 패턴 등과 같은 자연현상에서 발견된다는 점에서 특별한 의미를 가진다(Posamentier and Lehmann, 2007).

기본적 분석가들은 이러한 수학적 수열이 주가 움직임에 영향을 미친다고 보기에는 충분한 근거가 없다고 생각한다. 그러나 스위스은행의 기술적 분석가들은 피보나치수열, 즉 1, 1, 2, 3, 5, 8, 13, 21, 34, 55, 89, 144로** 시작하는 숫자의 패턴을 따라 시장가격 변동의 방향(상승에서 하락 또는 그 반대로)이 바뀔 가능성이 높다고 보았다. 즉, 주가가 이틀 연속 (1, 1) 상승에서 하락으로 전환했다가 이틀 후 (2) 다시 상승으로 전환하는 것이 인지되는 경우, 이후 3일 후 (3), 5일 후 (5), 8일 후 (8) 등에 다시 주가 방향이 바뀔 가능성이 높다고 보는 것이다. 이러한 논리에 따라 기본적 분석가인 마르코는 자신의 투자 추천 종목을 발표하기 전에 가격 차트가 피보나치수열에 따른 특정 "피보나치 일자"를 지나갈 때까지 기다리는 것을 선호했다. 그러나 피보나치수열에 대한 고려와 별개로 그의 추천은 전적으로 기본적 분석에 기초한 것이었다.

재무분석 부서 내에서 기본적 분석, 테마분석, 경제분석을 담당하는 팀들은 두 개의 개방형 사무실 중 더 작은 방에 모여 업무를 수행한다. 테마

- 우리말로는 "잎차례"라고 부른다 — 옮긴이.
- 피보나치수열은 모든 항이 앞의 두 항의 합이 되는 수열이다. 여기서는 편의상 0번째 항을 0이라고 하고 첫 번째 항을 1이라고 두면 그다음 항들이 본문의 내용과 같이 계산된다 — 옮긴이.

분석팀은 사회적 책임투자, 대체 에너지 등과 같은 테마별 이슈에 초점을 맞추어 활동한다. 반면, 경제분석팀은 여섯 명으로 이루어진 소규모 팀으로, 거시경제 데이터를 분석하는 업무를 담당한다. 이들은 다른 애널리스트들처럼 특정 자산군에 한정하지 않고 넓은 범위의 금융시장 상품을 다룬다. 자산 클래스를 분석하는 애널리스트들이 68명인 것에 비해 경제분석가들의 수가 상대적으로 적은 것은 스위스은행에서 재무분석이 작동하는 방식의 특징 때문이다. 스위스은행에서 이뤄지던 재무분석은 거시경제 상황을 고려하지만 대체로 특정 주식, 채권, 금융 상품의 가치평가에 중점을 두었다.

스위스은행의 분석 부서에서 가장 큰 규모를 자랑하는 주식시장 분석팀은 24명의 팀원으로 구성되어 있으며, 그들의 업무는 비즈니스 섹터와 지역에 따라 나뉘어 진행된다. 이 팀에서 사용하는 비즈니스 섹터 분류는 주로 글로벌 산업분류표준GICS: Global Industry Classification Standard에 의존하는데, 이는 MSCI와 스탠더드 앤드 푸어스Standard & Poor's에 의해 개발된 표준화된 분류 체계다(MSCI, 2012; 〈표 4-1〉 참조). 표준화된 분류는 재무분석의 비교가능성을 향상시키고, 애널리스트들이 분석 결과와 예측을 서로 공유하는데 사용된다. 이렇게 공유된 범주와 언어 코드는 애널리스트들에게 공통의 언어를 제공하며, 시장 동향을 조사하고 해석하는 데 필요한 구체적인틀framework을 만들어준다. 이뿐만 아니라 이들은 시장 장치market devices가설정되고, 포트폴리오가 구성되며, 시장이 평가되는 방식에도 영향을 미친다.

기본적 분석에서는 같은 섹터에 속한 기업들이 유사한 특성을 가지므로 그들의 주가 역시 대체로 비슷한 방향으로 움직일 것이라고 가정한다. 이러한 이유로 주식 애널리스트들은 개별 주식뿐만 아니라 비지니스 섹터별로 주가 상승(강세) 또는 하락(약세)을 예측하는 경우가 많다. 이러한 주

표 4-1 비즈니스 섹터 및 산업 그룹 분류

GICS 섹터	GICS 산업 그룹
에너지 (Energy)	에너지(Energy)
소재 (Materials)	소재(Materials)
산업재 (Industrials)	자본재(Capital Goods)
	상업 및 전문 서비스(Commercial and Professional Services)
	운송(Transportation)
임의 소비재 (Consumer Discretionary)	자동차 및 부품(Automobiles and Components)
	내구 소비재 및 의류(Consumer Durable and Apparel)
	소비자 서비스(Consumer Services)
	미디어(Media)
	소매(Retailing)
필수 소비재 (Consumer Staples)	식품 및 필수품 소매(Food and Staple Retailing)
	식품, 음료 및 담배(Food, Beverage and Tobacco)
	비내구성 가정용품 및 개인용품 (Household and Personal Products)
헬스케어 (Health Care)	헬스케어 장비 및 서비스 (Health Care Equipment and Services)
	제약, 생명공학, 및 생명과학 (Pharmaceuticals, Biotechnology and Life Sciences)
금융 (Financials)	은행(Banks)
	다각화된 금융 서비스(Diversified Financials)
	보험(Insurances)
	부동산(Real Estate)
정보기술 (Information Technology)	소프트웨어 및 서비스(Software and Services)
	기술 하드웨어 및 장비(Technology Hardware and Equipment)
	반도체 및 반도체 장비 (Semiconductors and Semiconductor Equipment)
통신 서비스 (Telecommunication Services)	통신 서비스(Telecommunication Services)
유틸리티 (Utilities)	전기, 가스, 수도 등의 유틸리티(Utilities)

자료: MSCI(2012).

식 분류는 애널리스트들 사이의 업무 분담뿐만 아니라 개별 주식의 가치 평가에서도 중요한 역할을 한다(Zuckerman, 1999). 주커먼Ezra W. Zuckerman은 1985년부터 1994년 사이의 주식시장 예측 자료를 분석하면서, 명확하게 분류할 수 없는 주식들은 섹터별 애널리스트에 의해 다루어지지 않을 가능성이 높기 때문에, 일반적으로 "부당한 할인illegitimate discount" 가격으로 거래된다는 점을 지적했다. 이러한 논의에는 행위가 결과에 영향을 미친다는 수행적 요소가 들어 있다. 즉, 대다수 애널리스트가 특정 분류 체계를 수용하면서 섹터별로 주식들이 유사한 가격 패턴을 보일 것이라고 예상하는 경우, 애널리스트들의 견해를 추종하는 투자자들로 인해 해당 섹터 내의 주식들은 실제로 비슷한 가격 변화 양상을 보일 가능성이 커지는 것이다.

지역 분류는 비즈니스 섹터 분류에 비해 상대적으로 명확하게 정의되어 있지는 않지만, 애널리스트들 사이에서 어느 정도 공감대는 형성되어 있다. 비즈니스 분류와 마찬가지로 지역 분류 역시 애널리스트들이 공통된 언어를 개발하고 비교 가능한 예측을 수행하는 데 중요한 역할을 한다. 일부 지역 범주는 수십 년에 걸쳐 상당히 안정화된 것으로 보이는 반면, 어떤 지역 범주는 최근에 생겨나거나 사라지는 경우도 있다. 완스레벤이 설명한 바와 같이, BRIC 개념(브릭: 브라질Brazil, 러시아Russia, 인도India, 중국China의 약자)의 출현을 통해 특정 지역 시장에 투자하기 위한 일관된 내러티브를 성공적으로 창출한다면, 새로운 범주가 지배적인 분류가 될 가능성이 있다(Wansleben, 2013b).

스위스은행의 분석 부서에서 자주 이용되는 지역 범주는 LATAM(라틴아메리카), APAC(아시아 태평양), MENA(중동 및 북아프리카) 등이다. 현장 연구를 진행하는 동안, 추가적으로 두 가지 지역 분류 프레임워크가 인기를 얻었는데, 그 하나는 경제 규모가 크고 성장 속도가 빠른 비서구 국가들을 설명하는 데 사용되는 BRIC이다. 다른 하나는 유럽 재정위기 기간 동안 경제적으로 어려움을 겪었던 EU 국가들을 나타내는 PIGS(피그스: 포르투갈 Portugal, 이탈리아Italia, 그리스Greece, 스페인Spain의 약자)이다. 스위스은행의 모든 애널리스트가 이러한 분류를 사용하지만, 특별히 다섯 명의 애널리스트가 LATAM, APAC, MENA 지역에 대한 전망을 작성하도록 지정되었다.

사마드Samad와 나심Nasim은 중동 및 북아프리카MENA 지역을 분석하는 두 애널리스트로, 자신들이 평가하는 시장과의 접근성을 높이기 위해 두바이에서 근무했다. 아시아 태평양APAC 지역을 담당하는 애널리스트 김Kim은 싱가포르에 거주하고 있었다. 은행의 주식 투자 전략을 담당하는 나머지 네 명의 애널리스트는 런던에 근무 중이었다. 금융위기 이전에는 뉴욕에도 10명의 애널리스트로 구성된 팀이 있었다. 스위스은행의 해외 지점은 해당 지역의 시장 전망에 따라 규모가 수시로 조정되며 확장 또는 축소될 수 있다. 해외에서 근무하는 모든 애널리스트는 취리히 본사에 직접 보고하며, 취리히에 있는 동료들과 전화, 이메일, 그리고 전화 회의conference calls를 통해 자주 소통한다(스위스은행 재무분석팀의 지리적 분포도는 〈그림 4-2〉에서 확인할 수 있다).

현장 연구 기간 동안 사마드, 나심과 함께 두바이에서 한 달을 같이 보냈다. 스위스은행 두바이 사무소는 두바이 무역센터 지역에 위치한 독특하고 거대한 건물 중 하나에 자리 잡고 있다. 국제적으로 영업하는 금융회사는 거의 대부분 이 지역에 적어도 하나의 소규모 사무소를 두고 있다. 스위스은행은 중동 지역에서의 은행업을 위해 많은 노력을 기울였고, 두바이 사무소는 약 50명에서 100명 사이의 직원을 고용했다. 이들 대다수는 아랍 전역의 고객을 상대하는 고객자산 관리자들이다. 두바이 사무소는 규모나 외부 기온뿐만 아니라 업무 분위기도 취리히와는 확연히 달랐다. 고객자산 관리자 대부분은 고객과의 미팅으로 바쁘게 돌아다니는데,

그림 4-2   스위스은행 금융 애널리스트의 지리적 분포(전체 및 주식시장 애널리스트의 비중)

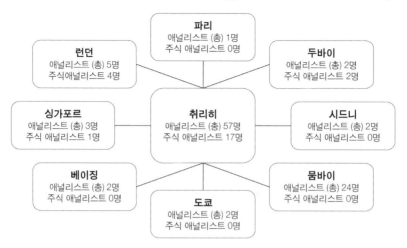

이러한 미팅들은 종종 호텔, 레스토랑, 또는 회사 밖 회의실에서 진행된다. 이로 인해 낮 시간에는 컴퓨터 앞에서 근무하는 사람을 거의 볼 수 없다. 사무실에 남아서 일상적인 업무를 수행하는 사람은 주로 관리 부서 직원과 준법 부서 직원, 그리고 사마드와 나심 정도에 불과했다.

중동 및 북아프리카MENA 지역 선임 애널리스트라는 직함을 가진 사마드는 런던 출신의 베테랑 주식 애널리스트다. 사마드에게 업무를 보고하는 나심은 제네바 출신의 젊은 애널리스트다. 두 사람 모두 중동 지역에 개인적인 연고가 있어 두바이에서의 생활을 선호한다고 말했다. 그들은 두바이에서의 급여와 생활 조건이 매우 우수하다고 긍정적으로 평가했다. 해외에서 근무하는 대부분의 애널리스트들처럼, 사마드와 나심도 스위스 기준의 계약과 급여를 받는데, 세금이 낮은 두바이나 싱가포르 같은 지역에 거주하면 이러한 조건은 더욱 매력적이다. 스위스은행은 또한 그들의 숙소 비용을 전액 부담한다. 27세의 나심에게 제공된 숙소는 두바이의 부르즈 할리파Burj Khalifa 옆에 위치한 가장 호화로운 호텔 아파트 중 하나였다.

하지만 스위스은행은 비용을 절감하기 위해 해외에서 지역 애널리스트를 채용하기도 한다. 특히 뭄바이에는 인도 출신 애널리스트 약 25명이 근무하며, 이들은 취리히에 있는 재무분석팀을 비롯한 다양한 팀에 서비스를 제공한다. 사마드, 나심, 김Kim과 달리 뭄바이에 있는 애널리스트들은 스위스은행의 인도 자회사에 고용되어 있으며, 스위스 본사의 애널리스트들에 비해 절반에도 못 미치는 급여를 받는다. 이와 같은 비용 절감 방법을 경영학에서는 지식과정 아웃소싱KPO이라고 부른다(예를 들어, Bardhan and Jaffee, 2011: 53; Sen and Shiel, 2006 참조). 스위스은행은 뭄바이에서 취리히, 런던, 두바이, 싱가포르의 애널리스트들과 견줄 수 있는 수준의 재무분석 업무를 수행할 수 있는 대학 졸업생들을 고용한다. 그러나 이들이 작성한 보고서는 대개 인도 출신이 아닌 다른 애널리스트의 이름으로 발표된다. 스위스의 소매기업 분석을 담당하는 애널리스트 알랭Alain은 고객들이 인도 출신 애널리스트가 작성한 투자 전략을 보고 싶어 하지 않는다고 말한 바 있다. 이러한 이유로, 대필이라는 비난을 피하기 위해, 보고서 마지막 부분에는 인도인 애널리스트의 기여를 언급하지만, 첫 페이지에는 항상 취리히, 런던, 두바이, 또는 싱가포르에 있는 애널리스트의 이름이 기재된다.

스위스은행에서 일하는 전형적인 애널리스트들은 대체로 35세 전후의 남성으로 구성된 비교적 젊은 집단이다. 처음 개방형 사무실을 방문했을 때, 그들의 동질성이 눈에 띄었다. 이는 물론 검은색 정장에 흰색 또는 파란색 셔츠, 검은색 구두를 착용한 그들의 유사한 복장 때문이기도 했다. 모두 깔끔하게 면도한 얼굴에 짧은 머리를 헤어젤로 스타일링 하는데, 넥타이를 매는 이들과 그렇지 않은 이들이 섞여 있다. 소수의 여성 애널리스트들의 경우 복장 규정이 그렇게 엄격하지는 않지만, 남성 애널리스트와 동일한 기본적인 복장 규칙(밝은 색상의 의상, 최소한의 액세서리, 전반적으로 전문가적인 외모)을 준수하는 것이 일반적이다. 넥타이 대신 스카프를 착용하기도 한다. 일부 여성 애널리스트는 고가의 시계를 착용하는데, 보통 남성용 모델을 착용한다. 다양한 은행과 국가에서 근무한 경험이 있는 여성 애널리스트 카트린Katrin은 자신이 남성용 시계를 착용하는 행위가 남성 동료들과 같은 상징체계에 속하게 해주는 몇 안 되는 지위 상징 중 하나임을 분명히 했다. 또한 그녀는 남성 애널리스트들과 대화를 나누면서 남성들 사이에서 지위 상징으로 여겨지는 자신의 포르쉐 911에 대해서도 자주 언급했다. 이는 그녀가 남성 중심의 지위 상징 리그league에서 자신의 위치를 확립시켜 준 또 다른 구매 품목이었다.

주식시장 분석팀 24명 중 여성은 단 두 명에 불과하다. 이 비율은 스위스은행의 재무분석 부서 전체의 성별 비율을 거의 그대로 나타낸다. 또한, 이 팀에서는 국적 다양성도 제한적이다. 해외 근무자를 제외하고 대다수의 애널리스트가 스위스나 독일 출신이며, 이민자 출신 배경을 가진 사람도 단 두 명뿐이다. 그러나 직급이 높아질수록 상황은 달라진다. 많은 팀장이 영국 출신으로, 주로 스위스 대학에서 채용되는 애널리스트들과 달리, 높은 급여와 영향력 있는 지위를 얻기 위해 몇 년마다 거주지 국가를 옮겨가며 글로벌 뱅킹 시스템의 일부를 형성하는 국외 거주자들이다.

대부분의 애널리스트는 대학을 졸업하고 곧바로 분석 부서에 입사한다. 몇 년간의 경험을 쌓은 뒤, 많은 이가 은행 내 다른 부서로의 이동을 고려하기 시작한다. 그들 중 많은 이들이 내게 말했듯이, 그들은 재무분석 부서에서 근무하는 것보다 "현장 부서on the front*에서" 더 많은 돈을 벌고 더 많은 휴가를 가질 수 있기를 기대한다(단 필자가 관찰한 바에 따르면 이러한

---

* 　직접 수익을 창출하는 부서 — 옮긴이.

말을 의심할 이유가 있다). 시장 전문가로서의 경험은 일반적으로 다른 부서로의 매력적인 이직 기회를 제공한다. 그 결과 재무분석 부서에서 경력을 쌓는 팀장을 제외한 대다수의 애널리스트는 5년에서 10년 사이에 부서를 떠나는 경향이 있다.

애널리스트 되기

금융시장에 관심을 갖는 많은 학자와 언론인들은 금융업계의 채용 과정이 매우 체계화되어 있다고 지적해 왔다. 2014년에 출간된『젊은 돈: 금융위기 이후 월스트리트 신입사원들의 숨겨진 세계Young Money: Inside the Hidden World of Wall Street's Post-Crash Recruits』에서, 탐사보도 기자 케빈 루스Kevin Roose는 금융위기의 정점 이후 월스트리트에 입사한 여덟 명의 젊은 은행원들과 그들의 경험을 그려냈다. 루스는 특히 업무 기술의 역할을 강조한다. 그의 책은 월스트리트에서 성공을 위해 젊은 전문가들이 갖춰야 할 기술들을 나열하며 시작한다.

> 월스트리트에서 젊은 은행가로 성공하기 위해서는 몇 가지 엄격한 기준을 충족해야 한다. 유쾌하고 예의 바르며 주의 깊게 행동해야 하며, 키보드 위에서 잠들거나 신경쇠약에 걸리지 않고, 연속으로 3일 동안 하루에 20시간씩 일하는 것을 견딜 수 있어야 한다. 미래 현금흐름의 순현재가치를 계산할 줄 알아야 하며, 양키스에 대해 잡담할 수 있고, 세 번째 예거 폭탄주Jäger bomb를 마신 후에도 상사에게 일관된 메모를 작성하여 보고할 수 있는 능력이 필요하다. 〔…〕 그러나 가장 중요한 능력은 엑셀 스프레드시트를 능숙하게 다룰 수 있어야 한다는 것이다(Roose, 2014: ix).

루스의 설명은 금융 분야에서 성공하기 위한 필수적인 기술에 초점을 맞추고 있지만, 젊은 전문직 종사자가 월스트리트에서 잠재적 직원으로 인정받는 데 있어 중요한 역할을 하는 교육적 배경에 대해서는 간과한다. 인류학자 캐런 호는 그녀의 저서 『호모 인베스투스Liquidated: An Ethnography of Wall Street』에서, 월스트리트에서 일자리의 결정은 지원자가 어느 대학을 졸업했는지에 크게 의존한다고 지적했다. 실제로 많은 월스트리트 은행은 학생들이 아직 학교를 졸업하기도 전에 특정 대학에서 직접 채용을 진행한다. 호Ho는 그녀의 인류학 연구를 통해 프린스턴 대학교와 특정 월스트리트 은행 사이의 네트워크가 어떻게 형성되었는지, 그리고 수많은 채용 행사에서 은행 대표들이 '프린스턴 패밀리'의 중요성을 어떻게 강조하는지를 설명한다(Ho, 2009: 58~66).

스위스에서 젊은 은행원 채용 과정은 루스Roose와 호Ho가 월스트리트 채용에 대해 언급한 방식과는 다르게 진행된다. 그럼에도, 호Ho의 설명과 같이, 1980년대 이후 스위스에서 군대 및 가족 네트워크의 역할을 대신하여 대두된 대학 네트워크는 지난 수십 년간 점차 중요성을 더해가고 있다.

24명으로 구성된 주식시장 분석팀에서 18명은 정규직 애널리스트이고, 나머지 여섯 명은 단기 인턴 연수생들이다. 정규직으로 일하는 애널리스트에게는 석사학위가 최소 학력 요건이다. 이들 중 대다수는 스위스은행 업계에서 뛰어난 네트워크를 갖춘 취리히 대학교University of Zurich나 생갈렌 대학교University of St. Gallen 출신이다. 주로 거시경제학을 전공한 세계경제 분석팀과 달리, 주식시장 애널리스트 대부분은 경제학 중에서도 비즈니스와 밀접한 분야인 은행 및 금융banking and finance 전공자들이다. 은행 및 금융 전공으로 학위를 받은 신입 애널리스트들은 시장 용어와 재무분석에 적용되는 다양한 방법론에 대해 잘 알고 있다. 스위스은행은 특히 이 두 대학에서 은행 및 금융을 전공하는 인재들을 우선적으로 채용하는 경향이 있다.

　현장 연구를 하는 동안, 취리히 대학교 학생들을 대상으로 한 스위스은행의 채용 행사 중 하나에 참여했다. 이 자리에서 스위스은행 경영진은 직원 두 명에게 미래 투자 대상 대륙으로서 아프리카에 관해 발표해 달라고 요청했다. 당시 아프리카 시장에 진출한 여러 기업을 담당하고 있던 앤디Andy는 아프리카의 성장하는 휴대폰 산업에 대해 이야기했다. 사회적 책임투자 분야를 전문으로 다루는 고객자산 관리자 다니엘Daniel은 아프리카의 미소금융기관microfinance institutions에 대한 시장 전망을 제시했다. 발표에 따르면, 스위스은행의 아프리카 시장 및 미소금융에 대한 관심은 실제 투자 측면에선 그다지 크지 않았다. 이러한 지역적 초점은 은행의 사업을 경제적 영역을 넘어 사회적 책임과 연계된 흥미롭고 독특한 것으로 소개하는 데 이용되었다. 스위스은행은 공짜 선물을 나눠주고, 와인과 값비싼 핑거 푸드를 제공함으로써, 학생들에게 부와 사치의 세계로 입문한다는 이미지를 심어주었다. 행사 후 몇몇 학생들과 대화를 나누어보니, 일부는 스위스은행의 발표에 대해 회의적인 반응을 보였지만, 대다수는 고급스러움과 이국적인 경험, 그리고 사회적으로 의미 있는 것을 결합할 수 있는 기회에 크게 열광했다.

　이러한 행사가 열리는 동안, 스위스은행의 선임 애널리스트들과 인사부서 직원들은 애널리스트로 채용할 잠재력 있는 인재를 적극적으로 찾아낸다. 이 과정에서 대학 성적은 큰 영향을 미치지 않는다. 그 대신 채용 담당자들은 자신감이 넘치고 논리적으로 강하며 경쟁력 있는 학생들을 선호한다. 취리히 대학교에서 채용 과정을 관리하는 마르셀Marcel은 어떻게 우수한 미래의 애널리스트를 선별하는지에 대해 설명한 적이 있다. 그는 보통 행사가 시작될 때 학생들에게 행사가 마감될 즈음 그날의 이벤트를 요약해서 발표하고 싶은 사람이 있는지 물어보는데, 이 작업을 자청하는 학생은 마르셀의 주목을 받게 된다. 또한 행사 동안 마르셀이나 스위스은행의 다른 담당자들에게 적극적으로 접근하는 학생들은 애널리스트로서의 경력을 시작할 좋은 기회를 얻을 수 있다. 이러한 행사의 대부분은 학사학위를 취득하는 학생들을 대상으로 하며, 선발된 일부 학생들에게는 여름 인턴 기회가 제공된다.[4] 인턴 기간 동안 학생들은 스위스은행 조직에 대해 배우고, 몇 가지 기본적인 업무 수행 방법을 익히게 된다. 이 인턴십은 다른 인턴십에 비해 급여가 상당히 높아, 학생들은 일정 기간 스위스은행 원으로서의 화려한 생활을 경험할 수 있다. 보통 학생들은 이 기간 취리히 시내로 이사해 도시 생활에 적응하게 된다.

스위스은행에서 인턴으로 근무하는 학생들은 업무 능력뿐만 아니라 애널리스트로서의 생활 방식에 적응할 수 있는지도 평가받는다. 인턴 기간 동안 상사 역할을 맡는 마르셀은 인턴들에게 긴 시간 동안 근무할 것을 요구한다. 대부분은 오전 7시에 출근하여 오후 6시까지 일하는데, 이렇게 긴 근무 시간은 실제로 해야 할 일이 많아서가 아니다. 사실, 인턴을 포함한 모든 부서 직원들은 야근 없이도 근무 시간 내에 일상 업무를 마칠 수 있다는 것을 알고 있다. 그럼에도 불구하고 일찍 출근하고 늦게 퇴근하는 것은 인턴들이 애널리스트가 되기 위해 최선을 다하고 있다는 것을 보여주는 한 방법이다. 마르셀은 평소 인턴들에게 헌신적인 자세의 표시로 야근을 장려하고 그에 대한 보상도 아끼지 않는다. 특히 인턴 마지막 날에 하는 고별 연설에서 마르셀은 애널리스트가 되기 위한 중요한 자격 요건 중 하나로 장시간 근무할 수 있는 능력을 명확히 강조했다.

여름 인턴십이 종료되면, 마르셀은 학생들에게 대학으로 복귀해 석사학위를 취득하도록 조언한다. 석사학위를 마친 후에, 지원자들은 스위스은행에서의 인턴 경험 여부와 상관없이 은행의 광범위한 채용 절차를 거쳐야 한다. 지원서 제출 후, 지원자들은 먼저 온라인 평가를 받게 되는데,

이 평가는 대인 관계 능력, 수리적 능력, 그리고 언어 능력을 검증한다. 온라인 평가를 통과한 석사 지원자들은 면접을 위해 초대받으며, 이후에는 추가로 두 차례의 면접이 더 진행된다. 이 면접에서 제기되는 질문들은 일반적인 틀을 따르지 않는다. 신규 채용된 졸업생들에 따르면, 첫 번째 면접은 보통 마르셀이 가나와 같은 비유럽 국가들의 국내총생산에 대해 물어보면서 시작된다고 한다. 이때, 지원자들의 학문적 성취도보다는 수사학적 기술, 창의력, 자신감이 중요시된다. 가나의 국내총생산에 대해 미리 알고 있는 사람은 거의 없으므로, 지원자는 자신만의 추정치와 스토리를 제시해야 한다. 따라서 이 과정은 재무분석에서 가장 중요한 기술 중 하나인 일관된 내러티브를 만들어내는 능력을 테스트하는 것이다.

스위스은행에서 근무를 시작하게 되면, 경험 많은 애널리스트들은 흔히 신입 직원들에게 공인재무분석가CFA 자격증 취득을 권유한다. CFA 자격을 얻기 위해서는 세 차례의 시험을 통과해야 하며, 각각의 시험에 대비하기 위해 3~5권의 재무 관련 교과서를 숙지해야 한다. 주식시장 분석팀에 속한 대부분의 애널리스트들은 1차 시험을 통과하기 위해 노력한 경험이 있다. 기준이 까다롭기 때문에 많은 이가 실패를 경험한다. 특히 젊은 대학원생들에게 이는 상당히 도전적인 과제이다. 긴 근무 시간으로 인해, 주말이나 방학 동안에도 시험 준비를 해야 하는 상황이다. 그래도 세 번의 시험을 모두 통과하는 것은 전문성을 공식적으로 인정받는 중요한 방법이며, 이를 통해 다른 애널리스트들과 차별화될 수 있다.

스위스은행은 학사 및 석사학위 소지자 외에도 다양한 분야의 박사학위 소지자들을 애널리스트로 상당수 고용한다. 이들에 대한 채용 과정은 주로 전문 분야에 초점을 맞추어 진행된다. 주니어 애널리스트들은 대체로 은행이나 금융 분야에 대한 배경을 갖추고 있는 반면, 박사학위를 가진 애널리스트들은 다양한 전문 분야에서 온다. 따라서 박사학위를 어느 대학에서 취득했는가는 크게 중요하지 않았다. 현장 연구를 시작했을 때, 필자 옆자리에는 박사학위를 취득한 후 학계에서 금융 분야로 진출한 알렉스Alex와 세바스티앵Sébastien이라는 두 명의 애널리스트가 있었다. 두 사람 모두 로잔 연방 공과대학교École Polytechnique Fédérale de Lausanne 출신으로, 알렉스는 물리학, 세바스티앵은 생화학 박사학위를 받았다. 이들은 대체 에너지 및 나노 기술 분야에서 두각을 나타내는 기업들의 주식 분석을 담당하도록 고용되었다.

CFA 자격증과 마찬가지로, 박사학위도 전문성에 대한 후광을 만든다. 박사학위를 소지한 애널리스트들이 자신의 학위를 언급하는 상황과 언급할 가치가 없다고 생각하는 상황을 관찰하면 이러한 점이 명확해진다. 예를 들어, 내부 커뮤니케이션 또는 발표에서 자신의 학위를 언급하는 일은 드물다. 그 이유는 스위스은행 내에서는 엄격한 위계질서가 없고, 직원들은 보통 의사소통할 때 이름과 비공식적인 언어를 사용하여 친밀감을 형성하려고 노력하는 경향이 있기 때문이다. 내부에서 학위를 언급하는 것은 오히려 거리감을 조성하려는 시도로 받아들여질 수 있다. 그러나 고객 자산 관리자나 외부 고객과 소통할 때는 박사학위 소지자인 애널리스트들은 자신의 전문성을 부각시키기 위해 학위를 적극적으로 활용한다. 투자 보고서와 이메일 서명에 학위를 포함시키고, 프레젠테이션에서 학위를 언급하는 것이 그 예이다. 재무분석 부서 관리자들은 공식적인 상황에서는 항상 박사학위 소지자로 자신을 소개해서 전문성을 나타내야 한다고 조언했다.

명함이나 개인적인 소통 과정에서 나타나는 학력과 학위는 애널리스트가 자신을 어떻게 자격 있는 전문가로 표현하는지를 드러낸다. 재무분석 부서는 특히 고학력 인력이 많이 모여 있는 곳으로 알려져 있다. 이는 부분적으로 애널리스트의 일상 업무가 복잡한 성격을 지니고 있기 때문이기도 하지만, 또한 애널리스트들은 다른 시장 참가자들과 달리 시장을 가장 깊이 이해하고 있다고 자신을 드러내 보일 필요가 있기 때문이다. 그래서 고객과 소통할 때는 피에르 부르디외Pierre Bourdieu의 개념을 빌려 그들이 가진 상징적 자본*과 시장 움직임을 분석할 수 있는 자신의 능력을 부각하기 위해 석사학위, 박사학위 또는 CFA 자격증 등을 보유하고 있다는 점을 항상 강조한다(Bourdieu, 1984).

재무분석 부서에서 높은 학력이 반드시 성공을 의미하지는 않는다. 특히 학계 출신자들은 애널리스트로서의 경력을 시작할 때 여러 가지 어려움에 직면하곤 한다. 먼저 그들은 매우 빠른 시간 안에 결과를 내야 하는 환경에 익숙해져야 한다. 재무분석에서는 적시성이 매우 중요하다. 때로는 고품질의 연구보다는 적시에 제공되는 분석이 더 가치 있게 여겨진다(이 책의 5장 참조). 게다가 연구실의 개인 책상에서 오랜 시간을 보낸 알렉스와 세바스티앵 같은 사람들은 사무실 소음에 대해 자주 불만을 표시했다. 50명이 한 방에 있는 상황이 연구실만큼 조용할 수는 없을 것이다. 경제학이나 정치학 박사학위를 가진 사람들은 시끄러운 환경을 좀 더 잘 견딜 수 있지만, 재무분석 부서에 합류할 때 여전히 여러 가지 어려움을 겪는다. 재무분석은 단계별로 학습이 가능한 단순한 과정이 아니며, 계산 능력과 과학적 전문 지식 이외에도 직관, 스토리텔링 능력, 그리고 권위 있는 외모가 중요한 역할을 한다. 스위스은행에서 인턴으로 시작한 주니어 애널리스트들은 이러한 과정과 의미 체계에 잘 적응하고 있다. 박사학위를 가진 새로운 직원들은 더 높은 직급으로 입사하며, 오랫동안 부서에서

---

* 프랑스의 학자 피에르 부르디외는 자본을 네 가지로 구분했다. 경제적 자본, 사회적 자본, 문화적 자본, 상징적 자본. 그중 상징적 자본(symbolic capital)은 앞의 세 가지 자본을 가진 사람들이 얻는 사회적 이미지로 명예, 평판, 신용, 위신, 명성 등이 해당된다 ─ 옮긴이.

근무해 온 애널리스트들과 경쟁하게 된다. 이들은 재무분석의 계산적 측면 및 정서적 측면을 학습하고, 매우 짧은 시간 내에 의미 있는 내러티브를 만들어내는 방법을 찾아야 한다. 애널리스트로서의 지식 체계를 고수하는 것은 처음에는 어렵고 고통스러운 경험이 될 수 있다.

또한, 애널리스트들은 사교적인 차원에서도 그들의 그룹에 정식으로 속하기 위한 입문 과정을 거쳐야 한다. 신입 애널리스트가 그룹의 정식 멤버로 받아들여지기 위해서는 많은 사교 행사가 입문 의례 역할을 한다. 이런 모임은 대개 외식과 맥주를 마시는 활동으로 이루어진다. 애널리스트가 반드시 많은 술을 마셔야만 하는 것은 아니지만, 다른 애널리스트들과 함께 술을 마시며 취하는 것이 팀 내에서 더 빨리 인정받을 수 있는 방법 중 하나이다. 특히 크리스마스 시즌에는 술을 마실 기회가 많아진다. 11월과 12월 동안, 애널리스트들은 대개 스위스은행이나 다른 거래 은행들이 주최하는 크리스마스 파티에 초대를 받는다. 스위스은행에서 이들과 함께 보낸 두 번의 크리스마스 시즌 동안 많은 신입 애널리스트들이 이러한 기회를 전략적으로 활용해 다른 애널리스트들과 함께 하는 저녁 식사나 파티에 참여함으로써 그들의 네트워크를 확장했다.

다른 애널리스트들과 술을 마시는 것이 쉬운 일은 아니다. 고참 애널리스트들 중 일부는 신입 애널리스트들이 과도하게 술을 마시거나 당황스러운 행동(예를 들어, 고급 레스토랑에서 물건을 훔치거나 멍청하게 춤추는 것 등)을 하도록 유도하기 위해 애쓴다. 신입 애널리스트들은 자신이 할 수 있는 일과 할 수 없는 일 사이의 섬세한 경계를 항상 인지해야 한다. 예를 들어, 남성 애널리스트에게는 술을 전혀 마시지 않는다는 선택지는 존재하지 않는다. 너무 빨리 취해서 다른 애널리스트들과 지나치게 친밀해지거나 불쾌감을 주는 것도 부정적으로 받아들여진다. 신입 애널리스트들은 당황하지 않으면서 재미있고 외향적인 태도를 유지하는 것이 중요하다는 것을 알고 있기 때문에 이런 사교 모임을 앞두고 종종 크게 긴장한다. 그들은 때때로 선배 애널리스트들이 자신들을 곤란한 상황에 빠뜨리려고 적극적으로 노력한다는 것을 알고 있다.

2011년 12월 크리스마스 시즌의 어느 특별한 저녁 식사가 여러 애널리스트들에게 입문식이 되었다. 당시 재무분석팀은 전체적인 구조조정 가운데 있었고, 평판이 좋은 영국 출신 애널리스트 윌리엄William이 취리히에 있는 많은 애널리스트 사이에서 선임 직위를 맡게 되었다. 윌리엄은 파티광으로 알려져 있었기 때문에, 애널리스트들은 이날 저녁 술을 많이 마셔야 한다는 암묵적 요구가 있음을 미리 알았다. 이 저녁 식사에 대비하여 몇몇 신입 애널리스트들은 레스토랑에서 점심 식사 모임을 가졌다. 그들은 점심에 고칼로리 음식을 먹으면 저녁 모임에서 술에 빨리 취하는 것을 막을 수 있다고 생각했다. 그래서 많은 이가 점심에 소시지와 으깬 감자를 선택했다.

저녁 식사 때 모두가 레스토랑에 도착하자마자 윌리엄은 즉시 모든 남성 팀원들을 위해 맥주를 주문했다. 팀의 여성 두 명은 원하는 음료를 자유롭게 선택할 수 있었는데, 카트린은 다이어트 콜라를, 제니는 맥주를 선택했다. 첫 번째 맥주를 반 정도 마시기도 전에, 윌리엄은 모든 남성 애널리스트들에게 또 다음 맥주를 주문했다. 일부 팀원들은 가득 찬 맥주잔을 아직도 앞에 두고 있었지만, 이러한 주문은 여러 차례 반복되었다. 사람들은 잠시 숨을 고르고 싶어 했으나, 윌리엄은 그들의 요청을 무시했다. 신입은 아니지만 팀의 재구성으로 인해 이 입문 과정을 거쳐야 했던 고참 애널리스트 토비아스Tobias는 윌리엄의 속도를 따라가기 위해 자신의 가득 찬 맥주잔을 테이블 아래에 숨기기 시작했다. 이쯤 되자 일부 애널리스트들은 이미 자신의 생각을 제대로 표현하는 데 어려움을 겪고 있었다. 몇 시간 동안 과음이 지속된 후 윌리엄은 신입 팀원들에게 이전 상사에 대해

금융시장의 이야기꾼들

캐묻기 시작했다. 그는 또한 각자에 대한 여러 이야기를 만들어내며 그들을 우스꽝스럽게 만들었다.

그날 밤, 여성 팀원들 및 방어적으로 술을 마시던 몇몇 사람들이 자리를 떠난 후, 윌리엄은 남은 팀원들에게 다른 바에 함께 가자고 제안했다. 다음 날, 전날 저녁 식사에 대한 이야기들이 사무실에서 돌고 있었다. 특히 밤늦게까지 윌리엄과 함께 있던 팀원들이 그와 긴밀한 유대감을 형성한 것처럼 보이는 점이 매우 흥미로웠다. 이 상황에서 성별 측면의 관점도 특히 주목할 만한 부분이다. 은행 업계에서 신입사원 환영 행사는 종종 맥주를 마시고 남성 전용 클럽을 방문하는 것을 포함한다. 남성 은행원들은 이러한 행사를 통해 기존 팀 구성원들과 함께 어울리며 바보스럽게 행동함으로써 그들의 일원이 된다. 반면, 여성 은행원들의 역할은 여전히 명확하게 정의되지 않은 상태로 남아 있다. 잘룸이 시카고에서 열린 트레이더들의 크리스마스 파티를 예로 들면서 언급했듯이, 이러한 입문 의례는 여성 은행원들이 접근하기 매우 어려운 남성 중심의 영역을 형성한다(Zaloom, 2006: 5장).

Stories of Capitalism

Inside the Role
of Financial Analysts

제5장

내재가치, 시장가치, 그리고 정보 탐색

Intrinsic Value, Market Value and Searcing

❖

현장 연구를 시작했을 때, 스위스은행에서 재무분석을 지도해 준 멘토인 마르코는 책 두 권을 추천했다. 하나는 『투자론Investment』이라는 책으로 보디Zvi Bodie, 케인Alex Kane, 마커스Alan Marcus가 2002년에 저술한 약 1000쪽에 달하는 대학 교재용 교과서였다. 두 번째 책은 『가치평가: 기업가치의 측정 및 관리Valuation: Measuring and Managing the Value of Companies』라는 책으로 코플랜드Tom Copeland, 켈러Tim Keller, 머린Jack Murrin이 2000년도에 저술했다. 마르코는 이 책들이 "앞으로 당신의 바이블이 될 것"이라고 말하며 교과서의 중요성을 강조했다. 실제로 나중에 알게 된 사실이지만, 이 두 교재는 애널리스트들 사이에서 널리 참고되는 자료였다. 어떤 애널리스트는 이 책을 책상 위에 항상 놓아두었고, 다른 이들은 최소한 이 책들을 은행 내부 도서관의 어디에서 찾을 수 있는지 알고 있었다. 이 책들을 가지고 있는 사람들은 작업 절차나 수학 공식을 확인하기 위한 참고 자료로 적극 활용했다.

투자론이나 가치평가론과 같은 교과서는 두 가지 주요 이유 때문에 애널리스트에게 중요하다. 첫째, 이러한 교과서는 효율적 시장 가설의 한계와 이에 대한 이론적 비판을 통해 기본적 분석의 타당성을 제공한다. 기업의 내재가치에 대한 개념화는 기본적 분석가들의 핵심 업무이다. 효율적 시장 가설과는 달리, 애널리스트들이 실무에 사용하는 교과서들은 주가로 표현되는 시장가치가 반드시 회사의 내재가치를 정확히 반영하는 것은 아니라고 설명한다. 둘째, 이러한 교과서는 애널리스트들에게 시장 예측을 도출하는 방법과 그 과정에서 정보를 처리하고 관리하는 방법에 대한 가이드라인을 제공한다. 애널리스트들은 매일 다양한 정보를 수집하고, 정보의 경중에 따라 가중치를 부여하며 이를 해석하는 작업을 수행한다. 강력한 계층구조가 존재하는 정보 출처들은 일반적으로 적시성, 적용 가능성, 신뢰성, 그리고 독창성을 기준으로 평가되는데, 대부분의 정보 출처는 이 기준들 중 하나 또는 둘 정도의 일부만을 만족시킨다. 즉, 모든 기준을 충족하는 정보 출처는 많지 않기 때문에 정보 출처의 우선순위를 정하는 것이 중요하다. 정보처리 과정은 단순한 기계적 작업이 아니라 복잡한 해석 과정을 포함한다. 이 교과서들이 정보 탐색이란 모호하며, 예측은 기본적 분석가의 계산 방식, 전략, 해석 체계의 절충적인 조합에 기반한다고 인정하는 점이 흥미롭다.[1]

교과서 및 "야생"에서의 기본적 분석

1934년, 펀드매니저인 그레이엄Benjamin Graham과 재무학 부교수인 도드David L. Dodd는 기본적 재무분석의 초석을 마련한 『증권분석: 원칙과 방법Security Analysis: Principles and Techniques』이라는 저서를 발간했다. 이들은 해당 저서를 통해 금융시장의 움직임을 이해하기 위한 분석적 방법론의 활용을 강조했다. 저자들은 책의 서문에서 이러한 내용을 다음과 같이 설명한다.

> 분석은 확립된 원칙과 탄탄한 논리를 기반으로 가능한 모든 사실을 면밀히 조사하고 그로부터 결론을 도출해 내는 과학적 접근 방식의 하나다. 그러나 증권 분야에 이러한 분석을 적용할 때, 우리는 투자가 본질적으로 순수한 과학이 아니라는 중대한 문제에 부딪히게 된다. 이는 개인의 기술과 우연이 성공과 실패를 좌우하는 결정적 역할을 한다는 점에서 법학과 의학 분야와도 유사하다. 그럼에도 불구하고, 법학과 의학 분야의 직업군에서 분석이 매우 유용하고 필수적인 것처럼, 투자와 투기의 영역에서도 분석은 중요한 역할을 할 것이다

(Graham and Dodd, [1934] 1940: 17).

서문에 이어진 800쪽에 달하는 본문은 사용자 지침서와 유사한 성격을 띤다. 그러나 그레이엄과 도드는 단계별 접근 방식을 통해 금융시장의 움직임을 단순히 분석적으로 평가하는 것을 넘어서, 기업이 본질적인 가치를 가지고 있으며 이를 애널리스트가 평가할 수 있다는 개념을 도입했다. 저자들은 내재가치를 "시장의 인위적 조작이나 심리적 과열로 인해 왜곡될 수 있는 시세와는 구별되는, 자산, 수익, 배당, 그리고 확실한 전망에 의해 정당화될 수 있는 가치"로 정의한다(Graham and Dodd, [1934] 1940: 20~21). 이를 통해 그레이엄과 도드는 기본적 분석가를 비합리적 시장 환경 가운데 합리적 행위자로 보는 개념을 제시한다.

내재가치와 시장가치를 구분하는 분석적 접근 방법은 효율적 시장 가설을 반박하는 내러티브counternarrative로 여겨지며, 오늘날 실무자들이 사용하는 교과서에서도 큰 공감을 얻고 있다. 예를 들어, 보디 등의 교과서(Bodie et al., 2002)는 시장가치와 내재가치를 명확히 구분하며, 책 전반에 걸쳐 이러한 구분을 사용한다. 언제나 이 책은 애널리스트 업무를 설명하면서 애널리스트 추정 결과를 표현하는 말로 **내재가치**intrinsic value라는 용어를 사용한다. 특히, 시장의 효율성 문제와 이에 대한 비판을 단순히 무시하지 않고, 이를 심도 있게 다루기 위해 하나의 장 전체를 할애하고 있다는 점이 흥미롭다. 저자들은 그러나 시장 효율성에 대한 신고전학파 경제학의 논쟁을 검토한 후 다소 인류학적인 질문을 던진다. 모든 정보가 효율적인 시장에 반영된다면, 어떤 **인간적 행위**human practice가 그 정보를 주식가격에 통합되도록 하는가? 신고전학파 경제 이론은 소위 효율적 시장을 만드는 인간의 활동에 대해 거의 언급하지 않기 때문에 이는 의미심장한 질문이다.[2] 이 교과서는 무엇이 시장을 효율적으로 만드는지에 대한 질문에 답하면서, 정보를 시장에 통합하여 가격에 반영되도록 만드는 핵심 시장 참여자는 바로 애널리스트라고 결론지었다.

분석적으로 보자면, 이러한 결론은 애널리스트 역할의 흥미로운 역설을 드러낸다. 애널리스트들은 정보를 수집하고 종합함으로써 시장이 효율적이라고 인식되도록 한다. 그러나 이러한 행위는 일부 갇힌 경제학자들confined economists에게는 (야생의 경제학자economist in the wild와는 대조적으로; Callon, 2007: 341 참조) 애널리스트가 시장에서 존재하는 이유를 설명하기 어렵게 만든다. 더구나 시장을 효율적으로 만드는 인간의 행위에 대해 질문하는 것은 보디와 같은 학자들이 경제의 반사성reflectivity을 인정함을 시사한다. 즉, 애널리스트의 행동은 분석 대상에 영향을 미친다(Holmes, 2014 참조). 이러한 반사성에 대한 인식은 이 교과서와 실제 애널리스트들의 경험을, 시카고식 신고전학파 경제학의 실증주의적 접근 방식과 차별화시킨다.

저자들은 효율적 시장 가설에 대해 살펴본 후 재무분석에서 가장 널리 사용되는 재무분석 방법론 가운데 하나인 기본적 분석을 다음과 같이 소개한다.

> 기본적 분석은 기업의 수익성과 배당 전망, 미래의 이자율에 대한 기대, 그리고 기업 위험 평가 등을 통해 적정 주가를 산출하는 과정이다. 이 과정의 핵심은 주주가 각 주식으로부터 받게 될 모든 현금흐름을 할인하여 현재가치를 계산하는 것이다. 이 가치가 시장가격보다 높다면, 기본적 분석가는 그 주식의 매수를 추천한다(Bodie et al,. 2002: 348).

이 정의는 두 가지 사실을 드러낸다. 첫째, 내재가치와 시장가치 간의 차이를 결정하는 데 다양한 계산적 접근 방식이 관련되어 있음을 보여준다.

둘째, 이러한 계산법은 항상 예상 이자율이나 미래 배당 수익과 같은 여러 불확실한 요소에 의해 영향을 받는다. 불확실성의 존재는 이러한 계산 방식이 결코 정확한 결과를 보장할 수 없으며, 그 결과는 언제나 추정에 불과함을 의미한다.

저자들은 기업의 내재가치를 결정하는 데 하나의 접근 방식이 아닌 여러 가지 접근 방식이 존재한다는 사실을 지적한다. 애널리스트들이 교과서에서 배우는 가장 기본적인 접근 방식은 장부가치의 산정이다. 장부가치는 기업의 수익과 비용을 비교하여 현재의 가치current value를 계산한다. 하지만 이 장부가치를 시장가치와 비교해 보면 한 가지 문제가 드러난다. 장부가치는 단지 기업의 현재의 가치만을 보여주는 반면, 시장가치는 기업의 미래 성장에 대한 기대가 반영된다는 점이다. 따라서 애널리스트들은 기업의 미래 기대 가치를 계산하기 위해 다시 추정 작업을 수행해야 한다.

스위스은행의 애널리스트들은 자신만의 추정치를 도출하거나 다양한 정보 출처를 통해 얻는 외부 추정 자료를 참조할 수 있다. 예를 들어, 미래의 금리 변동이나 경제 전망과 같은 특정 추정치는 국가의 통계 기관이나 대학연구센터에서 발표한다. 게다가 블룸버그Bloomberg나 로이터Reuters 같은 금융시장 정보 제공 서비스 업체들도 시장 상황에 대한 미래 전망을 제공한다. 그리고 가장 중요한 것은 스위스은행이 자체적으로 운영하는 거시경제 연구팀이 있어 주식 애널리스트들이 업무에 활용할 수 있는 종합적인 시장 추정치를 제공한다는 점이다. 흥미로운 사실은 애널리스트들이 자신의 업무에 어떤 추정치를 활용해야 하는지에 대한 명확한 지침은 없다는 것이다. 이는 기본적 분석이 엄격한 계산이라기보다는 애널리스트가 만들어낸 특정한 투자 내러티브를 뒷받침하기 위해 숫자를 창의적으로 활용하는 과정이기 때문이다. 따라서 전반적인 투자 내러티브에 부합하는 숫자를 찾기 위해 애널리스트는 선택 가능한 다양한 추정치 목록 repertoire을 갖추고 있어야 한다. 애널리스트들은 자신들의 추정치와 마찬가지로, 다른 기관들의 시장 추정치도 특정한 해석과 미래에 대한 비전을 포함하고 있으며, 이 비전과 해석을 그들이 공유할 수도 있고 아닐 수도 있다는 점을 잘 인식하고 있다.

필자가 참석한 회의에서 추정치는 자주 논쟁의 대상이 되었다. 어느 회의 후, 천연자원 채굴 기업의 주식 분석을 담당하는 애널리스트 마이클 Michael은 분석에 사용할 추정치를 자유롭게 선택하는 것이 중요하다고 강조했다. 어떤 수치를 사용할지 정하는 것은 우수한 애널리스트가 되는 과정의 일부라는 것이다. 마이클은 모든 애널리스트가 동일한 추정을 이용한다면, 그 결과로 나오는 미래 시나리오도 모두 같게 될 것이라고 지적했다. 이렇게 되면 자신만의 독창적인 해석과 시나리오를 생산하는 전문가로서의 애널리스트 역할에 의문이 제기될 수 있다. 추정법 선택의 자유와 독창적인 해석의 필요성을 강조하는 것은, 애널리스트의 역할이 얼마나 중요한지를 보여준다. 특히 변동성이 크고 불확실한 금융시장 환경에서, 재무분석 업무는 애널리스트 자신과 함께 이들의 보고서에 의존하는 투자자에게도 **주체성**sense of agency을 만들어낸다.

기본적 분석가들은 때로는 외부 기관에 의뢰해 추정치를 구하기도 하지만, 직접 수치를 계산하여 사용하기도 한다. 이러한 계산은 주로 미래에 주식이 거래될 것으로 예상되는 목표 가격을 산정하는 데 쓰인다. 각 애널리스트는 목표 주식가격 산정에 도움이 되는 다양한 요소를 고려하여 자신만의 접근 방식을 선택한다. 교과서는 여러 계산 방식을 소개하는데, 일부 애널리스트는 미래의 현금흐름을 현재의 가치로 할인하여 계산하는 현금흐름할인법DCF: Discounted Cash Flow Formula을 사용한다. 할인discounting이란 이자로 인해 현금 지불의 가치가 지불 시점에 따라 달라지는 것을 뜻한다.

미래의 현금을 일찍 받을수록 이자 측면에서 더 유리하므로 더 큰 가치를 갖는다. 그러나 DCF 공식은 경제가 안정적이고 지속적으로 성장한다는 가정 아래 작동하는데, 경제위기나 성장률이 제로 또는 마이너스인 상황에서는 적용이 어렵다(Bodie et al., 2002: 566). 그래서 일부 애널리스트들은 현금흐름투자수익률CFROI: cash flow return on investments, 투하자본수익률ROIC: return on invested capital, 주주총수익률TRS: total return to shareholders 등과 같은 다른 지표를 더 선호한다. 또 다른 애널리스트들은 주당 순이익EPS: earnings per share이나 주가수익비율P/E: price per earnings과 같은 비율에 더 초점을 맞추기도 한다.

외부 기관 추정치를 사용할 때와 마찬가지로 애널리스트들은 하나의 계산 방식에만 의존하는 것은 피하려고 하며, 다양한 계산법을 오가며 자기 방식으로 이들을 결합할 수 있는 능력을 갖추려 한다. 그러나 이들이 사용하는 계산법과 결합 방식은 대부분 공개하지 않는다. 애널리스트들 사이의 대화에서도 자신의 구체적인 계산법을 밝히는 일은 드물다. 마이클이 언급했듯이, 애널리스트는 목표 가격 산정을 위한 자신만의 계산법을 개발해야 한다.

재무분석 교과서가 가치평가에서 이러한 개별적인 방식을 장려한다는 점은 주목할 만하다. "역사적 경험을 통해 배울 수 있는 한 가지 중요한 교훈은 시장에는 큰 변동성이 있다는 것이다. 따라서 다양한 방법을 사용하여 시장에서 예상되는 보유 기간 수익률에 대한 최선의 예측을 도출할 수는 있으나, 이러한 예측에는 항상 큰 불확실성이 동반된다(Bodie et al., 2002: 593)." 따라서 애널리스트들은 교과서에서 제시하는 다양한 방법론과 재무비율을 검토하고, 시장 예측을 구성하는 과정에서 어떤 요소를 우선시하고 어떻게 활용할지를 결정해야 한다.

기본적 분석에 기반한 주식시장 예측은 가능한 미래를 상상하는 과정이다. 이 과정에서 애널리스트들은 '전략적 관점'이라고 부르는 것을 만들어내야 하는데, 이는 계산적 접근법 및 추정에 부합하는 내러티브의 개발을 의미한다. 코플랜드 등이 저술한 재무 교과서에는 이런 종류의 전략적 관점을 구축하는 것의 중요성에 대해 설명하고 있다(Copeland, Koller and Murrin, 2000). 이들은 성과 예측에 관한 장에서 재무 예측을 수행하기 위한 다섯 단계의 접근법을 소개한다.

(1) 예측의 범위와 세부적인 수준을 설정한다. 2단계 접근 방식이 선호되는데, 단기적으로는 상세한 예측을 하고, 장기적으로는 요약 형태의 예측을 제공하는 방식이다.

(2) 산업의 특성과 기업의 경쟁적 우위 및 약점을 종합적으로 분석하여 미래의 기업 성과에 대한 전략적 관점을 구축한다.

(3) 이러한 전략적 관점을 재무 예측으로 변환한다. 여기에는 손익계산서, 재무상태표, 잉여현금흐름, 핵심 가치 요소(key value drivers)들을 포함한다.

(4) 앞의 (2)와 (3)에서 개발한 기본 사례에 대해 대안적 성과 시나리오를 마련한다.

(5) 전략적 관점과 일관되도록 전체 예측(투하자본수익률ROIC, 매출 및 이익성장률)의 내부적 일관성을 점검한다(Copeland et al., 2000: 233).

여기서 흥미로운 점은, 정량적 측정(3단계)을 시작하기 전에 전략적 관점(2단계)이 먼저 수립된다는 것이다. 즉, 내러티브가 계산보다 앞서며, 이 내러티브가 계산의 틀을 설정하고 이끈다는 것이다(Latour and Woolgar 1979 참조). 현장 연구를 진행하면서 필자는 이러한 사실을 몇 번이고 반복해서 관찰했다. 숫자 자체가 이야기를 만들어내는 것이 아니라, 이미 형성된 이야기를 보강하는 데 숫자가 활용된다. 주식시장 분석가들과 계산적 접근법에 대해 논의할 때, 그들은 일반적으로 DCF, CFROI, EPS 계산에서 나온 숫자들을 확고한 사실로 보기보다는 느슨한 참고 자료로 언급했다. 애널리스트들은 이러한 계산을 방향성을 제시하는 도구로 활용하며, 이 계산들로부터 생성되는 다양한 지표가 투자 내러티브가 나아가야 할 방향을 가리킨다고 생각한다.

내재가치와 시장가치를 구분함으로써, 기본적 분석가들은 계산, 해석, 그리고 예측이 가능한 공간을 만든다. 이러한 가치의 구분을 통해 생성된 공간은 애널리스트가 감정적 요소를 고려할 수 있게 해주고, 예측 업무 predictive practices를 단순한 계산적 접근 방식의 실행을 넘어 각자 개인적인 방식으로 구성할 수 있는 기회를 제공한다. 따라서 이는 금융시장 전문가로서의 애널리스트의 역할 형성에 기여한다.

정보 탐색

애널리스트들은 기업 재무 정보와 거시경제 전망을 계산적 접근법의 기초로 사용한다. 그러나 그들의 정보 수집 활동은 이에 그치지 않는다. 애널리스트들은 모든 유형의 정보를 폭넓게 수집한다. 좁은 의미의 경제 정보가 아니라고 해도 모든 종류의 정보가 결국 미래의 시장 전개에 영향을 미칠 수 있다고 굳게 믿기 때문이다. 이러한 이유로, 재무분석 부서는 신문, 비즈니스 보고서, 그리고 외부 세계의 정보를 이 부서로 전달하는 다양한 시장분석 도구들로 가득 차 있다. 애널리스트들의 시장 전망은 즉시 활용 가능한 정보를 제공하는 다양한 기기의 도움을 받는다. 예를 들어 주식시장 애널리스트들의 개방형 사무 공간에는 블룸버그 방송이 나오는 TV 화면뿐만 아니라 네 개의 독립적인 블룸버그 서비스 단말기가 설치되어 있

금융시장의 이야기꾼들

어, 애널리스트들이 현재의 주가와 분석 대상 기업에 대한 광범위한 데이터를 얻을 수 있도록 한다.

애널리스트들은 보통 네 명에서 여섯 명이 한 조를 이루며, 각자 작은 책상에 앉아 두 개의 모니터를 갖춘 컴퓨터에서 업무를 수행한다. 대다수의 애널리스트 책상 위에는 키보드와 휴대전화 외에 보고서, 신문, 잡지, 책들이 쌓여 있다. 애널리스트들의 책상 위에 놓인 신문들 중에서 ≪파이낸셜 타임스Financial Times≫가 가장 자주 등장하는데, 그 옅은 연어색은 사무실의 시각적 풍경의 일부이다. 주식시장 분석팀은 ≪파이낸셜 타임스≫를 여섯 부 정도 구독하고 있다. 일반적으로 팀 리더는 아침에 신문을 훑어보고 특정 주제나 섹터를 담당하는 애널리스트에게 흥미로운 기사를 전달한다. 가끔은 ≪NZZ≫, ≪아게피Agefi≫, ≪금융과 가계Finanz und Wirtschaft≫ 같은 스위스 신문들과 주간지인 ≪이코노미스트Economist≫도 볼 수 있다.

개방형 사무실에는 신문, 주간지, 비즈니스 보고서 외에도 상당한 수의 책들이 비치되어 있다. 이 책들은 주로 재무분석 교과서이거나 경제, 정치, 사회 동향에 관한 서적들이다. 그 외에도 기업의 연간 보고서, 사회적 책임 보고서, 그리고 기업이 애널리스트들에게 보낸 홍보 자료 등 그들이 담당하는 개별 기업에 관한 방대한 정보가 수집되어 있다. 신문, 보고서, 서적 외에도 이러한 홍보물은 많은 애널리스트의 책상 위를 장식하는 일상 풍경의 일부를 이룬다. 애널리스트로부터 긍정적 평가를 받는 것은 평가 대상 기업들에게 매우 중요하다. 따라서 기업들은 애널리스트들에게 비즈니스 정보와 함께 자동차 제조업체의 장난감 자동차나 소매 브랜드의 사진 달력과 같은 작은 선물을 제공한다. 이러한 선물들을 통해 기업들은 애널리스트들과 개인적인 관계를 구축하려고 한다. 그러나 스위스은행은 기업들이 자사의 애널리스트들의 판단에 영향을 미치는 것을 방지하기 위해 엄격한 규정을 마련해 놓고 있다. 예를 들어, 애널리스트에게 제공되는 선물의 가치를 엄격히 제한하는 규정이 있다.

그럼에도 불구하고 개인적인 네트워크는 모든 애널리스트에게 중요한 정보의 원천이다. 비정형적인 특별한 정보에 대한 접근은 개별적인 투자 내러티브를 강화하는 데 유용하기 때문에, 애널리스트들의 책상 위에는 명함이 수북이 쌓여 있다. 이 명함들은 종종 물신物神화되어 숭배의 대상이 된다. 영화 〈아메리칸 싸이코American Psycho〉에서 크리스찬 베일Christian Bale 이 연기한 패트릭 베이트먼Patrick Bateman이 자신의 명함을 네 명의 동료 명함과 비교하는 장면에서 이러한 물신주의 숭배가 잘 묘사되어 있다. 명함의 색상, 글씨체, 종이의 질감 등을 논의하면서, 명함이 단순히 작은 인쇄물일 뿐만 아니라 비즈니스 세계에서 그 사람의 지위와 취향을 상징하는 것이라는 사실이 드러난다. 명함에 대한 물신화 현상은 필자가 연구를 하던 시기에 더욱 두드러졌는데, 이는 원작 소설 『아메리칸 사이코』가 출간된 1991년과는 달리 현재는 연락처 정보를 온라인으로 쉽게 검색하거나 이메일로 교환할 수 있기 때문이다.

애널리스트들이 수집하는 명함에는 매도측* 애널리스트, 외부 연구기관, 기업체 임원, 학계 인사들의 이메일 주소와 전화번호가 기재되어 있다. 애널리스트가 보유한 명함의 수는 그들의 네트워크 크기를 나타낸다. 하지만 이러한 연락처들은 단순한 수집품이 아니라 애널리스트의 일상 업무에 실질적인 도움이 될 수 있다는 점이 중요하다. 애널리스트들은 종종 명함을 사용하여 유용한 정보를 얻을 수 있는지를 서로 평가한다. 가끔씩 그들은 다른 애널리스트들의 명함을 살펴보고 명함에 언급된 인물에 대한

---

* 금융산업 참가자들은 크게 매수측(buy-side)과 매도측(Sell Side) 두 그룹으로 구분할 수 있다. 매수측은 고객을 위해 증권을 매수하는 기관으로, 주로 펀드회사나 연기금 등이 여기 포함된다. 매도측은 고객에게 증권을 판매하는 기관으로, 주로 증권회사나 시장 조성자(market maker) 등이 여기 포함된다 — 옮긴이.

세부 정보를 요청한다. 어떤 애널리스트가 자신이 모은 명함이 단지 명성의 표시일 뿐 실제 정보 교환을 위한 네트워크로 활용되지 않는다고 밝힌다면, 다른 애널리스트들은 그를 가치 있는 네트워크를 가진 권위 있는 명함 수집가라기보다는 쓸모없는 명함을 모으는 사람으로 여길 것이다.

네트워크는 모든 시장의 기본 토대 중 하나이다. 경제학자와 인류학자들은 소규모 시장부터 글로벌 자본시장까지 모든 시장이 정보를 중심으로 조직되어 있다고 주장해 왔다. 기어츠Clifford Geertz가 주목한 것처럼, "정보 탐색은 힘들고, 불확실하며, 복잡하고, 불규칙한 과정으로, 이는 시장에서의 삶의 중심적인 경험이다"(Geertz, 1978: 30). 마찬가지로, 금융 사회학 분야의 학자들은 세계화된 시장에서 정보의 역할을 강조해 왔다. 그러나 스타크David Stark와 번사Daniel Beunza가 말했듯이, 정보 수집은 단순히 양의 문제가 아니라 시장 변동과 관련이 있다고 여겨지는 정보를 선택하는 문제이다(Stark and Beunza, 2009: 118). 그들은 이러한 선택 과정을 시장 참가자들에 의해 작동하는 인지 생태계cognitive ecology라고 부른다. 이 인지 생태계에서는 단순한 정보 수집보다 정보의 선택과 해석이 더 중요하다.

스타크와 번자가 강조한 것처럼, 정보의 선택과 해석에 초점을 맞추면 효율적 시장 가설에 의문이 생기게 된다. 인지 생태계의 존재는 각 시장 참여자들이 정보를 각기 다른 방식으로 이용함을 뜻한다. 그러므로 동일한 정보가 모든 시장 참여자에게 동시에 제공되더라도, 특정 정보가 시장에 어떤 영향을 미칠지에 대해 일반적으로 모두 동일한 결론에 도달하지는 못한다.

결론을 도출하는 과정에서 애널리스트들은 다양한 정보 출처를 각자가 서로 다른 방식으로 활용한다. 일부 정보는 주식시장 예측에 바로 이용되는 반면, 다른 정보는 높은 신뢰성에도 불구하고 시기적으로 적절하지 않다고 여겨진다. 이러한 차이로 인해 수집된 정보는 항상 특정 방식으로 순

표 5-1 정보 출처 순위

출처	적시성	적용 가능성	신뢰성	독창성
학술 저널	느림	매우 낮음	매우 높음	높음
학술 문헌	매우 느림	매우 낮음	매우 높음	높음
블룸버그 금융 데이터	매우 빠름	중간	중간	낮음
블룸버그 뉴스 데이터	매우 빠름	중간	높음	낮음
증권회사 리포트	빠름	매우 높음	높음	높음
회사 웹사이트	매우 빠름	중간	높음	매우 낮음
회사 공지 및 발표	중간	중간	매우 높음	매우 낮음
신문	빠름	낮음	낮음	낮음
온라인 신문 및 블로그	매우 빠름	낮음	매우 낮음	높음
다른 애널리스트	빠름	매우 높음	중간	중간
특별 관심 분야 잡지 (예: ≪이코노미스트≫)	중간	중간	높음	중간
특별 관심 분야 신문 (예: ≪파이낸셜 타임스≫)	빠름	높음	높음	중간

위가 매겨지는데, 애널리스트들은 그 순위를 명시적으로 보여주지는 않는다. 애널리스트에게 유용하려면 정보는 시의적절하고, 적용 가능하며, 신뢰할 수 있어야 하며, 독창적이어야 한다(<표 5-1> 참조).

적시성

재무분석에서 정보의 적시성은 핵심적인 요소이다. 애널리스트들은 일정 시간이 지나면 공개된 정보가 특정 주식의 주가에 반영된다고 가정한다. 이러한 정보에 대한 사고방식은 효율적 시장 가설의 가정에 기반한다. 그러나 애널리스트들은 정보가 공개된 후에도 이를 분석하고 해석할 수 있는 충분한 시간이 있다고 생각한다[이는 대부분의 전통적인(갇힌) 경제학자들이 동의하지 않는 가정이다). 그래서 애널리스트들은 자신들이 시장보다 앞서 나갈 수 있다고 생각한다. 레피나이와 헤르츠에 따르면, 애널리스트들은 자신들을 스스로 시장 효율성의 문지기로 여긴다(Lépinay and Hertz, 2005: 272). 공개된 정보라도 애널리스트들에 의해 다뤄진 후에야 시장은 효율적인 상태가 된다고 본다.

애널리스트가 정보를 처리하고 특정 해석이 금융시장 참여자들 사이에 받아들여지면, 해당 정보는 가격에 반영되었다고 간주되어 더 이상 애널리스트들에게 가치를 지니지 않게 된다. 세티나Knorr Cetina는 금융시장에서의 정보 가치는 과학과 같은 분야에서의 정보 가치와 근본적으로 다르다고 지적한다(Cetina, 2010). 과학적 정보(및 지식)는 시간이 지남에 따라 안정화되지만 금융시장의 정보는 시간이 흐름에 따라 그 가치가 떨어진다. 노어 세티나는 금융시장에서 발견되는 "**정보 지식**Information Knowledge"은 "**시간 지수**time index가 있어서, 어느 정도 시간이 경과하면 그 영향력을 잃고 더 이상 유익한 정보로 간주되지 않는다"고 주장한다(Cetina, 2010: 176).

금융시장의 정보가 시간이 지남에 따라 유용성이 떨어진다는 사실은 애널리스트들이 신속하게 행동하도록 만든다. 스위스은행의 애널리스트들은 주로 매주 월요일과 금요일에 모여 현재의 시장 움직임에 대해 논의하고, 아직 주식 시세에 반영되지 않았을 것으로 예상되는 이벤트나 동향에 대한 정보를 공유한다. 월요일 회의에서, 애널리스트들은 종종 주말에 접한 뉴스 기사로부터 아이디어를 가져와 이를 발표한다. 스위스은행에 근무하는 동안 이러한 회의에서는 뉴스와 아이디어가 이미 주가에 반영된 정보인지를 놓고 자주 토론이 이루어졌다. 데이비드라는 젊은 인턴은 학사 과정을 막 마치고 석사 과정을 시작하기 전에 스위스은행에서 1년을 보내고 있었는데, 그는 종종 월요일 회의에 ≪이코노미스트≫ 기사를 가져와서 그 기사에 언급된 사건, 트렌드 또는 아이디어와 그것이 시장에 미칠 수 있는 영향에 대해 이야기하곤 했다. 많은 경우, 고참 애널리스트들은 데이비드의 이야기를 주의 깊게 듣고, 그가 제시한 정보의 중요성을 강조했다. 그러나 얼마 지나지 않아 한 고참 애널리스트가 데이비드가 가져온 정보가 이미 시장가격에 반영된 것은 아닌지 의문을 제기했다. 이 시점에서 팀장인 마르코는 "기본적으로 우리는 ≪이코노미스트≫를 참고하지 않아야 합니다. 일단 ≪이코노미스트≫에 실린 정보는 이미 가격에 반영되었다고 볼 수 있습니다. 그 대신 블로그와 온라인 뉴스 서비스를 확인해야 합니다. ≪이코노미스트≫가 아닌 이곳에서 가격에 반영되지 않은 정보를 찾을 수 있습니다"라고 말했다.

애널리스트들은 주식시장 가격에 반영되지 않은 정보를 찾는 데 많은 시간을 투자한다. 모든 애널리스트가 회사의 분기 실적 발표일을 미리 알고 있는 실적 공시 시즌reporting season* 외에는, 가격에 반영되지 않은 정보를 찾는 것이 중요한 역할을 한다. 주가에 영향을 미칠 것으로 예상되는 사건이 발생한 후에야 가격에 반영되지 않은 정보가 제공될 때가 많다. 이러한 사건은 경제적 사건일 수도 있지만 환경, 정치 또는 사회적 성격을 갖기도 한다. 경제적 사건과는 달리 환경, 정치, 사회적 사건은 일반적으로 애널리스트가 예상하기 어렵다. 그러나 이러한 사건이 발생하면 주식시장에 큰 영향을 미칠 수 있다. 어떤 종류의 주요 사건이 발생하면, 애널리스트들은 먼저 해당 사건이 주식시장 움직임에 어떤 영향을 미칠지에 대해 논의한다. 일반적으로 그들은 모든 종류의 사건이 어떤 식으로든 시장에 영향을 미친다고 주장한다.

---

* 상장기업은 매출, 영업이익, 순이익 등의 경영 실적을 1년에 네 번 분기별로 공개한다. 이러한 경영 실적을 발표하는 기간을 실적 공시 시즌(reporting season)이라고 한다 ― 옮긴이.

아랍의 봄_{Arab Spring} 과 관련된 수많은 사건들과 후쿠시마 원전 사고는 필자의 현장 연구 중에 마주친 가장 중요한 가격 미반영 사건들 가운데 하나였다(Leins, 2011 참조). 이러한 사건들이 발생하자 재무분석 부서는 비상사태에 직면했다. 순식간에 개방형 사무실 분위기는 분주해졌고, 전화벨이 울리기 시작했으며, 애널리스트들은 업무용 컴퓨터에서 옆의 블룸버그 단말기로, 그리고 다시 업무용 컴퓨터로 왔다 갔다 하면서, 무슨 일이 일어났으며 그것이 시장에 어떤 영향을 미칠지 파악하기 위해 분주하게 움직였다. 비록 이용 가능한 정보가 빈약하고 사건에 대한 첫 해석이 초기 단계에 머물러 있더라도, 가격에 아직 반영되지 않은 이러한 사건은 애널리스트들이 24시간에서 48시간 이내에 반응을 내놓고, 가능하다면 새로운 투자 조언을 제시하도록 만들었다. 이러한 투자 조언은 주로 은행의 고객들이 주가 하락으로부터 자신을 보호하거나 주가 상승으로부터 이익을 얻을 수 있도록 돕기 위한 것이었다. 더욱이 이러한 반응은 애널리스트가 새로운 정보를 접할 때 투자 전략을 신속하게 수정할 수 있다는 생각을 강화했다.

뉴스 평론가들과 언론인들은 아랍의 봄이나 후쿠시마 원전 사태와 같은 사건으로 인해 불확실성이 증가했다고 강조하지만, 애널리스트와 투자자들은 반드시 이러한 사건들을 단지 위협으로만 인식하지는 않는다. 불안정한 사건들도 금융적 기회를 제공한다. 시장은 사건의 영향이 긍정적이든 부정적이든 상관없이 금융적 이익을 챙길 수 있는 투기적인 수단을 제공한다. 예를 들어, 주가에 부정적인 영향을 미칠 것으로 예상되는 사건의 경우, 투자자는 주가가 하락하기 전에 해당 주식을 공매도할 수 있다. 공매도는 스위스은행의 애널리스트들이 적극 권장하는 투자 전략은 절대 아니지만 고객자산 관리자는 이를 종종 추천하기도 한다. 공매도는 투자자가 보유하지 않은 주식을 매도하는 것으로 일정 기간 후에 해당 주식을 더 낮은 가격에 매수하여 매도 포지션을 정리한다면 이익이 발생한다. 단 투자자가 수익을 얻으려면 주가가 하락하는 시나리오가 현실화되어야만 한다.

그러므로 아랍의 봄이나 후쿠시마 원전 사고 같은 사건의 경우, 애널리스트들은 사건의 본질보다는 그 사건을 둘러싼 가격에 반영되지 않은 정보의 출현에 주로 관심을 갖는다. 이러한 경우 애널리스트는 정보가 가격에 반영되기 전에 그들의 투자 조언이 고객에게 전달될 수 있도록 신속하게 행동해야 한다. 많은 애널리스트는 정보가 주류 (금융) 언론 매체에 공개되는 순간부터 이 정보는 이미 투기적 목적으로 사용하기에는 너무 오래된 정보라고 주장한다. 이러한 인식은 그러한 사건 기간 동안 정보 출처의 사용에 영향을 미친다. 많은 애널리스트는 잠재적으로 가격에 반영되지 않은 정보를 즉각적으로 제공하는 블로그나 온라인 뉴스 스트림을 선호한다. 물론 이러한 정보 출처에도 단점이 있다. 첫째, 애널리스트는 정보의 신뢰도를 알 수 없다는 사실에 대처해야 한다. 둘째, 정보가 시장에 미치는 영향에 대한 해석이 제공되지 않는다는 점이다.

애널리스트들이 신속한 정보를 다룰 때 직면하는 한 가지 문제는 해당 정보가 주식시장에 영향을 미치려면 이 정보가 애널리스트뿐만 아니라 다른 금융시장 참가자들에게도 잠재적인 시장 변동 요인으로 인식되어야 한다는 점이다. 한 명의 애널리스트만이 어떤 정보가 시장에서 중요하다고 생각한다면, 그 정보는 시장가격에 반영될 가능성이 거의 없다. 영국의 경제학자 존 메이너드 케인즈는 이러한 주식시장의 가치평가 현상을 독자들이 사진으로 미인대회 우승자를 맞추는 신문 주최 미인대회 콘테스트에 비유하여 설명한 것으로 유명하다(Keynes, 1936). 독자들이 그들에게 제시된 사진들을 보고 누가 미인대회에서 우승할지를 각자 예측하는 방식으로, 개인적으로 누구를 가장 아름답다고 생각하는지는 중요하지 않다. 대신에, 독자들은 다른 대다수의 독자가 가장 아름다운 인물로 누구를 선택할지, 즉 대중의 기대를 예측하는 것이 중요하다. 이와 유사하게, 애널리스트들은 수익을 창출하기 위해 다른 시장 참여자들의 의견과 기대를 예측해야 한다. 즉, 투자 전략을 수립할 때 애널리스트는 자신이 중요하다고 생각하는 정보에만 초점을 맞추어서는 안 되며, 시장 참여자들이 중요하게 여기는 정보를 파악해야 한다. 이에 따라 애널리스트는 이른바 '2차 관찰자'의 역할을 하게 된다(Luhmann, 2000; Stäheli, 2010: 358). 이들은 다른 관찰자들의 의견을 자신의 분석에 통합하여 주식시장의 움직임을 예측하는 데 활용한다.[3]

시의적절한 정보 수집의 중요성은 사건이 발생했을 때의 정보 탐색에서만 나타나는 것이 아니며, 전반적으로 애널리스트들의 일상적인 일정에도 영향을 미친다. 스위스은행의 애널리스트들은 일반적으로 오전 6시 45분에서 7시 30분 사이에 사무실에 도착한다. 이때 시장 동향을 파악하고 해석하는 책임이 있는 선임 애널리스트들은 사무실로 출근하는 길에 이미 모바일 기기를 통해 시의성 있는 정보를 확인한다. 사무실에 도착하면 온라인 정보 출처를 검색하고, 보통 더 일찍 업무를 시작하는 매도측 애널리스트가 보낸 보고서를 읽기 시작한다. 평온한 날(시장에 영향을 미치는 특별한 사건이 없는 날)에는 애널리스트들이 신문을 읽거나 인터넷 서핑을 하며 시간을 보낸다. 아침 이 시간에 아시아 주식시장은 이미 열려 있지만, 애널리스트들은 일반적으로 스위스 증권거래소가 오전 9시에 개장할 때까지 정보를 읽고 수집하며 일상의 업무를 정리하는 데 시간을 할애한다.

적시에 정보를 수집하는 것은 하루 종일 장소의 구분 없이 중요하다. 애널리스트들은 회의 중이나 점심시간에 주로 모바일 기기를 활용하여 최신 시장 동향을 파악한다. 트레이더와 애널리스트들이 커피를 즐기는 스위스은행의 최상층에 위치한 카페테리아에는 금융 뉴스를 방송하는 세 개의 TV 화면이 설치되어 있다. 애널리스트들은 커피를 마시는 동안 시선을 TV 화면들에 두고 동료 애널리스트들과 함께 뉴스와 시장 동향에 대해 분석하고 논의한다. 많은 애널리스트에게 시의적절한 정보를 탐색하고 수집하는 일은 사무실에서 보내는 시간에만 국한되는 것이 아니라 일상의 일부가 된다. 그들은 밤에 집에서도 새로운 정보를 찾아 서로 공유하는 경우가 많다. 정보교환이 이루어진 다음 날 아침에는, 지난밤 화장실을 갔다 오는 동안 인터넷 서핑을 통해 이런저런 흥미로운 보고서를 발견했다는 이야기를 듣게 될 것이다.

애널리스트의 직급이 올라갈수록 최신 정보를 얻는 것의 중요성은 더욱 커진다. 신입 애널리스트는 새로운 정보를 습득하는 과정에 그다지 관여하지 않기 때문에 항상 최신 정보를 파악해야 한다는 압박을 덜 받는다. 그러나 선임 애널리스트에게는 최신 정보의 습득이 매우 중요하다. 재무분석 부서에서는 사무실 내 애널리스트들의 움직이는 속도를 통해 이를 확인할 수 있다. 선임 애널리스트들은 때때로 자신의 화면에서 다른 정보 출처로 전환하는 동안 시간을 절약하기 위해 사무실을 빠르게 조깅하듯 돌아다닌다. 움직임의 속도가 빠를수록, 그 애널리스트의 중요성도 더 커진다. 낮은 직급의 애널리스트들은 선임 애널리스트가 서둘러 다가오면 비켜서야 한다.

주식시장 분석팀의 책임자인 조나스Jonas는 빠르고 단호한 걸음걸이로 유명했다. 다른 애널리스트들이 그에게 무언가를 물어보고 싶으면, 보통 그의 뒤를 쫓아가며 말을 걸어야 했다. 조나스의 전설적인 빠른 걸음은 신입 직원들에게는 큰 위협이었다. 조나스가 다른 정보 출처나 부하 애널리스트로부터 특정 시장 동향에 대한 새로운 정보를 얻기 위해 사무실을 빠르게 헤치고 지나갈 때, 길을 비켜주지 않는 것은 치명적인 실수가 된다. 조나스의 길을 한 번 막는 것만으로도 신업 직원은 매우 화난 표정을 보게 될 것이고, 두 번 막으면 아마도 직장을 잃게 될 것이다.

미야자키는 일본 주식 트레이더에 대한 연구에서 금융시장 참여자가 최신 정보를 신속히 파악해야 하는 필요성에 대해 상세히 설명한다(Miyazaki, 2003). 그의 문화서술적 분석에서 미야자키는 새로운 시장 정보를 받는 것과 이 새로운 정보에 따라 거래를 실행하는 것 사이의 시간적 차이가 그가 연구한 트레이더들 사이에서 뒤처진다는 느낌을 만들어낸다고 주장한다. 정보 수집과 거래 실행 사이의 격차를 줄이기 위한 노력은 트레이더가 시간을 인식하는 방식에서 중요한 역할을 하며, 그들에게 엄청난 스트레스를 준다. 미야자키의 연구 대상이었던 퇴직한 전직 트레이더 수도Sudo는 인터뷰에서 이러한 감정을 다음과 같이 털어놓았다. "가끔 화장실에 갔다가 책상으로 돌아와서 내 수익이 세 배, 네 배로 늘어나 있거나 막대한 손실을 입은 것을 발견하곤 했습니다. 이로 인해 내가 이런 종류의 직업에 내 자신을 헌신했다고 생각하니, 허무함이 느껴졌습니다"(Miyazaki, 2003: 260에서 인용).

애널리스트들 사이에서 시간에 대한 관여도는 약간씩 다를 수 있다. 이는 미야자키가 연구한 트레이더와는 달리, 애널리스트는 정보 사용의 실질적인 효과를 직접적으로 확인할 수 없기 때문이다. 트레이더는 시의적절한 정보에 대해 직접적인 행동을 취하지만, 애널리스트는 다른 투자자가 행동에 옮길 수 있도록 투자 조언을 수행한다. 그럼에도 불구하고, 정보가 투자에 유용한지 판단하는 중요한 요소로서 적시성에 대한 인식은 베어(Bear, 2014a, 2014b)가 자본의 사회적 리듬social rhythms of capital이라 부르는 것을 형성하는 데 도움이 된다. 스위스은행의 애널리스트들 사이에서 이러한 시간의 리듬은 정보가 가격에 반영되기 전에 이를 식별하고자 하는 희망, 관련 정보를 놓칠지 모른다는 두려움, 그리고 시장의 움직임을 지속적으로 관찰하거나 사무실을 이동할 때 빠르고 적극적으로 걷는 등 최신 정보를 파악하기 위한 신체적 수행에 의해 형성된다.

적용 가능성

적시성 외에도 정보의 적용 가능성은 애널리스트들이 정보의 우선순위를
정하는 데 중요한 역할을 한다. 정보가 시장 예측을 생성하기에 더 용이할
수록 더 높은 순위가 매겨진다. 블룸버그나 로이터 컴퓨터 단말기 같은 장
치는 적용하기 편리한 형태로 정보를 전달한다. 이러한 장치들이 제공하
는 정보는 그 자체로 금융시장에 미치는 영향에 대한 해석을 포함하는 경
우가 많다(따라서 정보는 이미 프레임화되어 있다). 더욱이 이러한 장치에서 나
오는 정보는 종종 특정 기업, 경제 부문 또는 시장 지역과의 연관성을 나
타낸다. 이는 애널리스트가 정보를 얻는 것 외에도 해당 정보가 금융시장
에 어떤 영향을 미칠지 알 수도 있는 장점이 있다.

애널리스트에게 가장 어려운 작업 중 하나는 새로운 정보와 그 정보가
금융시장에 미치는 영향 사이의 연관성을 파악하는 것이다. 특정 뉴스의
중요성에 대해서는 공감대가 형성되어 있더라도, 이것이 금융시장에 미칠
구체적인 영향에 대해서는 의견이 분분한 경우가 많다. 예를 들어, 2012
년 봄 올랑드François Hollande가 프랑스 대통령으로 당선되었을 때, 이 사건이
어떤 식으로든 주식시장에 영향을 미칠 것이라는 점을 의심한 애널리스트
는 없었다. 그러나 애널리스트들은 올랑드의 당선이 프랑스 기업에 긍정
적일지 부정적일지에 대해서는 의견이 일치하지 않았다. 한편에선 예상
되는 세금 인상이 주식시장에 상장된 프랑스 기업을 포함하여 프랑스 경
제 전체에 해로울 것이라고 주장했다. 다른 이들은 올랑드가 추진할 수 있
는 보호주의 정책이 프랑스 경제에 광범위하게 해를 끼칠 수는 있지만 내
수 시장을 활성화할 수 있다고 반박했다. 따라서 결국 중요한 것은 새로운

정보가 시장에 미치는 영향의 존재 여부가 아니라, 그 영향이 어떤 것인지 파악하는 것이다. 따라서 그 연결고리를 제공하는 정보 출처가 매우 중요하다.

매도측 애널리스트 보고서는 실제 적용 가능성에 따라 매수측 애널리스트들에게 높은 평가를 받는다. 매도측 애널리스트들은 단순 데이터 제공을 넘어서 시장에 끼칠 잠재적 영향까지 상세히 포괄하는 전문적 보고서를 작성한다. 스위스은행의 매수측 애널리스트는 스위스은행 자체의 매도측 팀을 포함하여 약 10개 팀의 매도측 애널리스트 보고서와 서비스를 이용할 수 있었다. 매도측 애널리스트들은 일반적으로 전체 시장 분석에 집중하기보다는 특정 비즈니스 섹터나 테마에 초점을 맞추어 전문성을 구축하고 좋은 평판을 얻기 위해 노력한다. 관심을 끌기 위해 이들의 보고서 스타일은 때로는 상당히 창의적인 접근 방식을 취하기도 한다. 예를 들어, 어느 매도측 애널리스트는 인류학에서 영감을 받아 투자 보고서를 작성하기도 했다. 어느 유명 증권중개인은 경제성장률이 높은 아랍과 아프리카 국가들에 대한 문화기록 형식의 관찰을 '현장 노트'라고 부르면서 이메일로 발송하곤 했다.

매도측 애널리스트들은 (보조적 업무로 볼 수 있는 이메일을 통한 의사소통이나 단기적인 투자 제안이 아닌 본연의 업무인) 정기 보고서를 작성하기 위해 연구와 집필 과정에 수개월을 보내기도 한다. 이러한 보고서는 100페이지를 넘는 경우도 드물지 않다. 매수측 애널리스트들은 이러한 보고서에서 10페이지 이상 읽는 일이 거의 없다. 그럼에도 불구하고 그들은 이러한 보고서를 매우 높이 평가하는데, 이 보고서는 매도측 연구 결과를 몇 가지 핵심 사항으로 줄여 고객에게 제시할 매수측 분석 자료를 작성하는 데 쉽게 활용할 수 있기 때문이다. 매도측 애널리스트 보고서에는 차트와 표를 포함하는 경우가 많아서, 매수측 애널리스트들이 이를 복사하여 자신들의 보고서나 발표에 활용할 수 있다. 또한 특정 시장 동향을 해석하는 구체적인 관점을 제공하므로, 매수측 애널리스트들이 이를 채택하기도 한다.

그러나 선임 애널리스트이자 기본적 분석에 대한 확고한 신념을 갖고 있던 마르셀Marcel은 대다수 애널리스트가 이러한 매도측 보고서를 활용하는 방식에 대해 우려를 표했다. 그는 애널리스트들이 다른 애널리스트들의 견해에 의존하기보다는 자신만의 분석과 예측을 바탕으로 의견을 제시해야 한다고 강조했다. 마르셀은 다른 보고서를 참조하는 것이 기본적 분석의 핵심 원칙을 침해하고 군집 행동으로 이어진다고 주장했다. 따라서 그는 자신의 팀원으로 있는 네 명의 부하 직원 애널리스트들이 매도측 애널리스트들과 교류하거나 그 보고서를 참고하는 것을 금지했다. 스위스 은행 내에서 마르셀의 이러한 방식은 때때로 상당히 부정확한 예측을 낳았고, 이로 인해 그의 접근법은 종종 비웃음의 대상이 되었다. 그 이유 중 하나는 매도측 애널리스트들의 보고서가 금융업계 전반에 널리 퍼져 있어, 그들의 분석이 시장 동향을 예측하는 데 중요한 역할을 할 수 있기 때문이다. 실제로 매도측 애널리스트의 보고서가 신뢰할 만하고 매수측 애널리스트들이 매도측 애널리스트들의 시각을 고려하여 시장 동향을 파악한다면, 시장은 매도측 애널리스트들이 예측한 방향으로 움직일 가능성이 높다.

대다수의 애널리스트들이 비슷한 투자 전망에 동의할 때, 이를 시장평균 전망 또는 컨센서스 콜consensus call이라고 한다. 블룸버그 화면을 통해, 모든 애널리스트는 특정 주식의 미래 전망에 대해 다른 애널리스트들의 견해를 확인할 수 있다. 매도측 애널리스트들 사이에 합의가 형성되면, 매수측 애널리스트들은 이 합의가 자기 충족적 예언으로 작용할 수 있음을 인지하고, 이를 고려하는 경향이 있다. 마르셀이 이끄는 팀의 애널리스트들은 종종 이러한 시장의 주류 견해를 무시하고 시장의 지배적 견해에서

금융시장의 이야기꾼들

벗어나곤 했다. 다른 팀의 애널리스트들은 이 문제에 대해 이야기할 때 다른 애널리스트들이 미래를 어떻게 예측하고 있는지 아는 것이 중요하다고 강조했다(이는 애널리스트가 2차 관찰자의 역할을 수행한다는 점을 재확인하는 것이다). 자동차 주식을 담당하는 선임 애널리스트인 패트릭Patrick은 다른 의견을 고려하지 않는 예측은 무의미하다고 말하면서 그 중요성을 분명히 한 적이 있다. "결국, 다른 사람들도 내 예측이 맞다는 것을 인정해야 합니다"라고 그는 설명했다. "이것이 기본적 분석의 한계입니다. 여러분의 분석이 시장에 반영되기 위해서는 다른 사람들의 의견과 일치해야만 합니다."[4]

스위스은행의 재무분석 부서에서 매도측 보고서가 광범위하게 활용되는 것은, 단순히 정보만을 제공할 뿐만 아니라 향후 시장 움직임 측면에서 정보가 어떻게 해석될 수 있는지도 알려주는 정보 출처를 애널리스들이 선호한다는 점을 보여준다. 그러나 이러한 정보 출처가 항상 이용 가능한 것은 아니다. 예를 들어, 아랍의 봄 사건은 애널리스트들이 편리하게 활용할 수 있는 기존의 보고서나 출처를 참조하지 못한 채 해석해야 하는 상황을 만들었다(Leins, 2011 참조). 2011년 1월과 2월 발생한 이집트 혁명 같은 정치적 사건을 맞이하여 애널리스트들은, 일상적으로 사용하던 정보 출처에 의존할 수 없는 가운데, 그 정치적 혼란이 경제에 미치는 영향을 분석할 방법을 찾아야 했다.

이집트는 금융시장 참여자들 사이에서 MENA(중동 및 북아프리카)라고 부르는 지역의 일부다. 인구가 9000만 명이 넘는 이집트는 중동 국가 중에서도 경제 규모가 가장 큰 국가 중 하나다. 2007년 금융위기 발발 이후, 많은 투자자가 유럽과 미국에서 경기 침체로 인해 발생한 손실을 회복하기 위해 소위 신흥 시장으로 눈을 돌리고 자산의 일부를 이전하기 시작했다. 이러한 변화에 대응하여 스위스은행은 재무분석 부서 내에 신흥 시장 전문가팀을 구성했다. 아랍의 봄 동안, 이 팀의 애널리스트들은 이집트 혁명이 최종적으로 시장에 어떤 영향을 미칠지 분석하기 위한 해석틀을 만들어야 했다. 이들 중 어느 누구도 이집트 정치 상황에 대해 깊은 전문 지식을 갖고 있지 않았기 때문에, 정치적 사건들을 시장의 관점에서 해석할 수 있도록 금융과 정치 분야의 외부 전문가들과 협력했다. 이 외부 전문가들은 금융시장에 대한 전문 지식을 갖춘 정치인이나 정치평론가들로, 정치적 사건을 애널리스트들이 이해하기 쉬운 시장 친화적인 언어로 해석해 주는 역할을 했다.

이집트 봉기 이튿날인 1월 26일에 두 개의 매도측 분석팀이 제각기 정치전문가와 함께 컨퍼런스 콜conference call을 개최했다. 첫 번째 팀은 과거 이집트에 주재했던 전직 미국 대사의 브리핑을, 두 번째 팀은 전 영국 총리와의 질의응답 세션을 공개했다. 이들의 분석은 이미 알려진 정보를 넘어서는 새로운 내용을 밝혀내지는 못했다. 그러나 이 컨퍼런스 콜을 통해, 이 두 인사가 중요한 이유가 그들의 정치적 통찰력 때문이 아니며, 그보다는 그들이 정치적 사건을 시장의 해석으로 번역할 수 있는 전문가 지위에 있기 때문임이 분명해졌다. 이 전문가들은 다른 많은 시장 참여자들과도 소통할 것이며, 따라서 그들의 의견은 금융시장에서 지배적 담론이 될 가능성이 크며, 이는 그들의 분석이 현실에서 적용될 가능성이 높음을 의미했다.

일반적으로 아랍의 봄과 프랑스 대통령 선거와 같은 정치적 사건이나 후쿠시마 원전 사고와 같은 환경적 사건을 분석하기 위해, 애널리스트들은 종종 기존의 정보 출처를 벗어나 새로운 정보를 수집해야 한다. 이런 상황에서는 우선순위가 높은 고급 정보 출처에 의존할 수 없기에 애널리스트들은 자신만의 분석틀을 개발해야 한다(Beunza and Garud, 2007). 그러나 이러한 유형의 사건들이 애널리스트의 업무 환경을 특징짓는 것은 아니다. 많은 경우 애널리스트들은 무無에서 유有를 창조하기보다는 기존에 주어진 정보를 활용하여 발전시켜 나가는 방식으로 일한다. 애널리스트는 종종 매도측 애널리스트, 외부 전문가, 금융 저널리스트, 시장 정보 제공 장치, 평가 대상 기업 등이 관여하는 프레임 형성 과정의 일부가 되는데, 그 프레임은 특정한 방식으로 정보를 전달함으로써 정보의 틀을 생성한다. 이러한 상황은 이러한 정보 출처가 시장 예측에 적용하기 더 쉬운 형식으로 정보를 제공한다는 사실에서 비롯된다. 따라서 다른 많은 시장 참가자들도 예측을 수행하는 데 이러한 정보를 사용한다는 점에서 어느 정도의 예측 가능성이 만들어진다.

신뢰성

애널리스트들이 정보 출처의 순위를 매길 때 사용하는 세 번째 핵심 요소는 출처의 신뢰성이다. 신뢰성 높은 정보 출처는 혁신적인 내러티브를 만드는 데 기여하며, 애널리스트의 전문성을 더욱 부각시킨다. 학술연구 자료는 특히 높은 신뢰도를 가진 정보 출처로 인정받는 경우가 많다. 스위스은행은 재무분석 부서 바로 옆에 도서관을 두고 있다. 스위스은행 사내 도서관은 필자가 아는 일반 학술 도서관들보다도 더 큰 규모를 자랑하며, 다섯 명의 정규직 직원이 근무하면서 금융과 경제에 관한 모든 중요한 학술 자료를 직원들이 쉽게 이용할 수 있도록 지원한다.

　현장 연구를 시작할 때, 필자는 종종 이 도서관에서 시간을 보내며 프리드먼과 케인즈 같은 거장이 저술한 경제 이론의 고전을 읽곤 했다. 이곳에는 이런 고전들뿐만 아니라, 다양한 학술 저널과 상당한 수의 스위스 및 외국 신문들도 구비되어 있으며, 경제 동향 분석에 필요한 다수의 통계연감도 보관하고 있다. 이러한 자료들, 특히 학술 문헌을 활용하는 애널리스트들은 투자자들과 동료들 사이에서 자신의 명성을 쌓을 수 있는 기회를 갖게 된다. 그러나 학술 자료로부터 투자 예측으로 이어지는 과정이 길기 때문에, 새롭고 유망한 트렌드라 하더라도 믿을 수 있는 방식으로 그 정당성을 확인할 수 있는 것이 아니라면, 애널리스트들이 그러한 정보 출처들을 자세히 파헤쳐 자료를 발굴하는 경우는 드물다(Mars, 1998 참고).

스위스은행에서 근무하던 시절 주목받기 시작한 트렌드 중 하나는 ESG였다. ESG란 투자 결정 과정에서 환경E: Environment, 사회S: Social, 그리고 기업 지배구조G: Governance 관련 데이터를 포함시키는 전략을 의미한다. 넓은 의미에서 볼 때, 최근 몇 년 동안 경제활동에서 점차 지배적으로 자리 잡은 도덕적 담론moralizing discourse이 증가한 결과로 이해될 수 있다(예: Carrier, 2012; Garsten, 2012; Maurer, 2005; Rajak, 2011; Rudnyckyj, 2010; Stehr, 2008 참고). 금융시장에서 ESG 기반 투자 트렌드가 등장한 것은 금융위기 이후 전통적인 투자 스타일(가장 대표적으로는 구조적 및 경기순환적 성장에 기반하는 투자)의 신뢰도가 떨어지면서 새로운 투자 스타일이 필요해진 것뿐만 아니라 대중의 윤리적 요구를 반영할 필요가 있다는 인식에 따른 것이다.

ESG 기반 투자는 사회적 책임투자SRI: socially responsible investing의 진화된 형태로 볼 수 있다. 사회적 책임투자SRI도 ESG처럼 환경과 사회적 책임에 초점을 맞춘 중요한 투자 트렌드였다. 사회적 책임투자의 접근 방식이 ESG 기반 투자와 크게 다르지 않으나, 시간이 지나면서 '사회적 책임투자'라는 용어는 많은 대형 은행의 의제에서 사라졌다. 스위스은행에서 사회적 책임투자에 관심 있는 투자자를 위한 보고서 발간을 담당했던 앤디와 마르코는 대형 은행들이 이 용어가 "너무 규범적"이라고 여겨 사용을 중단했다고 말했다. 사회적 책임투자에 직접 관여하지 않았던 애널리스트인 패트릭은 많은 은행이 결국 "은행은 교회가 아닌, 은행 본연의 역할을 해야 한다"는 결론에 이르렀다고 언급했다.

사회적 책임투자가 지나치게 도덕적이라는 비판을 받은 반면, ESG 기반 투자는 시장이 지향해야 할 이상적인 모습에 대한 총체적인 비전보다는 구체적인 데이터에 초점을 맞춘 시장 친화적인 접근으로 보였다. 2010년 9월, 월스트리트의 한 유명한 은행에서 열린 매도측 애널리스트들과의 회의에서 처음으로 ESG에 대해 알게 되었다. 이 회의에서는 서른이 채 되지 않은 매우 긴장한 매도측 애널리스트 두 명이 스위스은행의 고객용 회의실에서 매수측 애널리스트 네 명에게 지속가능성에 관한 프레임워크를 소개했다. 이들은 이 프레임워크를 통해 지속가능한 시장 전망을 도출하고자, 전통적인 기본적 분석뿐만 아니라 상장 기업의 경영과 관련된 환경, 사회, 지배구조 이슈를 파악하여 수집한 ESG 데이터도 함께 분석하는, 즉 두 가지 방식을 결합하는 접근법을 제시했다. 이들은 이 과정에서 ESG 활용이 단순히 '착한 기업'인지 평가하기 위한 것이 아니라(매우 냉소적인 어조로 말했지만), 비경제적 정보가 결국 시장에서 어떻게 작용할지, 또는 기업의 평판에 해를 끼칠 수 있는지를 예측하는 데 중점을 두고 있다고 강조했다. 기본적 분석에서도 매우 좋은 성과를 낸 기업들만 고려했기 때문에 그들은 다소 의외의 놀랄 만한 추천을 내놓았다. 이러한 프레임워크를 통해 이들은 기본적인 성과가 우수한 BHP 빌리턴BHP Billiton, HSBC, 로슈Roche, ABB와 같은 기업들을 "지속가능한 승자"로 평가하고, 이러한 기업들이 ESG 요인을 중시하는 투자자들에게 적합하다고 추천했다.

이 회의 중에 여기서 논의되는 지속가능성이라는 용어가 투자자들이 요구하는 지속가능한 투자와는 근본적으로 다른, 더 심오한 의미를 가지고 있음을 깨달았다. 지속가능성은 환경적 또는 사회적 요소를 넘어서, 기업이 대중의 비판적인 목소리를 경제적으로 이겨낼 수 있는 능력을 지칭하는 것으로 사용되었다. 그럼에도 불구하고 앤디는 매도측 애널리스트들이 제시한 프레임워크에 깊은 감명을 받았다. 회의가 끝난 후, 그는 금융적 이익을 극대화하려는 투자자들의 목표와 환경 및 사회에 우호적인 목표를 가진 이들 사이의 균형을 찾는 데 성공한 사례에 대해 열정적으로 이야기했다. 앤디는 이것이 사회와 환경에 관심이 있는 투자자뿐만 아니라 금융적 이익에만 관심이 있는 투자자들에게도 ESG 기반 투자 아이디어를 알리는 데 도움이 될 것이라고 언급했다. 재무분석 부서의 책임자이자 ESG에 대해 마찬가지로 열정적인 리처드도 나중에 강조했듯이, ESG는 "선한 일을 하는 것doing good"이 "일을 잘하는 것doing well"을 반드시 배제하는 것은 아니라는 사실을 시사한다.

2010년 여름 재무분석 부서에서는 ESG가 시장의 새로운 트렌드로 부상하고 있다는 인식을 하는 사람은 소수였다. 하지만 얼마 지나지 않아 이 주제는 점차 인기를 얻기 시작했고, 곧 ≪파이낸셜 타임스≫와 블룸버그 같은 주요 매체에서 계속 다루어지기 시작했다. ESG는 환경, 사회, 지배구조 관련 고려 사항을 주식 선택 과정에 포함함으로써 새로운 스타일의 분석과 투자 방식을 제시했다. 스위스은행에서는 ESG가 지속가능한 투자에 관심 있는 새로운 고객들을 끌어들일 수 있는 효과적인 마케팅 도구로 곧 인정받았다. 필자를 포함해 약 다섯 명의 애널리스트로 구성된 팀은, ESG 기반 투자의 정당성을 제공하는 배경 연구 차원에서, 일반적인 재무분석 업무 과정에서 ESG 데이터를 활용할 프레임워크를 개발하는 작업을 맡았다. 이 작업은 단순히 투자 보고서를 작성하려는 것이 아니라, 새로운 투자 스타일을 뒷받침하는 데 목적이 있었기 때문에, 애널리스트들이 기업 평가나 정치 및 사회적 동향을 분석할 때 수행하는 일반적인 작업과는 크게 다른 접근법이 필요했다.

많은 애널리스트가 ESG를 정당화하는 출판물을 생산하고자 좀 더 학술적인 연구 방식에 뛰어들었다. 앤디는 ESG 데이터를 재무분석에 통합하는 방법에 관한 새로운 학술서와 연구를 모두 검토하기 시작했다. 그는 책과 연구 내용을 요약하고 그 결과를 그룹에서 발표했다. 이 과정에서 그는 ESG 데이터를 고려하는 경우 투자자가 시장보다 더 나은 금융적 성과를 거둘 수 있다는 가설을 뒷받침하는 연구 결과에 주목했다. 그는 이러한 연구들이 "긍정적인 사례를 만들기 위해" 출판물에 언급될 수 있다고 강조했다.

정치학과 거시경제학을 전공한 애널리스트인 토비아스는 대학 시절 사용하던 통계 프로그램이 설치된 개인 노트북을 들고 와 통계 계산을 시작했다. 이 프로젝트는 기존의 즉각적인 주식시장 움직임에 대한 연구와는 다른 시간 프레임과 분석 리듬을 갖고 있었다. 적시성과 적용 가능성은 상대적으로 덜 중요해졌지만 접근 방식은 신뢰할 수 있어야 했다. 따라서 연구팀은 학술 문헌, 다른 이들의 연구 결과, 그리고 자체적인 통계분석 결과를 활용하여 출판물의 신뢰성을 강조했다.

ESG 기반 투자와 같은 새로운 트렌드로 인해 신뢰할 수 있는 정보 출처의 우선순위가 드러난다. 신뢰할 만한 정보는 일반적으로 애널리스트들에게 중요하다. 애널리스트들은 때때로 투자 예측을 강조하기 위해 ≪하버드 비즈니스 리뷰Harvard Business Review≫의 기사나 최신 학술연구를 참조하는 것을 좋아한다. 그렇게 함으로써 그들은 자신들의 전문가 지위를 강화하고 투자 내러티브의 실증적 기반을 강조한다.

독창성

때때로 독창성은 예측수행에 사용할 정보를 선택하는 과정에서 고려할 네 번째 중요한 요인이 된다. 애널리스트가 다른 사람이 아직 사용하지 않은 정보를 사용한다면 자신의 예측을 독특하고 혁신적인 것으로 홍보할 수 있다. 적용 가능한 정보와 독창적인 정보를 사용하는 것 사이의 상호작용은 특히 흥미롭다. 애널리스트는 다른 많은 애널리스트들도 널리 사용하는 정보 출처를 이용하면 실제 시장 동향에 반하는 예측을 할 위험이 낮아진다는 것을 안다(이는 앞 절의 적용 가능성에 대한 마르셀의 이야기를 참조하라). 또한 애널리스트는 자신의 투자 보고서가 고객의 흥미를 유발하고 시장 변동을 이해하는 개인적 능력을 보이는 수단이 된다는 점도 알고 있다.

그래서 마르코는 재무분석을 소개하는 과정에서 독특하고 예상치 못한 요소를 포함시키는 것의 중요성을 끊임없이 강조했다. 그의 말대로 고객들은 금융시장 데이터를 얻을 수 있는 다양한 경로를 갖고 있다. TV 프로그램, 신문, 전문 잡지 등은 투자자에게 시장의 현재 동향과 앞으로의 전망에 관한 정보를 제공한다. 이러한 경쟁적인 관심 경제economy of attention, 즉 금전적 이익보다는 관심을 끌기 위한 경쟁적 환경에서, 애널리스트는 투자자의 관심을 끌기 위해 창의적인 이야기와 데이터를 제시해야 한다. 이를 통해 투자자 사이에서, 그리고 애널리스트 집단 내에서 자신의 명성을 구축할 수 있게 된다.

스위스은행에서 활동하는 많은 애널리스트는 보고서에 독창적이고 독특한 데이터를 포함시키기 위한 각자의 고유한 전략을 가지고 있다. 예를 들어, 윌리엄은 색다른 데이터를 보고서에 활용하고자 종종 정치학과 사회학 연구를 참조했다. 옥스퍼드 대학교에서 정치학, 철학, 경제학을 전공한 석사학위 소지자인 윌리엄은 이들 분야에 뛰어난 지식이 있었고, 간헐적으로 이를 예측에 활용했다. 종종 그는 경제학 이외 분야의 연구를 인용하면서 보고서를 시작하는 방식을 선호했다. 그러나 나중에는 적시성, 적용 가능성, 신뢰성에 기반하는 정보 출처로 전환하는 것이 일반적인 전략이었다.

독특하고 예상치 못한 정보 출처가 독자의 관심을 끌기 위해 자주 사용된다. 마르코가 애널리스트에게 자주 강조하듯, 보고서의 시작 부분은 독자들이 계속해서 읽고 싶어 하게 만들 정도로 흥미롭고 놀라움을 주어야한다. 독창적인 데이터를 사용하면 다른 애널리스트들 사이에 명성을 쌓는 데도 도움이 된다. 재무분석은 정확도만큼이나 명성에 기반한다(Beunza and Garud, 2007). 애널리스트는 놀랍고 특이한 데이터와 내러티브를 통해 스타 애널리스트가 될 수 있다(Beunza and Garud, 2007: 30). 다른 애널리스트의 견해와 보조를 맞추면 실제 시장 상황과 너무 동떨어질 위험은 줄지만, 투자자와 다른 애널리스트들 사이에서 인기와 인지도를 높이는 명성을 얻을 수는 없다.

현장 연구를 하는 동안 독창적인 정보의 활용이 얼마나 중요한지 영국의 한 투자은행에서 일하는 유명 애널리스트인 그레그Greg의 사례를 통해 분명히 깨닫게 되었다. 그레그는 선임 정치분석가로 자처하며 지정학적 분쟁을 전문적으로 다루었다. 특히 2011년 이스라엘과 이란 사이의 긴장이 고조되었을 때, 그는 이스라엘이 그해 6월까지 이란을 군사적으로 공격할 가능성을 70%로 예측하고 이를 공개한 것으로 크게 주목을 받았다. 그레그는 이 예측이 어떻게 도출되었는지는 밝히지 않았으나, 스위스은행의 다른 애널리스트들과 대화하는 가운데 일반적인 애널리스트들이 접근할 수 없는 비밀스럽고 독점적인 정보 출처와의 연결고리를 언급했다. 그는 예측 결과를 사람들 관심을 끄는 방식으로 전달하는 법을 잘 알고 있었다. 그의 미래 예측은 독보적인 정보 출처와 정확한 시간 프레임에 따른 시나리오로 인해 다른 이들의 예측보다 훨씬 창의적이고 실용적으로 느껴졌다.

그레그처럼 많은 매수측 애널리스트들도 자신의 이력을 위해 미래에 대한 대단한 설명을 내놓으려고 애쓰는데, 그러려면 적용 가능성보다는 독창성을 강조하는 정보 출처를 찾아내 작업해야 한다. 학술 출판물은 특이하고 놀라운 데이터를 제공할 수 있는 정보 출처 중 하나이다. 그러나 대부분의 독창적인 데이터는 스위스은행 외부 전문가들과의 개인적인 만남과 대화를 통해 수집된다. 스위스은행 같은 대형 브랜드 은행을 대표하는 애널리스트들은 전문가들과 대화할 기회가 많으므로 그 이점을 누린다. 스위스은행에서 근무하는 동안 정부 부처의 장관, 저명한 학자, 대기업의 CEO 등과 같은 전문가들과 함께하는 다수의 회의에 참여할 기회가 있었다.

이러한 회의에서 애널리스트들은 기존의 시장 데이터만으로는 얻을 수 없는 독특하고 가치 있는 정보를 찾으려고 노력한다. 그러나 문제는 애널리스트들은 적어도 이론적으로는 다른 시장 참여자도 이용할 수 있는 정보만을 사용할 수 있으며, 그렇지 않은 정보는 내부자 정보로 간주될 수 있다는 점이다. 스위스은행에서 제약 분야를 담당하는 애널리스트 크리스Chris는 자신의 개인 네트워크를 적극적으로 활용하여 자신의 투자 보고서 수신자를 늘리는 데 도움이 될 수 있는 독창적인 정보를 찾았다. 약학 박사이자 대학 연구원 출신인 크리스는 학계와 민간 제약 회사에서 근무하는 사람들과 폭넓은 네트워크를 가지고 있었다. 이러한 사람들을 정기적으로 만나면서, 특정 제약 회사의 실적에 영향을 줄 수 있는 최신 연구와 발견에 대해서 알 수 있었다.

그러나 크리스가 이 정보를 예측에 활용하려면 적어도 해당 정보가 과학 분야 학술지에 실리거나 공개적으로 논의된 내용이어야 한다는 조건이 충족되어야 했다. 특정 의약품의 테스트에 대한 최신 뉴스(예: 부작용 가능성이나 유망한 결과)가 공개되자마자, 크리스는 제약 분야에 대한 이 새롭고 놀라운 정보를 즉시 투자자들에게 제공했다. 이렇게 함으로써 그의 애널리스트로서의 가치는 급격히 상승했다. 그의 시의적절하고 독창적인 정보 제공 능력 덕분에, 크리스는 스위스은행 내에서 가장 인기 있고 존경받는 애널리스트 가운데 한 명으로 인정받게 되었다.

독창적인 데이터를 이용하는 것이 중요한데, 이를 통해 애널리스트와 투자자들이 금융시장의 움직임에 대한 구체적이고 독특한 시각을 형성할 수 있기 때문이다. 앞서 언급한 바와 같이, 독창성은 애널리스트의 업무에서 핵심적 요소인데, 이는 투자자들에게 독특한 관점을 제공함으로써 그들이 불확실하고 불안정한 금융시장에서 길을 찾는 데 도움이 되는 도구를 받았다고 느끼게 해주기 때문이다. 크리스의 이야기를 들음으로써 투자자들은 시장 동향에 대한 독창적인 해석을 얻게 되었으며, 이 해석을 받아들이거나 거부할 수 있었다. 따라서 그의 예측은 불확실한 시장 환경에서 기준점[5] 역할을 했으며, 다른 시장 참가자들이 각자가 수동적 존재가 아닌 주체적 존재라는 생각을 심어주었다.

Stories of Capitalism

Inside the Role
of Financial Analysts

제6장

투자 내러티브의 구성

The Construction of an Investment Narrative

현장 연구 첫 몇 주 동안, 마르코는 어떻게 시장 예측을 만들 수 있는지 알려주었다. 첫째로 그는 시장이 어떻게 작동하는지 "감feeling"을 가지는 시간을 가지라고 했다. "시간이 많이 걸리지만, 기본적으로 시장을 관찰하고 금융 신문과 다른 애널리스트의 보고서를 읽어야 한다"고 했다. 그는 내게 해줄 말을 생각하며 허공을 응시했고, 잠시 뒤 말했다. "당신도 알다시피, 그것은 단지 관찰하고 읽고 하는 건 아니다. 그것은 …" 그는 자신의 문장을 끝맺지 못했다. 그는 자신이 말하는 시장에 대한 감을 어떻게 개발할 수 있는지 말로 설명할 수 없는 것이 분명했다. "당신도 알다시피, 그것은 …" 그는 마치 부드러운 옷감을 비단인지 확인하려고 만져보는 듯한 동작을 했다. 그는 계속 말했다. "감은 훌륭한 애널리스트와 별로인 애널리스트를 구분한다." 그는 잠시 멈추더니 다시 웃음 지으며 말을 이었다. "당신은 사회인류학자니, 감을 잡는 데 큰 어려움이 없을 것 같다."[1]

나중에 마르코의 팀에서 일하는 애널리스트인 마이클에게 예측을 만드는 과정에 함께해 줄 수 있는지 물어보았을 때, 그는 처음에는 주저했다. 그는 예측을 만드는 것은 단계별 접근법으로는 배울 수 없고 개인적으로 시장을 관찰하면서 만들어지는 것임을 지적했다. 나는 그에게 경험이 많은 애널리스트가 계산적 접근법을 어떻게 다루는지 이해하는 것이 내게는 중요한 과업이라고 말했고, 그는 동의했다. 어느 날 아침, 마이클이 와서 자신이 예측을 만드는 것을 보기 원하는지 물었다. 마이클이 담당하는 회사 하나가 최근 재무 실적을 발표했고, 그는 회사의 재무 상태에 근거해 목표 주가를 조정할 예정이었다.

마이클의 자리로 가서 두 대의 컴퓨터 화면 중 하나에서 회사가 발표한 수치들을 살펴보았다. 다른 화면에는 이미 계산 공식이 입력된 스프레드

금융시장의 이야기꾼들

시트가 준비되어 있었다. 마이클은 먼저 회사의 분기 재무제표를 살펴보고 나서 그 수치들을 스프레드시트에 입력했고, 관련 계수들과 가능한 목표 주가들이 계산되었다. 숫자를 입력하면서 마이클은 다양한 공식의 결과를 살펴보았다. 그는 화면 속 결과들에 만족해 보였고, 대체로 자신의 감을 지지한다고 수시로 언급했다. 모든 수치를 입력한 다음, 그것들을 살펴보기 위해 잠깐 쉬면서, 다양한 계산법의 결과물을 어떻게 해석할지에 대해 생각했다. 5초 정도 화면을 응시하더니 그는 한숨을 내쉬었다. 마이클은 고개를 돌려 이들 계산 공식에 들어가는 추정치의 부정확성에 대해 이야기하기 시작했다. 잠시 뒤 그는 단호한 목소리로 말했다. "있잖아, "목표 주가는 가능한 낙관적으로 높게 정하고, 전체 시장에 대한 전망을 조금 수정하는 게 좋겠어. 특히 유망한 이 주식의 미래에 대한 내 감이 제대로 반영되도록."

마이클의 접근법이 보여주듯, 시장 예측을 구성할 때 감정적 측면이 매우 중요한 작용을 한다. 트레이딩도 마찬가지다(Lépinay and Hertz, 2005; Zaloom, 2006; 2009). 케인즈(Keynes, 1936)의 연구를 언급하면서, 잘룸(Zaloom, 2009: 245)은 금융시장에서 "지식이 확실한 근거를 가지지 못할 때 감정이 일어난다"고 말한다(Holmes and Marcus, 2005; Richard and Rudnyckyj, 2009의 연구도 참고하라). 마이클의 예가 알려주는 것처럼, 애널리스트가 미래를 예측할 때 감정과 계산은 긴밀하게 결합된다. 애널리스트들은 감정에 기초한 전략을 마음속에 정한 후에야 계산법 전략을 선택하는 경우가 많다. 마이클이 목표 주가를 추정하는 과정에서 확인할 수 있는 것처럼, 계산적 접근법은 애널리스트들이 시장의 감market feeling이라 부르는 감정적 요소와 결합되어 사용된다. 숫자와 전략적 전망 사이의 상호작용은 복잡하고 긴밀하게 얽혀 있다. 재무분석에서 숫자의 역할은 세 가지 양태를 취한다. 첫째, 숫자는 애널리스트들에게 현재와 미래의 회사 상태를 말해 주는 순수한 신호로 이해될 수 있다. 이는 정보를 경제의 미래를 상상하는 근거로 여기는 경제적 관점에 해당한다. 둘째, 숫자는 감정적으로 미리 만들어진 가정들affective assumptions을 확증하는 데 사용될 수 있다. 이는 애널리스트들이 데이터 마이닝data mining이라고 부르는 것이다. 이는 애널리스트들이 회사, 산업, 지역의 미래 전망을 수립한 다음, 미리 정해진 이러한 감을 뒷받침하는 수치 자료를 탐색하기 시작하는 것이다. 셋째, 숫자는 전문성을 보여주는 수단으로 사용될 수 있다. 이 경우 숫자는 내러티브 구성에 전혀 기여하지 않는다. 그 대신 숫자는 애널리스트들의 전문가로서의 역할을 강조하는 목적으로만 사용된다.

숫자의 다른 사용 방식은 애널리스트들이 주가수익배수P/E ratio를 활용하는 데서 그 예를 살펴볼 수 있다. 주가수익배수는 해당 회사의 주가P: price와 이익E: earnings을 비교하는 것으로, 단순하게 말하면, 주식 하나당 주어지는 회사의 이익에 대해 투자자들이 얼마나 지불하는지 계산하는 개념이다. 주가수익배수의 매력은 무척 단순한 척도를 제공한다는 점이다. 한 회사의 주가수익배수가 23.5라면, 이 회사의 이익 1달러당 투자자들이 23.5달러를 지불한다는 뜻이다. 다른 회사는 이 비율이 11.2라고 하자. 이는 이익 1달러당 투자자들이 11.2달러를 지불함을 뜻한다. 주가수익배수를 가치평가 방법으로 이용하는 애널리스트는 뒤의 회사가 앞의 회사보다 더 싸다고 말할 것인데, 그 이유는 회사가 벌어들이는 이익에 대해 더 작은 금액을 지불하기 때문이라는 것이다.

주가수익배수는 어떤 애널리스트들에게는 분석의 출발점이 되지만, 또 어떤 애널리스트는 이를 완전히 무시한다. 한번은 스위스은행에서 패트릭과 토비아스가 기본적 분석에서 이 비율을 사용하는 것에 대해 시끄러운 논쟁을 벌였다. 매우 영리하고 야심찬 애널리스트로서 여러 산업 분야에 속한 회사들의 가치평가를 맡은 패트릭은 대개 분석의 출발점으로 주가수익배수를 사용했다. 이 비율이 10보다 낮다면, 이는 그 회사 주식을 사라는 초대장이라고 그는 말한다. 이 비율이 높은 회사, 즉 비싼 회사의 주식을 사는 것보다 더 많은 돈을 벌게 된다는 것이다. 토비아스는 동의하지 않았다. 그는 주가수익배수가 회사의 가치에 대해 많은 것을 알려주지 못한다고 주장한다. 지금은 돈을 못 벌지만 확실한 아이디어나 유망한 연구개발 결과를 자본으로 가지고 있는 회사를 인용했다. 이런 회사들의 주가수익배수는 100배 이상이 되기도 하지만 미래에는 큰돈을 벌 수 있다는 점을 지적했다. 패트릭은 "2000년대 초반을 말하는 것이냐"며 비꼬듯 말했다. 이는 닷컴 버블dotcom bubble을 지칭한 것으로, 당시 이익이 나지 않는 회사들의 주식이 매우 높은 가격에 거래되다가 결국에는 주가가 폭락했었다. 두 애널리스트는 웃었다. 그들의 논쟁이 너무 시끄러워서 다른 애널리스트들을 불러들였고, 다들 자기 견해를 밝히기 시작했다. 크리스는 주가수익배수가 다른 산업 부문의 회사들과 비교하는 데는 도움이 되지 않을 수도 있지만 단일한 산업 부문 내에서는 싼 가격에 거래되는 주식을 찾는 데 유용하다고 말했다. 한동안 찬반 의견들이 오간 뒤 그들은 애널리스트는 자신의 업무에서 주가수익배수 사용 여부나 사용 방식을 스스로 결정해야 한다는 데 동의했다.

패트릭과 토비아스의 논쟁은 시장 변화를 해석할 때 숫자를 사용하는 방식이 다를 수 있다는 점을 드러낸다. 토비아스에게 주가수익배수는 숫자로부터 바로 해석이 도출되는 것이 결코 아닌 반면, 패트릭은 예측을 생산하는 데 이 비율을 바로 사용했다. 패트릭 같은 애널리스트들에게 주가수익배수는 단지 계산적 접근법일 뿐만 아니라 시장을 읽는 특정 신호를 포함하는 것이기도 했다. 이 비율의 중요성을 강조함으로써, 패트릭은 미래에 가능한 수익을 추정한 값들보다는 현재의 이익을 더 신뢰할 수 있다는 자신의 견해를 주장한 것이다. 패트릭에게 이 비율은 시장 변화의 감을 잡기 위해 구성하는 내러티브의 출발점이 되었다.

숫자를 이용하는 두 번째 방식은 계산적 접근이 아니라 감정에 기초하는 내러티브를 뒷받침하기 위한 것이다. 애널리스트들은 자신이 이미 가지고 있는 감을 지지하는 수치들을 탐색하는 과정을 데이터 마이닝이라고 부른다. 이를 위해 애널리스트들은 공개적으로 확보할 수 있는, 예를 들어 UN 및 UN 전문기구들UN Specialized Agencies 또는 블룸버그나 로이터 같은 금융 정보 서비스 회사들이 제공하는 데이터를 이용한다. 이들 금융 서비스 회사들은 내재가치 계산에 사용되는 일반적인 자료 범주를 넘어서는 특별한 데이터를 공급한다. 예를 들어 블룸버그를 이용하면, 애널리스트들은 회사의 (이익, 성장, 배당 같은) 재무 자료, (종업원 수나 주주의 수 같은) 회사의 구조, 또는 회사의 뉴스 정보들을 볼 수 있다. 또한 회사가 영업하는 지역이나 산업의 환경, 과거 스캔들이나 소송 사건들, 환경 및 사회적 책임에 대한 헌신 등에 관한 자료에도 접근할 수 있다. 결국 애널리스트들은 데이터 마이닝을 위한 자료를 거의 무제한으로 가지는 셈이다(Mars, 1998 참고).

기존 자료로부터 미래 시나리오를 구성할 때, 종종 애널리스트는 시계열time series 자료를 다루게 된다. 시계열 자료는 과거 추세를 시각적으로 보여주며 따라서 가능한 미래 시나리오를 추측할 수 있게 해준다. 이 접근법 역시 자료가 너무 많아서 애널리스트는 자신이 구성한 미래 예측을 지지하는 자료를 거의 언제나 찾아낼 수 있다. 또한 내러티브를 시각화할 때 자료가 사용되는 방식 자체에 대해서는 애널리스트가 비판하거나 토의하는 경우가 거의 없다. 데이터 마이닝은 특정한 방식으로 해석되는 숫자들을 이용하여 애널리스트의 내러티브를 매우 풍부하게 만들어준다. 데이터 마이닝에서 대개는 창조성이 비판적 평가보다 더 중요하다. 일단 애널리스트가 내러티브를 수립하면 그 견해와 배치되는 자료는 무시하고 부합되는 자료는 강조하는 경향이 있다(행동경제학자는 이를 확증편향(confirmation bias)이라고 부른다].

내러티브 구성의 기초

계산calculation과 감정affect에 더해, 도박 전략gambling strategies이 애널리스트가 주가 전개를 예측하는 것을 도와준다. 도박 전략은 예측과 도박 간에 유사성이 있다는 가정에 근거한다. 이 유사성은 애널리스트가 시장 변화를 예측할 때 분명해진다. 애널리스트들은 시장에서 플레이하고playing the market 어떤 주식에 베팅을 한다betting on a stock는 식의 표현을 자주 사용한다. 애널리스트들의 대화에 사용되는 언어에는 그런 식의 비유들이 만연해 있는데, 특히 매도측 애널리스트들의 보고서에 특징적으로 나타나는 경우가 많다. 그러나 도박 언어gambling language는 애널리스트가 투자자와 이야기할 때는 잘 사용하지 않는데, 자신들이 투기가 아닌 정교하게 계산된 투자를 촉진한다는 전제와 자신들의 전문성을 무너뜨릴 수 있기 때문이다. 그 결과 애널리스트가 자기들끼리 사용하는 언어와 투자자와 의사소통할 때 사용하는 언어는 큰 차이가 있다.

애널리스트들이 보고서를 작성할 때 도박 전략을 언급하기를 피하는 한 가지 이유는, 보고서가 일단 공표되면 자산관리 업무자나 고객들뿐만 아니라 종종 기자들 사이에서도 유통되어 읽히기 때문이다. 예측이 공표되고 나면 정보의 접근을 통제하기 어렵다. 그러므로 애널리스트들은 문서화되는 경우에는 도박 언어 사용이나 감정에 기초하는 언급을 피하라고 조언받는다. 애널리스트들이 구두로 자산관리 업무자나 고객들과 접촉하는 경우는 그렇게 조심할 필요는 없다. 사실, 일부 투자자들 사이에서는 시장 예측을 구성할 때 감정이나 도박 전략을 사용한다는 것이 공공연한 비밀이다. 어떤 투자자들은 특정 애널리스트의 감을 신뢰하거나 또는 그 애널리스트가 도박 전략에 따라 시장을 이길 것이라고 생각하기 때문에, 바로 그 애널리스트와 거래하고 싶어 할 수도 있다.

시장 예측의 성공과 실패에 대해 애널리스트들과 이야기할 때면, 그들은 미래를 예측하는 일의 어려움을 설명하기 위해 "때로는 이기고, 때로는 진다"는 문구를 자주 사용했다. 이러한 말이 보여주듯, 그들은 자신들의 시장 실무를 과학적 과정처럼 엄밀하게 알지는 못한다. 비록 자신들의 투자 보고서 수령자들에게는 과학적 방법론을 제시하고 있지만 말이다. 마이클이 어떻게 예측에 이르는지를 처음으로 필자에게 알려주었을 때, 그는 장난처럼 자신의 서랍을 열어 스위스은행의 다른 애널리스트로부터 선물로 받은 주사위를 보여주었다. 그 주사위 각 면에는 점 대신 단어들이 새겨져 있었다. 사라, 가지고 있어라, 팔아라. 마이클은 주사위를 잡고 던진 후 농담처럼 말했다. "이게 바로 내가 예측하는 방법이죠."

애널리스트의 예측은 투자 전략을 명료화시키는 데 이용되는 연상 문구들mnemonics을 통해 수립되기도 한다. 좋은 애널리스트가 되는 황금률은 한 가지 전략에 집중하는 것이라고(5장에서 묘사한 것처럼 교과서들도 동일한 황금률을 포함하고 있다) 종종 애널리스트들은 말해 주었다. 일상적으로 채택되는 전략은 "추세는 당신의 친구다" 또는 "싸게 사서 비싸게 팔아라" 같은 연상 문구들에 의해 지지된다.[2] "추세는 당신의 친구다"라는 연상 문구는 장기 추세와 관계없이 현재의 시장 추세로부터 이익을 얻는 전략을 사용해야 한다는 것이다. 만약 애널리스트가 "싸게 사서 비싸게 팔아라"라는 투자 전략을 따른다면, 애널리스트가 처음 형성한 기대와 다른 단기적 추세들에는 개의치 않는 것이 중요하다고 강조하는 것이다.

스위스은행의 애널리스트들은 이러한 연상 문구들이 시장에게 농락당하는 것을 피하는 데 도움을 준다고 자주 말했다. 그래서 어떤 이들은 실제의 시장 전개와 상충되는데도 불구하고 계속 자신들의 전략을 고수하기도 한다. 하나의 전략을 지속하는 것을 지나치게 선호하는 것과 관련해 다소 비극적인 사례가 있다. 세바스티앵은 솔라리스Solaris라는 태양열 에너지 회사의 주식을 특별히 좋아했다. 대체에너지 산업 분야를 담당하는 세바스티앵은 거의 모든 보고서와 미팅에서 솔라리스를 언급하며 수년 내에 가치가 크게 증가할 매우 유망한 주식이라고 말했다. 그러나 2011년에 솔라리스 주가는 곤두박질하기 시작했다. 은행의 자산관리 업무자들과 접촉하는 몇몇 상급자 애널리스트들이 솔라리스 주식을 매수 추천 종목에서 중립 내지 매도 추천 종목으로 강등시키도록 압력을 가했음에도 불구하고, 세바스티앵은 그 주식에 대한 자신의 긍정적 전망을 수정하지 않을 것임을 분명히 밝혔다.

세바스티앵에게 그 이야기를 하자 그는 시장이 애널리스트의 감과 반대로 움직이는 것처럼 보일 때면 기존 전략을 고수하는 것이 더욱 중요하다고 말했다. 그는 싸게 사서 비싸게 판다는 전략을 확실하게 적용했기에 자신이 보기에 단기적인 시장 교란 요인을 수용하려 들지 않았다. 2011년 솔라리스 주가는 125달러였다. 2012년 주가가 거의 10달러까지 떨어지자, 솔라리스를 보유하던 자산관리 업무자들과 고객들은 세바스티앵에게 설명을 요구했다. 그는 자신도 그 손실에 대해 알고 있으나, 이 회사는 매우 유망한 회사이므로 미래에 언젠가는 손실을 다 만회할 것으로 기대된다고 말했다. 2012년 봄 자산관리 업무자들과 고객들로부터의 압력이 거세졌고, 결국 세바스티앵은 자신의 잘못된 진단에 대해 부서장 징계를 받았다.

세바스티앵 이야기는 애널리스트들이 한번 정해진 전략을 계속 고수하려고 얼마나 극단적이 될 수 있는지 보여준다. 세바스티앙이 분명히 말했듯이, 그의 전략에서 벗어나는 것은 시장에 뒤처지는 것이며 시장 내에서 자신의 주체성과 권위를 상실함을 의미했다. 이처럼 하나의 전략을 고수하는 모습은 카지노에서 언제나 붉은색 또는 홀수에 돈을 거는 도박자들을 연상시킨다(Loussouarn, 2010; see all contributions in Cassidy, Pisac and Loussouarn, 2013). 이는 불변하는 전략을 고수함으로써 시장을〔또는 카지노에서는 도박장(bank)을〕 능가할 수 있다는 환상을 표현하는 것이다.

시장 행동을 도박 행동과 유사한 것으로 이해함으로써 주체성을 형성하는 것은 실제 내기로 실현되기도 한다. 때때로 애널리스트들은 금융시장의 미래에 대해 서로 내기를 건다. 그렇게 함으로써 자신의 전략에 대한 확신을 강조한다. 모든 애널리스트는 주식시장 예측에 계산할 수 없는 요소들이 있다고 동의한다. 따라서 좋은 애널리스트가 되기 위해 그들은 기대를 시험하고 전략을 개발할 수 있는 환경을 만들어내야 한다. 서로 내기하는 것은 전략을 시험하는 한 방법이고 개인적으로 주식시장에 참여하는 것 역시 또 다른 방법이 된다. 물론 애널리스트 자신이 직접 투자하는 것은 문제가 많으며, 따라서 스위스은행 내에서 법적으로 금지된다. 애널리스트들은 이러한 제약에 적대적이며, 직접 주식시장에 참여하는 것은 자신들의 전략을 검증하는 중요한 방법이라고 주장한다. 예를 들어 마르코는 애널리스트는 직접 주식 투자를 해야 한다고 확신했다. 그는 게임에 참여하는 것만이 시장의 감을 개발하는 가장 확실한 방법이라고 주장했다.

스위스은행의 재무분석 부서에 도박 기반 또는 연상 문구 기반 전략들이 만연한 것은 애널리스트 직업의 불확실성 면모가 어느 정도인지를 강조해 알려주는 것이다. 이러한 불확실성을 극복하기 위해 애널리스트들은 시장 변화를 이해하는 데 도움이 되는 전략들에 의존한다. 도박 전략과 연상 문구들은 투자 내러티브가 생성되고 다시 확증되는 기초적 논리다.[3]

도박 비유와 연상 문구들에 더해 강력한 자유시장 내러티브[4]가 있는데, 이는 나침반 역할을 하며 애널리스트들이 전략을 수립하여 투자 내러티브로 변환하는 방식에 영향을 준다. 자유시장이 더 우월하다는 개념은 분석의 구조를 결정짓고 애널리스트가 현재 상황을 해석하는 것을 보좌하는 이데올로기적 기초로 작용한다. 이러한 이데올로기적 틀의 존재가 일반적으로 애널리스트들이 자본주의의 무비판적 수호자라는 것을 의미하지는 않는다. 현재의 경제 문제를 토론할 때, 애널리스트들 중 일부가 얼마나 비판적인지 종종 놀라곤 했다. 그러나 시장에 대한 분석에 있어서는 모든 종류의 규제를 명백히 나쁘다고 생각한다는 것이 분명했다.

이러한 태도와 마찬가지로 애널리스트들은 일반적으로 정치적 영역에 종사하는 사람들에 대해 회의적인 시각을 보인다. 많은 애널리스트는 시장을 규제하려는 대부분의 노력이 시장 작동 방식의 이해 부족에 기인한다고 가정한다. 이러한 모습들은 호(Ho, 2009)가 말한 똑똑함의 문화culture of smartness를 보여주는 것이다. 똑똑함은 교육 및 금융기관 종사자 채용 시 핵심 개념이기에, 애널리스트는 다른 모든 시장 참가자(특히 규제자)의 행동을 이해의 부족에 기인하는 것으로 판단하는 경향이 있다. 정치적 전개 political developments의 이해가 자신들이 직면하는 불확실성을 감소시킬 수 있다는 사실에도 불구하고, 시장 규제에 대한 적대적 견해는 애널리스트들로 하여금 자신들의 분석에서 정치적 전개 상황을 무시하도록 만든다. 이것은 신자유주의적 사고의 규범적 요소를 드러내는데, 이 세계관은 자유시장이 효율과 성장을 촉진하고, 규제는 경쟁을 왜곡시킨다고 본다.

실적 공시 시즌: 내러티브로 번역하기

자신의 직업을 묘사하라고 하면, 애널리스트는 대개 실적 공시 시즌reporting season이라 불리는 특별한 시간틀에서 행해지는 몇몇 과정에 대해 설명한다. 실적 공시 시즌이라는 용어는 회사가 연간 네 차례 분기별로 재무 실적을 공표하는 기간을 지칭한다. 재무적 달력은 네 분기로 나눠지고 주식거래소에 상장된 회사들은 매 분기 말 자신들의 재무 실적을 공표한다. 1분기는 (Q1으로 지칭되고) 1월부터 3월까지, 2분기는(Q2) 4월부터 6월, 3분기는(Q3) 7월부터 9월, 4분기는(Q4) 10월부터 12월까지다. 실적 공시 시즌은 매 분기 말 시작되어 약 한 달간 지속된다. 이 기간 동안 회사는 분기별 재무 실적을 보고하고, 애널리스트는 이를 이용해 기업가치를 평가한다. 실적 공시 시즌은 종종 애널리스트들이 자신의 투자 조언을 변경하고 시장 예측을 수정하는 시간이 된다. 예를 들면 어떤 주식의 등급을 중립에서 매수 추천 또는 매도 추천에서 중립으로 상향할 수도 있고, 매수 추천에서 중립 또는 중립에서 매도 추천으로 하향할 수도 있다.

분기 말 직전과 이후 몇 주간은 재무분석 부서의 업무량이 폭증한다. 이 기간에는 휴가도 안 되고 병결도 거의 받아들여지지 않는다. 애널리스트는 자신이 담당하는 회사가 실적을 발표하는 날을 미리 안다. 특히 이러한 날들에는, 그리고 전반적으로 실적 공시 시즌 동안 애널리스트들은 회의, 비즈니스 점심, 프로젝트 관련 업무와 같은 다른 모든 활동을 최소화하려 한다. 실적 공시 시즌이 주식의 기본적 분석가들에게는 매우 중요한 반면, 어떤 재무분석 부서에는 전혀 영향을 미치지 않기도 한다. 예를 들어 외환 및 상품 애널리스트들은 실적 공시 시즌에 관심이 없다. 이들의 "펀더멘털fundamentals"은 기업들의 분기 실적이 아니라 중앙은행의 개입이나 정치적 갈등, 사회 및 환경적 사건들로 만들어진다. 그리고 스위스은행 재무분석 부서에서 상당한 비중을 차지하는 IT 팀의 일상적 업무 역시 실적 공시 시즌의 영향을 별로 받지 않는다.

주식의 가치평가 과정에 관여하지 않는 재무분석 부서의 직원들은 실적 공시 시즌이 주식시장 애널리스트들에게 얼마나 중요한지 알지 못했다. 이것은 필자가 이 부서에서 일하는 동안 정기적으로 갈등을 일으켰다. 예를 들어 2011년 여름, 필자는 스위스은행 재무분석 부서의 내부망 사이트intranet sites를 업데이트하는 대규모 IT 프로젝트에 참여했다. 당시 내부망에 표시되는 시장 데이터는 불완전했고, 때로는 고객들에게 지난 시점의 주식 가격을 보여주기도 했다. 게다가 재무분석 부서의 관리자들은 고객들에게 추가적인 자료, 특히 기업의 사회적·환경적 성과 정보를 제공하기로 결정한 터였다. 프로젝트 준비 단계 동안, IT 팀이 프로젝트 일정 관리를 담당했다. 펀더멘털(기본적) 애널리스트들의 큰 불만에도 불구하고, IT 팀은 가을 실적 공시 시즌에 새로운 내부망 페이지의 테스트 일정을 계획했다. 애널리스트들은 가을 실적 공시 시즌 동안 너무 바쁘기 때문에 회사 시스템에서 제공하는 정보만을 이용할 수밖에 없다고 일정 계획에 항의했다. 그들은 실적 공시 시즌이 자신들에게 가장 중요한 시기이며, 담당 회사들이 발표하는 숫자와 새로운 정보에 전적으로 집중해야 한다고 강조했다.

애널리스트들은 자신들의 업무량을 극적으로 표현하기 좋아하지만, 그들의 항변은 결코 과장이 아니었다. 평소에도 그들의 업무 시간은 매우 길지만, 실적 공시 시즌에는 더욱 길어지기 때문이다. 로랑은 생명기술biotech 산업 분야를 담당하는 33세 애널리스트였는데, 대개 아침 7시 30분이나 7시 45분에 출근했다. 그러나 실적 공시 시즌에는 결코 7시를 넘기지 않았다. 담당 회사가 실적을 발표하는 날에는 특히나 빨리 출근했다. 회사들은 보통 지역 증권거래소가 개장하기 전에 수치를 발표한다. 따라서 스위스에서는 대개 아침 7시에서 8시 사이에 보고하게 된다. 이러한 관행은 시장이 개장하는 오전 9시 이전에 애널리스트들이 가치평가를 검토할 충분한 시간을 주기 위한 것이다.[5] 보고된 수치들을 처리하는 전체 과정은 협업으로 수행되지만, 담당 업무는 철저하게 분담된다. 수치들을 수학적 모형에 결합시키는 업무는 주로 명성이 부족한 애널리스트들, 예를 들어 인도 뭄바이에 있는 KPO* 애널리스트들이나 취리히의 인턴들에게 맡겨지는 경우가 많다. 수치를 입력하고 계산하는 일은 경험이 부족한 애널리스트가 담당하고, 경험이 많은 애널리스트는 수치 결과를 해석하고 설득력 있는 이야기를 구성한다. 그들은 계산, 감정, 규범적 가정들에 기초하는 전략들을 투자자와 의사소통 가능한 내러티브로 번역한다.

오전 9시, 주식시장 거래가 시작되면, 발표된 수치 자료와 그것이 미래 주가에 좋은 신호인지 나쁜 신호인지에 대해 의사소통하기 시작한다. 애널리스트들은 평소에도 시장 전개에 대한 전망을 시도하므로, 좋은 수치나 나쁜 수치 발표만으로 주가가 오르고 내리는 것은 아니다. 만약 애널리스트들이 높은 수익을 기대한 가운데, 회사가 높은 수익 실적을 발표한다면, 그 수익은 이미 가격에 반영되어 있다. 따라서 높은 수익 실적을 발표해도 주가에 아무런 영향을 미치지 못한다. 실적 공시 시즌 동안 주식시장이 실제로 영향을 받는 것은 애널리스트들의 기대와 발표된 실적 사이에 큰 차이가 있는 경우다. 때로는 회사가 높은 실적을 발표해도 주가는 하락할 수 있다. 이는 애널리스트들이 더 높은 실적을 기대하고 있었기 때문이다(반대의 경우도 가능하다). 이런 경우 언론은 "실적이 애널리스트들의 기대를 넘어섰다"고 하거나 또는 "발표된 실적에 애널리스트들이 실망했다"고 표현한다.

분기별 재무 실적 전망은 매도측 분석 보고서에 의해 만들어지는 경우가 많다, 전반적인 경제 전망이나, 실적 발표 전에 입수 가능한 공개 정보나, 과거 발표된 보고서 자료에서 예상되는 추이 등을 이용하여 실적을 미

---

* KPO(Knowledge Process Outsourcing)는 연구나 데이터분석 등의 지식 업무를 아웃소싱하는 것을 말한다 — 옮긴이.

리 추정하는 것이다. 보통 매도측 애널리스트들은 그런 추정을 매우 적극적으로 보고하지만, 스위스은행의 애널리스트들은 훨씬 더 신중한 편이었다. 회사가 실적을 발표하기 전에 투자 추천을 변경하는 경우는 드물었다. 한번은 어떤 애널리스트가 그런 이유 하나를 말해 주었는데, 사전적인 의견 공표prereporting가 개별 투자자들에게는 투기적인 것으로 비춰질 수 있기 때문이라고 한다. 이곳 스위스은행의 애널리스트들은 자신들의 추천에 의존하는 고객 투자자들이 시중에서 이미 돌고 있는 추정치나 소문으로부터 이익을 얻을 수 없게 됨에도 불구하고 실적이 공표되기까지 기다리는 것을 선호했다.

기업 보고서

스위스은행의 애널리스트들은 자신들의 시장 예측을 구두 조언이나 이메일뿐만 아니라 좀 더 제도화된 방식으로 의사소통하기도 한다. 제도적 형식 가운데 가장 잘 확립된 것은 기업 보고서company report이다(기업 보고서 예를 위해서는 〈그림 6-1〉과 〈그림 6-2〉를 보라).[6] 애널리스트들은 자신이 담당하는 회사가 자료를 공표하거나 전략을 변경할 때마다 기업 보고서를 작성하게 되어 있다. 기업 보고서는 실적 보고 및 각종 시장 자료와 함께 해당 회사의 주가가 미래에 어떻게 전개될지 아이디어를 제공하는 투자 조언을 포함한다. 기업 보고서 내용은 애널리스트들이 회사나 경제 전체 및 금융시장의 미래에 대한 자신들의 비전을 어떻게 해석하고 의사소통하는지를 보여준다. 그러나 무엇보다도 투자자를 설득하도록 만들어진 일관된 투자 내러티브를 어떻게 애널리스트들이 구성하고 의사소통하는지를 잘 보여준다. 기업 보고서에서 애널리스트는 문자뿐만 아니라 그림이나 차트, 표를 이용하기도

그림 6-1 기업 보고서 예시(첫 페이지)

SWISS BANK

Zurich, 25 April 2013
Food Products
Investment Horizon: 6-12+ months
Marcel Meier, Research Analyst
marcel.meier@swiss-bank.ch

Company Report

Eat-A-Lot Inc.
Strongest growing food products company

Eat-A-Lot is increasingly an emerging market story

Eat-A-Lot is one of the world's largest food products and household & personal care manufacturers with a strong product portfolio and especially the highest emerging market exposure. Over the past few quarters - admittedly some excellent ones - however we have gained confidence that CEO Samuel Burger has started to turn around the company. Our positive view is based on our expectations that Eat-A-Lot will be able to grow sustainably by 3%-5% and further expand its CFROIs to 20%-25% levels.

Expected built-up of a valuation premium vis-à-vis the industry

With another few adjustments to our model, our new target price is EUR 34. It was derived using our DCF model with a 4.5% real cost of capital. Relative to the global food products industry, we now think the valuation gap should further narrow and superior emerging market growth warrants a valuation premium. On the basis of that, we maintain our BUY recommendation.

Eat-A-Lot's organic sales growth pattern seem intact

In its trading statement, Eat-A-Lot reported Q1 2013 organic sales growth of 4.9% which was driven by 2.2% volume growth and price increases of 2.6%. This was slightly weaker than we had anticipated but the strongest in the industry, and therefore does not challenge our investment thesis on Eat-A-Lot, especially as the price/volume mix was fairly pleasing, in our view. Also, though not an excuse, we have to admit that the comparable base of Q1 2012 was fairly high. Regionally, Emerging Markets (+10.4%) grew still outstandingly strong, and the weak spot once again was Western Europe where organic growth was disappointing -3.1% on the back of -2.5% volume growth and price cuts (-1.0%). No formal outlook statement was provided.

Current price: EUR 32.21 / target price: 34.00

BUY Upside potential 5.6%

Highlights

- Eat-A-Lot is increasingly an emerging market story.
- Expected built-up of a valuation premium vis-à-vis the industry.
- Eat-A-Lot's organic sales growth pattern seen intact.
- Eat-A-Lot's food and HPC portfolio is further gaining traction.
- Organic growth to drive operating profit margins.
- Eat-A-Lot faces key challenges to be substantially more successful.

Eat-A-Lot, historical performance

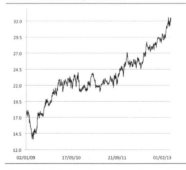

Source: Swiss Bank. Any reference to past performance is not necessarily indicative of future results.

그림 6-2 **기업 보고서 예시**(두 번째 페이지)

Valuation			
Fiscal year-end 12/2013	2012A	2013E	2014E
EPS (EUR)	1.82	1.98	2.12
P/E	n.a.	16.3	15.2
Dividend per share (EUR)	97.00	1.00	1.05
Dividend yield	n.a.	3.1%	3.3%
Book value / share	n.a.	6.4	n.a.
Source: Swiss Bank			

Eat-A-Lot's food and HPC portfolio is further gaining traction

We have been repeatedly positively surprised by the volume trend progression Eat-A-Lot has demonstrated in many of the past quarters, though we think it was also helped by increases in advertising & promotion expenses. Moreover, we believe that CEO Samuel Burger has significantly improved the quality and the growth profile of Eat-A-Lot's product portfolio, also with respect to brand positioning. This should sustain organic growth in Eat-A-Lot's core regions.

Income statement			
EUR m	2012A	2013E	2014E
Net sales	49,383	52,161	54,658
Sales growth	6.3%	5.6%	4.8%
EBITDA	8,620	9,262	9,869
EBITDA-margin	17.5%	17.8%	18.1%
Net income	5,001	5,415	5,802
Source: Swiss Bank			

Organic growth to drive operating profit margins

We now think that Eat-A-Lot's strong organic growth should drive margin progression of at least 20 bp per year, though we continue to believe that Eat-A-Lot's operating profit margins are vulnerable with respect to input costs. Our forecasts for core operating margins are 14.3% for 2013 and 14.5% for 2014. We believe Eat-A-Lot will need to further boost advertising & promotion spending to maintain its market shares and further strengthen its brands to offset cost pressure.

Cash flow statement			
EUR m	2012A	2013E	2014E
Cash flow from operations	6,718	7,200	7,649
Cash flow (before dividends)	5,308	5,715	6,095
Total capex	1,580	1,669	1,749
Capex/sales	3.2%	3.2%	3.2%
Source: Swiss Bank			

Balance sheet			
EUR m	2012A	2013E	2014E
Operating cash	988	1,043	1,093
Net Working Capital (NWC)	-2,515	-2,67	-2,784
Net Property, Plant & Equipment (PP&E)	8,975	9,596	10,252
Total assets	47,438	51,558	54,637
Common equity	18,096	20,706	22,298
Net debt	5,719	2,814	934
Net dept/equity	0.3	0.1	0.0
Source: Swiss Bank			

Eat-A-Lot faces key challenges to be substantially more successful

Eat-A-Lot currently generates about 54.4% of sales (2013E) in emerging markets, particularly with household & personal products, and is extremely successful there, particularly in terms of product positioning. In Western Europe, however, although it has made some progress over the past few quarters with respect to market shares, the situation remains very challenging as consumer sentiment is subdued and is likely to remain so. However, we acknowledge the excellent track record Samuel Burger has and the excellent work he has done at Eat-A-Lot, but we stick to our earlier view that even he will need much more time to completely turn around Eat-A-Lot in Europe and introduce true innovation and blockbusters to boost Eat-A-Lot going forward.

Relative to industry benchmark

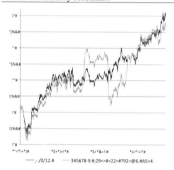

Source: Swiss Bank. Any reference to past performance is not necessarily indicative of future results.

Disclosure: Swiss Bank does and seeks to do business with companies covered by its financial analysts. As a result, investors should be aware that the firm may have a conflict of interest that could affect the objectivity of this report. Investors should consider this report only as a single factor in making their investment decision.

한다. 이를 통해 그들은 호소력 있고 정교해 보이는 보고서를 생산한다.

시각적 호소

디자인은 기업 보고서의 가장 중요한 기능을 드러낸다. 보고서 독자들은 아마도 가장 먼저 투자 추천(〈그림 6-1〉과 〈그림 6-2〉의 견양 보고서에 "BUY(사라)"가 큰 글자로 적힌 것)을 주목하게 될 것이다. 스위스은행의 애널리스트들은 매수buy, 중립hold, 매도sell 세가지 추천 선택지를 가진다. 매수 추천은 애널리스트가 해당 주식의 가격이 오를 것으로 생각한다는 것이고, 따라서 투자자에게 그 주식을 사라고 추천하는 것이다. 매도 추천은 투자자더러 주식을 팔라고 조언하는 것이다. 중립 추천은 애널리스트가 당분간 주가가 크게 변하지 않을 것으로 예상한다는 것이다. 따라서 해당 주식을 이미 보유한 투자자는 계속 가지고 있고, 아직 사지 않은 투자자는 사지 말라고 조언하는 것이다.

투자 조언에 사용하는 용어들은 기관들마다 다르다. 다른 애널리스트들은 매수 추천의 뜻으로 비중 확대overweight, 매도 추천의 뜻으로 비중 축소underweight라는 용어를 선호하기도 한다. 어떤 경우는 좀 더 구체적인 범주를 이용하는데, 강력 매수strong buy나 강력 매도strong sell 등으로 표현하기도 한다. 투자 추천을 좀 더 정교하게 보이도록 만들기 위해, 스위스은행의 보고서들은 상방upside 또는 하방 가능성downside potential 등으로 표현하기도 한다. 세 개 항목 분류 방식 외에도 백분율(%) 상방 가능성percentage upside potential을 표시함으로써 독자들은 미래의 투자 승패를 상상할 수 있다.

투자 추천과 목표 가격 외에도 보고서 첫 페이지에 두드러져 보이는 하이라이트로서 여섯 개의 점 항목bullet points*이 있다. 여섯 개 점 항목은 애널리스트의 보고서 스토리 라인 특성을 편리한 방식으로 나열한 것이다.

〈그림 6-1〉과 〈그림 6-2〉에서 볼 수 있듯이, 이들 여섯 개 항목은 특정 자료나 계산 전략을 포함하지는 않는다. 그보다는 보고서 수령자들이 전체 스토리를 파악하는 데 중점을 둔다.

기업 보고서는 출간되기 전에 적어도 두 명이 검토한다. 첫 번째 검토자는 언제나 다른 애널리스트가 되는데, 내러티브가 일관적인지 점검한다. 두 번째 검토자는 애널리스트가 아닌 편집 및 의사소통 전문가가 맡는다. 스위스은행에 있던 2년 동안 많은 경우 두 번째 검토자들과 애널리스트들은 서로 의논하면서 보고서 제목과 여섯 개의 점 항목 내용을 바꾸곤 했다. 대개 편집 및 의사소통 담당 검토자들은 제목과 점 항목 내용이 보고서에서 가장 중요한 요소라고 주장하지만, 모든 애널리스트가 그런 보고서 작성법과 내러티브 표현법을 채택하는 것은 아니다.

특히 박사학위 취득 후 스위스은행에 들어온 애널리스트들은 분석 내용을 단순한 주요 요점highlights 방식으로 분해하는 것에 문제를 느끼곤 했다. 한번은 세바스티앵이 자신은 복잡한 정보를 항상 단순한 언급으로 축소시키는 방식이 불편하다고 말한 적이 있다. 대학에서는 복잡한 정보를 단순화시키는 훈련을 하지 않지만, 시장경제에서는 복잡한 정보를 단순한 시장 신호로 축소하는 것이 전부라고 주장했다. 또 다른 애널리스트인 패트릭의 경우는 복잡한 이슈를 표현하기 위해 단순한 문장을 만드는 것에 어려움을 겪지 않았다. 단순한 문장을 잘 만드는 능력을 가진 애널리스트들은 이러한 점을 들어 박사 출신들을 깎아내리는 근거로 삼곤 했다. 예를 들어, 패트릭은 박사는 전문성을 획득하는 좋은 방법이긴 하지만 좋은 애

• 문서 작성에서 완전한 문장 형식이 아닌, 국내에서는 흔히 찍(-) 땡(○)으로 불리는 형식을 말한다. 주로 핵심 내용만 요약하여 간단명료하게 의사 전달하려는 목적으로 사용된다 — 옮긴이.

널리스트가 되는 것을 보장하지는 못한다고 말한 적이 있다. 어떤 경우에는 오히려 박사학위가 좋은 애널리스트가 되는 것을 방해할 수 있다고 그는 주장했다. 복잡한 분석에 너무 빠져들어 이해하기 쉬운 단순한 내러티브를 만드는 일에 집중하지 못하기 때문이라는 것이다.

매수, 중립, 매도 추천과 목표 주가 및 주요 요점 외에도 모든 보고서는 첫 페이지에 차트를 하나 집어넣는다. 대개의 경우 그것은 보고서가 언급하는 주식의 가격 전개를 보여주는 것이다. 제목과 점 항목 내용은 편집 및 의사소통 담당 검토자가 맡지만, 차트에 대한 평가는 대체로 첫 번째 검토자인 애널리스트가 담당한다. 차트로 시장 전개를 시각화하는 일은 내러티브를 뒷받침하기 때문에 매우 중요하게 여겨진다. 언제나 차트는 전체 투자 내러티브를 지지하도록 구성된다.

매수 추천의 경우 애널리스트는 그 종목이 유망하게 보이도록 특별히 더 공을 들인다. 차트를 만들 때, 애널리스트는 투자 내러티브를 뒷받침하기 위한 다양한 시각화 방식을 선택할 수 있다. 그들은 차트에 사용되는 시간 범위와 변수 단위를 자유로이 선택할 수 있다. 예로 〈그림 6-1〉과 〈그림 6-2〉는 이러한 노력을 기울인 차트를 보여준다. 글로벌 금융시장이 저점에 이른 2009년 1월을 자료 분석의 시작 시점으로 정했기에 매우 강한 주가 상승 모양세를 보여줄 수 있다. 만약 다른 기간을 시작 시점으로 잡았다면, 애널리스트 보고서에서 주장하는 것처럼 성장 패턴이 아니라, 글로벌 경제 침체 이후 일반적인 회복 국면을 보여주는 것일 수도 있다. 그리고 차트에 나타내는 주가 범위에 12달러 이하를 포함시키지 않으면 상승의 정도는 더욱 극적으로 보인다. 만약 주가 범위를 0달러부터 40달러 사이로 정한다면 주가 상승의 시각적 추이는 그리 인상적이지 않을 수도 있다(〈그림 6-3〉을 보라).

애널리스트들은 자료를 시각화할 때 이런 창의적이고 실험적인 방식을 크게 문제 삼지 않는다. 왜냐하면 투자 내러티브 자체가 데이터에 엄격하게 기반하는 것이 아니라 절충적인 방식에 기반하기 때문이다. 따라서 창의적으로 데이터를 처리하고 설득력 있게 차트를 구성할 줄 아는 능력은 애널리스트 사이에서 인정받는 기술이다. 보고서가 발간된 후, 다른 애널리스트들은 종종 그것에 대해 토론하곤 했다. 만약 어떤 차트가 특별히 설득력 있게 만들어졌다고 느껴지면 그들은 감탄을 표했다. 데이터의 실체나 사용법에 대해 질문하기보다는 설득력 있는 방식으로 데이터를 다루고 시각화한 것에 대해 애널리스트를 칭찬했다.

내러티브 구조

〈그림 6-1〉과 〈그림 6-2〉에 예시된 기업 보고서 저자인 마르셀은 문단 1에서 Eat-A-Lot 회사의 전반적인 현황을 제시한다. 신흥 시장에 관여하는 것이 이 회사의 미래 성장의 핵심 요소라는 자신의 믿음을 표현한다. 마르셀은 또한 이 회사의 최고경영자에 대한 자신의 신뢰를 표현한다. 그의 확신은 최고경영자의 특정 전략이 아니라, 훌륭했던 과거 실적에 기초하는 것이다. 그는 최고경영자가 Eat-A-Lot 회사의 실적에 중대한 영향을 미친다는 점을 강조함으로써 개인화 전략strategy of personalization을 사용한다. 최고경영자가 회사의 실적에 중대한 영향을 미치는 것은 사실이며, 단순한 수치보다는 사람에 대한 이야기를 만드는 것이 좋은 방법이기도 하다.

　문단 1에서 투자 내러티브에 대한 짧은 개요를 보여준 다음, 문단 2에서 마르셀은 두 번째 요소인 미래 주가 추정치에 대한 정당화를 시도한다. 여기서 그는 성장률을 산정하고 계산 접근법인 CFROI를 도입함으로써 논증 방식을 문맥 기반에서 계산 기반으로 전환한다. 특별한 계산적 가치 산정 모형을 도입함으로써 마르셀은 인격화된 내러티브와 수치적 계산법

Eat-A-Lot은 세계에서 가장 큰 식품 제조사 가운데 하나이며 가정 및 개인 관리 용품 제조사food products and household & personal care manufacturers이다. 제품 포트폴리오strong product portfolio가 강점이며, 특히 신흥 시장 관여도emerging market exposure가 높다. 과거 몇 분기 동안 회사는 상당히 높은 실적을 기록했는데, 그 시기는 시장 전체가 상당히 좋았다는 사실을 인정한다 해도, 우리는 CEO인 새뮤얼 버거Samuel Burger가 회사 상황을 반전시키기 시작했다는 확신을 가지게 되었다. 우리의 긍정적 견해는 Eat-A-Lot 회사가 향후 지속적으로 3% 내지 5% 수준의 성장을 보이고 CFROI*를 20% 내지 25% 수준으로 증대시킬 수 있으리라는 기대에 기초한다.

을 연결한다. 이것은 그의 논증을 강화하는데, 투자 내러티브가 사람과 숫자 모두에 근거한다는 것을 보여주기 때문이다.

다른 모든 기업 보고서처럼 마르셀 역시 애널리스트는 실제 미래 전개를 예측할 수 있는 것이 아님을 나타내는 기대와 가정이라는 단어를 사용한다. 이 용어는 시장 상황이 예상과 다르게 전개될 때 보고서 저자의 책임성을 보호해 주는 매우 중요한 기능을 담당한다. 문단 말미에 마르셀은 추정이 단지 엉성한 가정에만 근거한 것이 아니라, 계산 모형(이 경우에는 CFROI) 및 성장 추정치와 상황에 기반한 해석(CEO의 역할과 신흥 시장의 중요성)이 결합된 것임을 다시 반복한다.

문단 2는 마르셀이 Eat-A-Lot 회사 주식을 매수 추천하면서 사용한 방법론의 접근 방식을 설명한다. 앞서 지적한 숫자와 해석 사이의 상호 관

•   CFROI(Cash Flow Return on Investment)는 투하자본 대비 영업현금흐름의 비율 — 옮긴이.

그림 6-3 과거 실적(주가 자료)의 시각화 요령 (단위: 달러)

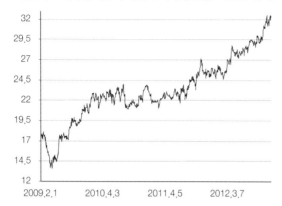

위

기업 보고서에 있는 그래프.

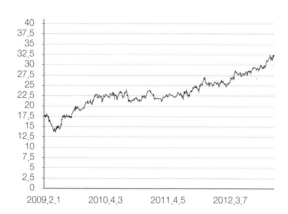

중간

스케일을 0~40 달러 범위로 조정한 그래프. 위에 비해 상대적으로 주가 상승이 두드러져 보이지는 않는다.

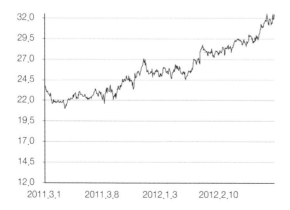

아래

기간도 2011년 1월 이후로 좁힌 그래프. 상대적으로 주가 상승 효과가 더 약하게 보인다.

계가 여기서 분명해진다. 마르셀은 계산 결과와 더 광의의 내러티브나 다른 계산법들을(이 경우 DCF) 조화시키기 위해 자신의 모형을 조정했다고 인정한다. 이 조정에서 우리는 모형의 계산 가능한 결과를 상정할 때 작동되는 감정의 영향력을 보게 된다. 마르셀은 자신의 기대를 실제로 만들어야 하므로, 자신이 조정했다고 말한 그 모형에 자신의 기대를 연결시킨다.

문단 2 산업 비교시 가치평가 프리미엄이 기대됨

우리 모형에 약간의 수정을 가하면, 새로운 목표 주가는 34유로이다. 이것은 실질 자본비용을 4.5%로 추정한 현금흐름할인DCF: discounted cash flow 모형*에 따른 결과이다. 글로벌 식품 산업 대비 신흥 시장의 가치평가 갭valuation gap은 더욱 좁혀져야 하며, 신흥 시장 성장 전망은 가치평가 프리미엄valuation premium을 보장한다. 따라서 우리는 매수 추천을 유지한다.

이 문단 마지막 부분에서 마르셀은 "가치평가 갭valuation gap"과 "가치평가 프리미엄valuation premium"에 대해 언급한다. 이들 용어는 마르셀이 애널리스트는 기업의 내재가치와 시장가치 차이를 파악할 수 있다는 기본적 분석의 가정을 전제하고 있음을 알려준다. 가치평가 갭은 내재가치와 시장가치의 차이를 말하는 것이다. 마르셀은 이 차이가 점점 줄어들 것이라고 믿는데, 이는 그가 시장가격이 자신이 생각하는 내재가치에 천천히 수

• 현금흐름할인 모형은 증권으로부터 예상되는 미래의 현금흐름을 현재가치로 할인하여 합산함으로써 증권의 가치를 계산하는 방법이다. 이론적 근거가 분명하고 계산이 간단하다는 장점이 있지만, 현실적인 미래의 현금흐름 및 할인율(자본비용)을 추정하는 것이 매우 어렵다 ─ 옮긴이.

럼할 것으로 기대한다는 뜻이다.

마르셀은 광의의 맥락을 제시하고 계산법을 소개한 다음, **문단 3**에서 기업의 주식 실적 대신 기업의 경제적 성과에 초점을 맞춘다. 이는 기본적 분석가들이 사용하는 고전적 방법이다. 기업의 내재적 가치는 판매량 증가나 판매 가격 상승 같은 사업의 기본적 실적에서 발견된다고 믿기 때문이다. **문단 3**은 예측을 정당화하고 전문성을 드러내는 것을 목표한다.

문단 3   Eat-A-Lot 회사의 유기농 부문 성장세는 지속될 것으로 보임

2013년 1분기 Eat-A-Lot 회사의 실적 발표에 따르면 유기농 제품 판매가 4.9% 증가했는데, 이는 판매량 증가 효과 2.2%, 판매 가격 상승 효과 2.6%에 의한 것이라고 한다. 이는 기대에 조금 못 미치지만 해당 산업에서는 가장 뛰어난 실적이고, 따라서 우리의 투자 명제는 여전히 유효하며, 특히 가격/판매량 조합은 우리 견해로는 매우 만족스러운 것이다. 한편 2012년 1분기 실적 기준들은 상당히 더 높은 수준이었다. 지역적으로 신흥 시장에서 10.4%라는 현저하게 강한 성장세를 보였다. 반면, 서부 유럽은 또다시 가장 약세 지역이 되었고, 유기농 부문 성장률은 실망스럽게도 -3.1%로서, 이는 판매량 요인 -2.5% 및 가격 요인 -1.0%에 따른 것이다. 공식적인 전망치는 발표되지 않았다.

여기서 마르셀은 투자 내러티브를 뒷받침하기 위해 많은 숫자와 비율을 사용한다. 그리고 과거와 현재를 단순 비교함으로써 미래 주가를 계산하는 방식의 문제점을 지적한다. 작년의 실적(Q1 2012)은 상당히 높았기 때문에 주식의 미래 전망이 크게 뛰어나지 못한 것처럼 보일 수 있다고 언급한다. 이런 식으로 마르셀은 단지 계산 결과만을 반복하는 대신 수치 자료

를 적극적으로 해석하고 자신의 인식을 반영시킨다. 애널리스트들이 이처럼 숫자에 대한 해석에서 지식적 권위를 가지고 있다는 입장이 결정적으로 중요하다. 숫자에 기반한 투자 추천 외에도 투자 보고서는 애널리스트가 전문가로서의 입지를 공고히 하는 것을 지향한다. 전문성을 보여줌으로써, 마르셀은 시장 움직임을 이해하는 사람으로서 자신의 입지를 굳힌다.

문단 4에서 마르셀은 투자 내러티브의 개인적 차원으로 돌입한다. 회사 CEO의 개인적 역량과 전략가로서의 면모에 대한 자신의 믿음을 언급한다. 이리하여 투자 기회 관점에서 그 기업에 대한 자신의 열성적 지지를 강화한다. 앞에서 주식 거래의 관점과(두 번째 문단) 회사의 경제적 조건을 (세 번째 단락) 강조하던 마르셀은 이제 회사의 사업 모델에 대해 자세히 설명한다. 그는 회사가 어떻게 브랜드 광고 및 판촉 활동을 증대시켰는지, 그리고 이러한 노력이 어떻게 브랜드 포지셔닝을 향상시키게 되었는지 말한다. 따라서 마르셀은 자신이 회사의 재무 상태 및 시장가치에 대한 정보뿐만 아니라 사업 전략에 대한 구체적인 통찰력이 있음을 보여준다. 마르셀이 독자에게 통찰력의 출처를 알려주지 않는 것은 흥미롭다. 이에 관해

문단 4 **Eat-A-Lot 식품과 HPC 포트폴리오는 더 많은 반응을 얻고 있음**

지난 여러 분기 동안 Eat-A-Lot 회사가 보여준 판매량 증가 추세에 우리는 계속해서 놀라워하고 있다. 다만 이는 광고 및 판촉비의 증가에 힘입은 바도 있다고 생각한다. 우리는 또한 CEO인 새뮤얼 버거가 회사의 브랜드 포지셔닝뿐만 아니라 제품 포트폴리오의 질적·양적 측면 모두를 크게 개선했다고 믿는다. 이는 Eat-A-Lot 회사의 핵심적 지역에서 유기농 부문이 성장을 지속하는 데 도움이 될 것이다.

그는 회사 대표와 대화했거나, 또는 신문 기사나 매도측 애널리스트가 제공하는 정보를 참조했을 수도 있다.

마지막 두 단락(**문단 5**와 **문단 6**)에 새로운 관점은 없다. 그 대신, 그들은 확립된 내러티브와 그 정당화를 반복한다. 그러나 이 문단은 매우 중요하며 회사에 대한 제안도 포함한다. ("우리는 Eat-A-Lot 회사가 시장 점유율을 유지하기 위해 광고 및 판촉 지출을 더 늘려야 하며, 비용 부담을 상쇄하기 위해 브랜드를 강화할 필요가 있다고 믿는다.") 투자 보고서 독자는 왜 이런 전략적 조언이 내용에 등장하는지 궁금할 것이다. 그 이유는 회사들 스스로가 애널리스트들의 등급 평가에 크게 의존하기 때문이다.

문단 5   영업 이익률을 높이는 유기농 부문의 성장

우리는 이제 Eat-A-Lot의 강력한 유기농 제품 성장세가 연간 최소 20bp의 이익률 개선을 이끌어야 한다고 생각하지만, Eat-A-Lot의 영업 이익률이 원가에 취약하다는 점은 여전히 유효하다고 본다. 2013년 핵심 영업 이익률은 14.3%, 2014년에는 14.5%로 예측하고 있다. 우리는 Eat-A-Lot 회사가 시장 점유율을 유지하기 위해 광고 및 판촉비를 더욱 늘리고 비용 압력을 상쇄하기 위해 브랜드를 강화할 필요가 있다고 믿는다.

스위스은행은 대기업으로서 그 투자 추천은 Eat-A-Lot 주가에 큰 영향을 줄 수 있다. 따라서 애널리스트는 투자 보고서에 회사에 대한 전략적 아이디어를 분명히 표현함으로써 자신의 영향력을 증대시킬 수 있다. 이처럼 애널리스트는 시장을 설명할 뿐만 아니라 직접 시장의 모습을 만드는 기회를 가짐으로써 시장을 지배하는 중요한 참가자가 된다.

요약하자면, 투자 내러티브를 구성하는 데 세 가지 요소가 특히 중요하

Eat-A-Lot 회사가 본질적 성공을 위해 직면할 핵심 도전들

Eat-A-Lot은 현재 신흥 시장에서 매출의 약 54.4%(2013년 추정치)를 창출하고 있으며, 주로 가정용 및 개인용 제품에서 많은 매출이 발생한다. 특히 제품 포지셔닝 측면에서 큰 성공을 거두고 있다. 그러나 서유럽에서는 시장 점유율과 관련하여 지난 몇 분기 동안 약간의 진전이 있었지만 소비자 심리가 회복되어 계속 유지되려면 여전히 많은 도전이 있는 상황이다. 우리는 새뮤얼 버거가 거둔 뛰어난 실적과 그가 Eat-A-Lot에서 완수한 훌륭한 과업들을 인정한다. 그러나 그가 유럽에서의 실적을 완전히 반전시키고 진정한 혁신을 도입하고 대규모 매출 상품을 만들어 Eat-A-Lot 회사를 충분한 수준까지 발전시킬 때까지는 훨씬 더 많은 시간이 필요할 것이라는 우리의 이전 견해를 고수한다.

다. 먼저, 애널리스트는 예측을 수용하는 사람들이 자신들을 시장 전문가로 인정할 수 있는 방식으로 계산법 및 숫자를 다루어야 한다. 둘째, 애널리스트는 내러티브와 시각화 기법을 통해 자신의 스토리 전개를 뒷받침해야 한다. 여기서 데이터를 차트, 그림 및 표로 변환하는 것이 중요하다. 셋째, 숫자와 시각적 데이터를 언급하는 것 외에도 애널리스트는 자신의 투자 내러티브가 단순한 계산 이상의 것을 기반으로 한다는 것을 보여주어야 한다. 이 지점에서 이들은 종종 개인적 요소나 예상치 못한 데이터, 그리고 배경 정보에 대해 언급한다. 애널리스트들은 자신들의 접근 방식이 집단적이라기보다는 개별적이라는 점을 강조함으로써, 자신들이 학습된 과정을 단순히 실행하는 사람일뿐만 아니라, 다른 시장 참여자가 대신 할 수 없는 방식으로 시장 움직임을 해석할 수 있는 "카리스마를 지닌 선각자 charismatic seers"(Bear, 2015)로 보이게 할 수 있다.[7]

제7장

내러티브 유통의 정치학

The Politics of Circulating Narratives

투자 내러티브는 만들어지면 스위스은행에서 유통된다. 유통의 목적은
두 가지이다. 첫째, 투자 내러티브는 자산운용역asset managers과 고객자문역
client advisers 및 적극적으로 투자하는 고객에게 배포되어, 그들이 시장의 불
확실성을 헤쳐 나가는 도구로 사용되도록 한다. 참고로 자산운용역과 고
객자문역은 둘 다 고객자산 관리자wealth managers의 하위 범주에 속한다. 이
러한 과정에서 애널리스트들은 중개자 역할을 맡는다. 시장의 실제 상황
과 그 상황을 해석하기 원하는 시장 참가자들 사이에 애널리스트가 있다
(see Beunza and Garud, 2007). 스위스은행에서 투자 내러티브는 두 가지 경로
로 유통된다. 첫 번째 경로는 애널리스트, 자산운용역, 기관 고객들 사이
에서 유통되는 것이다. 두 번째 경로는 애널리스트, 고객자문역, 개인 고
객들 가운데서 유통되는 것이다(<그림 7-1> 참고). 한편 애널리스트와 소속
은행, 그리고 애널리스트와 외부 언론매체 및 일반 대중 사이에도 밀접한
관계가 형성된다. 이러한 관계에 대해서는 8장에서 자세히 설명한다.

둘째, 투자 내러티브의 유통을 통해, 투자 결정의 결과에 대한 책임이
투자 의사결정에 관여한 그룹의 행위자들 사이에 분산된다. 애널리스트
는 투자 내러티브를 만들고, 고객자산 관리자들은 이에 근거한 투자를 제
안하고, 고객들은 이러한 전문가 조언에 따라 투자한다. 이러한 3자 모두
투자의사결정 과정에 함께 관여하는 것이므로, 그 투자 결과에 대한 책임
도 일정 부분 서로 분담하게 된다. 투자가 실패하는 경우 이러한 책임 분
산은 관여자 집단에게 이점을 제공할 수 있다. 그들은 실패를 외부화하고
다른 참가자들에게 그 책임을 전가함으로써 자기 자신의 투자 내러티브에
대한 확신을 계속 유지하고자 한다.

그림 7-1 **중개자로서의 애널리스트**

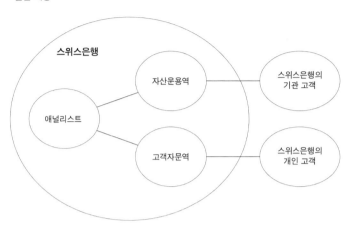

자산관리 내러티브의 정치학

스위스은행에서 애널리스트 임무 중 하나는 스위스은행의 자산운용역들을 위해 시장을 전망하고 자산가격을 예측하는 것이다. 자산운용역들은 스위스은행의 자금과 기관 고객들의 거대한 자산 포트폴리오를 관리한다. 기관 고객들은 연기금, 중소기업, 또는 가족 기업과 같은 개인이 아닌 고객을 말한다. 따라서 자산운용역은 대규모 자금을 운용하게 된다. 의무적으로 가입되는 대부분의 연금 납부금이 연기금에 투자되는 스위스은행에서는 특히 그렇다. 시장에서 이 자금들이 투자될 때, 자산운용역은 기관 고객의 입장에서 주식, 채권, 여타 금융 상품들을 고르게 된다. 이러한 펀드나 포트폴리오 성과를 극대화하기 위한 투자 수단을 선택할 때 자산운용역들은 자신의 전문성과 함께 소속 기관 애널리스트들이 만든 시장 예측을 활용한다.

자산운용역들은 애널리스트들과 다양한 방식으로 의사소통한다. 애널리스트가 작성한 보고서를 받을 뿐만 아니라 이메일 등을 통해 투자 전략에 영향을 미칠 수 있는 특별한 시장 상황에 관한 정보를 얻는다. 또한 자산운용역들은 애널리스트들과 정기적으로 만난다. 대개는 애널리스트들이 걸어서 15분 거리에 있는 자산운용역들의 사무실을 방문한다. 그 반대는 일반적이지 않다는 사실이 그들 사이의 관계를 말해 준다. 애널리스트들은 자신들이 자산운용역에게 서비스를 제공한다고 생각한다. 자산운용역들과의 모든 모임과 논의는 스위스은행의 관리자에게 보고된다. 애널리스트들은 자신들이 제공하는 서비스가 자산운용역들에게 유용하게 사용되고 있음을 보여주고 싶기 때문이다. 개인 고객들은 자신이 접하는 애널리스트의 전문성이 시장을 해석할 수 있는 거의 유일한 원천이지만, 자산운용역들은 다른 대체적 분석에 접근할 수 있는 전문가 집단이다.

애널리스트와 자산운용역 업무의 가장 중요한 차이는, 애널리스트는 내러티브를 만들고 홍보하는 것인 반면, 자산운용역의 임무는 고객의 수익을 극대화하는 점이라는 것이다. 이러한 차이는 그들 사이의 관계나 상호작용 방식에 중대한 영향을 미친다. 자산운용역들은 애널리스트들의 투자 내러티브를 수용하여 따르는 것이 금융 수익을 창출하는 여러 방법 가운데 하나에 불과하다는 사실을 경험적으로 알고 있다. 그러므로 대개 그들은 수익 극대화를 위해 다른 정보 원천을 함께 고려한다. 예를 들어 (증권의 판매자 입장에 있는) 다른 은행의 애널리스트 보고서도 함께 보며, 자기 스스로 가치평가 모형을 만들기도 한다. 자신의 블룸버그 계정도 직접 가지고 있으며, 종종 애널리스트들의 시장 견해를 자신들의 관점에 결합시키기도 한다. 애널리스트들은 이러한 점들을 싫어하는데, 자신들의 영향력이 약해지기 때문이다.

필자가 스위스은행에 있는 동안, 자산운용역들이 스스로 자유롭게 가치평가 업무를 실행할 수 있도록 허용하는 것에 대해 여러 차례 토의가 있었다. 애널리스트 부서의 책임자인 리처드는 자산운용역들에게 투자 전략 선택 재량을 허용하지 말고 애널리스트들의 자문 내용이 자동적으로 자산 선택에 반영되도록 해야 한다고 반복적으로 말했다. 다른 애널리스트들 역시 자신들의 영향력 확대를 인지하고는 모두 리처드의 주장에 찬성했다. 애널리스트 추천에 근거해 주식의 매수, 보유, 매도를 자동적으로 선택하는 방식이 소개된 것은 스위스은행 내부에서 애널리스트들이 막강한 권력을 가지고 있음을 나타낸다.

애널리스트들은 자산 선택 과정에 영향력을 확대하고자 노력했지만, 자산운용역들은 정보 원천을 스스로 선택할 수 있기를 원했다. 종종 자산운용역들은 회사 내부 애널리스트들의 분석 수준이 낮다고 불평했고, 자기들 스스로 가치평가 업무를 수행할 수 있도록 인력을 증원해 줄 것을 요구했다. 애널리스트와 자산운용역이 생산적으로 협조하는 사례도 자주 목격되지만, 전반적으로 그들 사이의 관계는 경쟁적이다. 종종 자산운용역들은 애널리스트들이 고객들을 제대로 이해하지 못한다고 비판한다.

그러한 역할의 긴장 관계는 환경 및 사회적 책임투자에 관심이 있는 애널리스트와 자산운용역들이 만난, 필자가 참석했던, 한 회의에서 매우 분명해졌다. 참석자 모두 스위스은행이 고객들에게 (그들의 용어로) 책임투자 기회를 선택할 수 있도록 해야 한다고 동의했다. 그러자 이러한 기업들을 선택하는 관점에 대한 토의가 시작되었다. 즉각적으로 애널리스트들은 자산운용역들이 고객에게 환경 및 사회적 책임투자를 제공할 수 있도록 하는 개념을 개발하겠다고 제안했다. 하지만 자산운용역들은 이를 불편하게 여겼다. 그들의 말인즉 그 개념은 고객들의 실제 수요에 기초해야 하는데, 이는 애널리스트들이 직접 접근할 수 없는 것이었다. 장시간의 토의 후에 애널리스트와 자산운용역들은 공동으로 새로운 개념을 만들기로 했다. 자산운용역은 고객 요구 사항을 파악하고, 애널리스트는 책임투자 추세와 그 개념의 전체적 내러티브를 제공하기로 했다.

이러한 역할 분담은 자산운용역과 애널리스트 간 협력으로 투자 전략을 수립할 때 두 집단이 서로 다른 분야의 전문 지식을 가지고 있다고 주장하는 사실에 기반하고 있음을 보여준다. 자산운용역들은 애널리스트들이 배경 연구와 내러티브 생산에서 중요한 역할을 한다는 점을 인정하면서도, 애널리스트들은 고객이 진정으로 원하는 바를 알지 못한다고 주장한다. 반면 애널리스트들은 자산운용역들이 시장 상황 전개를 이해하는 데 필요한 분석적 기술이 부족하므로 자신들만이 투자 전략을 개발하는 유일한 주체가 되어야 한다고 주장한다. 따라서 애널리스트는 투자 전략 수립에 관여하려는 자산운용역들에 대해 불평하는 경우가 많다.

애널리스트의 불평은, 마르코가 알려준 것처럼, 그가 스위스은행에서 "개별적 문화individualistic culture"라 부르는 것과 연관되어 있다. 마르코의 설명에 따르면, 많은 경우 싱가포르나 두바이에 있는 스위스은행 애널리스트들은 더 많은 권위를 가지고 있다.

스위스은행 싱가포르 지점의 애널리스트 부서 책임자인 킴Kim은 자산운용역과 고객자문역에게 어떻게 투자할지 명확하게 일러준다. 킴과 그녀의 팀이 투자 전략을 개발하면 모든 운용역과 자문역은 그녀의 조언을 따른다. 여기선 그렇지 않다. 자산운용역이나 고객자문역 모두 각자 최선의 투자 방법을 알고 있으며, 따라서 애널리스트 말을 듣는 것이 그렇게 중요하지 않다고 생각한다.

마르코의 설명은 애널리스트들이 투자 내러티브를 수립한 다음 투자 과정에서도 영향력을 확보하기 위해 애쓴다는 점을 알려준다. 이러한 애널리스트들의 노력은 자산운용역들과 긴장 관계를 만들어낸다. 운용역들 스스로도 시장을 해석하기 때문이다. 독자적인 시장 해석의 중요성 때문에 애널리스트와 운용역 사이에 경쟁 관계가 형성되는 것이다. 운영역들은 한편으론 애널리스트가 전달하는 투자 내러티브로부터 혜택을 받는데, 그것을 전문가적 지식으로 고객에게 전달해 줄 수 있기 때문이다. 반면에, 그들은 자신들의 활동이 애널리스트에게 전적으로 의존하지 않는다고 느끼기 위해 주체성을 확보하고자 스스로 분석하기를 원한다.

고객자문 내러티브의 정치학

개인 고객에게 투자 조언을 제공하는 고객자문역의 경우는 운용역이나 기관 투자자들과는 다른 방식으로 애널리스트와 관계를 가진다. 기관 투자자 고객은 그들 스스로 전문가다. 그들은 다른 사람들의 돈을 대신해서 전문적으로 운용한다. 반면 개인 고객은 자기 돈을 스스로 운용하며, 시장 상황을 연구하거나 정보를 수집할 시간과 전문성이 부족하다. 따라서 애널리스트가 구성한 투자 내러티브가 그들에게는 더 중요하며 다른 내러티브에 도전받는 경우도 드물다. 개인 고객에 대해서는 애널리스트들이 자신의 전문가 역할을 강조하며 자신들의 예측이 충분히 신뢰할 수 있다고 주장할 수 있다. 그러나 그렇게 하기 위해서는 공식적 고객 접점인 자문역을 통해 자기들의 지식을 전달할 수 있는 방법을 찾아야 한다.

애널리스트는 종종 고객자문역들이 시장을 이해하지 못하고 자신들의 예측의 중요성을 제대로 판단하지 못하는, 비전문가적인 집단이라고 불평한다. 그러나 개인 고객에게 도달하기 위해 애널리스트는 자문역과 소통하는 방법을 알아야 한다. 애널리스트의 보고서는 고객자문역에게 배포되고, 자문역은 은행 고객들과 그 내용을 상의한다. 애널리스트들이 고객자문역들에게 가지고 있는 적대적 태도는 부분적으로는 자문역이 자신들의 내러티브를 개인 고객에게 전달하는 과정을 자신들이 거의 통제할 수 없다는 사실에 기인한다.

애널리스트에 대한 고객들의 태도에 대해 자문역들과 대화하면서 그 태도가 매우 다양하다는 점을 발견했다. 많은 개인 고객들이 애널리스트의 전문성을 신뢰하지만, 어떤 이들은 아예 신경을 쓰지 않는다. 많은 애널리스트는 개인 고객들이 자신들의 투자 추천을 매우 개인적인 방식으로 받아들이는 것에 대해 불편함을 느낀다. 애널리스트들에게 고객에 대해 어떤 인식을 가지고 있는지 물어보았을 때, 애널리스트 부서에서 "고객"이라는 용어는 대부분 추상적 개념으로 사용된다는 것을 알게 되었다. 투자 내러티브의 효과에 대해 토의할 때, 종종 애널리스트들은 이야기가 고객들에게 이해되어질 수 있을지를 서로에게 묻는다. 한번은 애널리스트들에게 구체적으로 고객이 누구라고 생각하는지 물어보았다. 한 애널리스트는 고객을 자신의 할아버지, 할머니로 생각하며, 자신의 이야기가 그분들이 이해할 수 있는 것인지 점검한다고 답했다.

사실 애널리스트들은 자신들의 투자 추천을 종국적으로 수용하는 고객이 누구인지 잘 모른다. 그 이유에 대해 두 가지 설명이 있다. 첫째, 프라이버시 문제 때문에, 자문역들은 고객 정보를 애널리스트를 포함한 다른 이들과 공유하기를 꺼린다. 둘째, 자산운용역의 경우와 마찬가지로, 고객 자문역들 역시 애널리스트의 견해에 구속되기를 원치 않기 때문이다. 자문역들 역시 스스로 투자 전략을 개발하고 애널리스트의 전문성에 침해당하지 않는 고객 관계를 수립하기 원한다.

고객자문역들과 대화하면서 알게 되었는데, 어떤 고객은 애널리스트가 제공하는 투자 내러티브와 반드시 일치하지는 않는 자신만의 투자 철학을 가지고 있다. 따라서 그들은 애널리스트 견해를 받아들이기보다 자신의 관점을 계속 유지하려 한다. 어떤 고객은 애널리스트 보고서를 알고 읽기도 하지만 투자 전략에는 고려하지 않는다. 어떤 고객은 애널리스트 추천에 대해 과거 나쁜 경험이 있기도 하다. 어떤 이는 단지 애널리스트의 전문성을 신뢰하지 않는다. 애널리스트들은 개인 고객을 돕는 것이 아니라 소속 은행과 이해관계가 있는 특정 주식을 홍보하려는 목적으로 시장을 예측한다고 생각하기도 한다.

스위스은행 두바이 지점에 머무는 동안 젊은 독일인 투자자 두 명을 만났다. 둘 다 적극적으로 일중매매거래day trading에 참여했다. 일중매매거래는 짧은 시간 동안 미미한 가격 변동으로부터 이익을 얻기 위해 대량으로 주식을 거래한다. 세금을 절약하기 위해 독일에서 두바이로 옮겨온 두 사람과 대화하면서 그들이 애널리스트 업무에 대해 독특한 생각을 가지고 있음을 알게 되었다. 그들 생각인즉, 은행은 고객에게 좋은 의도로 조언을 하는 것이 아니라 고객과의 제로섬 게임에 애널리스트들이 관여하도록 만든다. 이러한 시나리오에서, 예를 들자면, 은행 경영진은 애널리스트에게 고객이 특정 주식을 팔도록 조언하라고 시킨다. 많은 고객이 그 조언을 따른다면, 그 주식의 가치는 하락한다. 그러면 그날 마지막 시간에 은행은 낮은 가격으로 그 주식을 살 수 있다. 이후 투자자들이 그 주식의 가격이 하락한 특별한 이유가 없었다는 점을 확인하면 이후 몇 주간 그 주식을 사들일 것이다. 그러면 주가가 상승할 것이고 낮은 가격에 이미 그 주식을 사놓은 은행은 이익을 얻게 된다.

그 젊은 독일 투자자들은 따라서 은행은 고객들을 속이기 위해 자체적으로 애널리스트들을 고용한다고 주장했다. 이러한 상황에서 이익을 얻기 위해, 자신들은 애널리스트 추천과 반대로 거래하는, 소위 반대매매 전략contrarian investing(Hansen, 2015 참고)을 사용한다고 말해 주었다. 물론 이들의 이론은 시장의 작동 방식을 이해하는 하나의 방법에 불과하다. 많은 투자자가 이들의 견해에 완전히 동의하지는 않을지라도, 그 이야기 자체는 시장의 상황 전개를 이해하는 데 일부분 통찰을 제공한다. 그 독일인 투자자들의 이론은 애널리스트들이 시장에서 영향력을 행사할 수 있다는 관점과 배치되지 않는다. 비록 독일인 투자자들은 애널리스트들이 은행의 고객이 아니라 소속 기관의 이익을 위해 일한다고 주장하지만, 그들 역시 애널리스트의 예측과 해석이 중요하다는 점에는 동의했다.

고객에게 이야기 팔기

독일 거래자들 이야기는 애널리스트의 투자 내러티브를 투자 지침으로 수용하지 않는 개인 고객들에 대한 하나의 사례다. 그러나 애널리스트 보고 및 예측에 대한 일반적인 반응은 대다수 고객이 애널리스트 의견을 전문가적인 투자 조언으로 인식함을 시사한다. 다른 대안적인 시장 견해에 접근하기 힘든 개인 고객들은 일반적으로 애널리스트의 견해에 의존한다. 따라서 시장 전개에 대한 자신의 견해가 고객자산 관리자나 고객들 사이에 유통되는 것은 애널리스트에게 매우 중요하다. 애널리스트가 개인적으로 고객을 만나는 경우는 드물다. 스위스은행에서 애널리스트는 자신의 견해를 나중에 고객에게 전달하는 자산운용역이나 고객자문역과 먼저 의사소통해야만 한다. 이러한 과정은 애널리스트의 시장 견해와, 고객의 위험 선호까지 고려한 수익극대화를 추구하는 고객자산 관리자의 주의의무 사이에 발생 가능한 이해 상충 문제를 줄이고자 의도된 것이다.

많은 경우, 고객에게 이야기를 전달하는 것은 투자 보고서를 통해 이루어지지만, 가끔 애널리스트들은 고객과 개인적으로 접촉할 기회도 가진다. 이러한 일은 고객자산 관리자가 애널리스트에게 고객과의 미팅에 참석할 것을 요구하거나 전화로 직접 설명해 주기를 요청할 때 발생한다. 이런 기회는 애널리스트에게 매우 중요한데, 자기 이야기를 직접 홍보함으로써 영향력을 더 강화시킬 수 있기 때문이다. 필자는 애널리스트 그룹에서 신참이었으므로 그러한 미팅에 참여할 기회를 가지지 못했다. 스위스 은행의 경영진은, 고객과 너무 많은 것이 걸려 있기 때문에 소수의 선임 애널리스트들만이 고객과 대화할 수 있도록 허용한다. 그러나 회의나 전화 통화 후에, 선임 애널리스트들은 필자나 후배 애널리스트들에게 회의에 대한 자신의 생각과 투자 내러티브를 고객에게 성공적으로 설득했는지에 대한 의견을 나누곤 했다.

예를 들자면, 토비아스는 한번은 스위스 컨트리클럽의 고객 그룹과 가졌던 미팅을 설명해 주었다. 그는 뛰어난 이야기꾼이라서 은행이 주최한 행사에서 고객 그룹에게 이야기를 해달라는 요청을 받았다. 그가 시작하기 전에 지역의 와인업자가 스위스 와인에 대해 말해 주는 시간이 있었다. 분위기는 편안해졌고, 대부분 나이 든 남성들로 구성된 청중은 시가를 피우면서 토비아스가 시장에 대한 최근 견해를 발표하기를 기다렸다.

토비아스는 약 서른 장의 슬라이드로 구성된 발표 자료를 준비해 갔으며, 그 발표물에는 금융시장의 최근 상황과 수치를 나타내는 차트가 가득했다. 그러나 고객들이 세부적인 자료에는 별 관심이 없다는 사실을 발견했다. 그들은 좀 더 일반적인 시장 상황에 대해 토론하기를 원했다. 사무실로 돌아와서, 더 경험이 많은 고참 애널리스트 그룹이 토비아스가 이러한 고객들에게 어떻게 접근했어야 했는지에 대해 논의했다. 그들 중 한 명이 토비아스에게 데이터나 도표, 숫자에 초점을 두는 것보다, 고객이 익숙한 개념을 사용하면서도 그들이 아직 알지 못하는 것을 이야기하는 것이 중요하다고 말했다. 이런 상황에서 애널리스트들은 고객들에게 친숙한 내러티브, 개념, 이미지와 자신들의 전문가로서의 지위를 강화하는 복잡한 자료의 제시 사이를 조율하는 어려운 과제에 직면한다. 대개 애널리스트는 이해하기 쉬운 전체적인 개념으로 시작한 다음, 시장 움직임을 예측하는 데 도움이 되는 특별한 전문 지식을 가지고 있음을 보여주기 위해 더 복잡한 이슈를 다루는 방식으로 작업을 수행한다.

스위스은행에서 특정한 미래 시나리오 가운데 고객에게 투자를 설득하는 데 자주 이용되는 것으로 '가칭' 거시성장 개념Macro Growth이라 불리는 것이 있었다.[1] 거시성장 개념은 1980년대 사회과학에서 처음 도입된 개념으로, 사회 전체에 변혁적인 성격을 가진 장기적인 시대적 추세를 분석적으로 분류하는 수단이었다. 단기 추세와 달리 거시성장은 경제적·정치적·사회적·문화적 범주로 구분할 수 없는 거시적 구조 변화를 하나로 묶어 이해하는 개념이었다. 인류학적 언어를 사용하자면, 그것은 총체적인 사회적 사실total social facts(Mauss, [1923] 2002)로 볼 수 있다. 1980년대 세계화에 대한 새로운 담론과 밀접하게 연관된 거시성장은 사람과 경제 둘 모두에 전 지구적으로 영향을 미치는 거시적 구조 변화를 설명하려는 것이다.

거시성장 개념은 사회과학 분야에서는 금방 불필요한 중복적 개념이 되어버렸지만, 20년 뒤 금융 분야에서 다시 유행하게 되었다. 그 이유는 아마도 뉴 밀레니엄 시작 당시 전문가들이 사회경제적 미래에 대해 생각하고 논의하는 과정에서 설득력이 있었기 때문일 것이다(Comaroff and Comaroff, 2000 참고). 그것이 애널리스트에게도 유행하게 된 분명한 이유는 20세기 후반 및 21세기 초반의 중요한 변화를 모두 집약할 수 있는 개념이기 때문이다.

거시성장 개념의 수립 및 홍보 측면에서 예측의 정확성은 세계화된 경제의 미래나 자원의 고갈, 새로운 디지털 기술의 출현 등과 같은 추세를 인식하는 개념과 비교해 그리 중요한 것이 아니다. 전통적인 투자 내러티브와 달리, 거시성장 개념은 여러 투자 내러티브를 통합하는 틀을 제공한다. 더구나 스위스은행에서 고객에게 마케팅할 수 있는 어떤 개념을 만들어내고 싶어 하는 자산운용역이나 고객자문역의 수요에도 완전 부합하는 것이다. 여전히 투자 내러티브 구성은 애널리스트 영역으로 남지만, 거시성장 개념은 스위스은행 고객들의 수요에 부응한다는 관점에서 여러 투자 내러티브들이 하나의 내러티브로 통합되도록 해준다.

2010년에 스위스은행을 비롯한 여러 금융기관들은 거시성장 개념에서 설명하는 변화를 금융적으로 활용하는 일련의 투자 상품을 출시했는데 그 스토리 라인이 꽤 설득력 있었다. 세계화된 세상은 장기적으로 경제, 정치, 사회를 근본적으로 바꿀 구조적 변화들을 경험하고 있다. 이러한 변화에 베팅함으로써 투자자들은 새로운 추세로 혜택을 보는 특정 수요나 서비스를 제공할 준비가 된 기업이나 산업 분야의 장기적 성장으로부터 이익을 얻을 것이다. 이런 식으로 거시성장 개념은 투자 전략 수립에 관여하는 모든 스위스은행 직원들에게 투자 내러티브들과 의사결정을 연결시키는 매력적인 수퍼내러티브supernarrative를 제공했다.

1980년대의 과학적인 거시성장 개념을 대충 가져다 사용함으로써, 스위스은행은 미래에 대한 자신들의 비전에 맞추어 원래 개념의 구성 요소들을 자유롭게 재정의했다. 무엇이 거시적 구조 변화로 간주될 건지에 대한 논의가 최초의 관련 금융 상품 발매 2년 전부터 시작되어 필자가 스위스은행에 있던 기간 동안 계속되었다. 원래 개념에서 영감을 받아 스위스은행은 변화에 관한 주제 모둠thematic clusters을 자체적으로 정의했다. 그리고는 각 모둠별로 몇 개의 투자 주제들investment themes을 식별했는데, 그것들은 특정한 거시적 구조 변화의 등장으로 인해 지지되는 또는 지지될 것으로 예상되는 경제 분야 및 영역들이었다.

물론 스위스은행 애널리스트들이 거시적 구조 변화의 주제 모둠을 아무렇게나 정한 것은 아니었다. 그들은 주로 금융 측면에서 수익을 취할 수 있는 변화들을 탐색했다. 각 모둠별로 애널리스트들은 이미 존재하며 새로운 추세로 인해 금융적으로 이익을 얻을 회사들을 파악하려 시도했다. 어떤 투자 테마는 실제 투자와 쉽게 연결될 수 있었지만, 다른 경우에는 어떤 기업과 산업 부문이 이익을 얻을 수 있는지 알아내기 위해 상당한 연구가 필요했다.

한 테마는 지속가능성을 거시적 구조 변혁으로 중점적으로 다루었다. 이 경우 애널리스트는 주로 태양열 및 수력 발전용 기반 기술 개발에 활발히 참여하는 회사들을 주목했다. 그리고 물 자원의 이용 방식이 변화하는 추세는 물 자원을 소유하는 기업의 시장 지배력을 강화할 것이라고 주장하면서, 물 자원 민영화를 적극 추진하는 회사를 긍정적으로 평가했다. 그러나 이것은 지역공동체라는 다른 테마와 충돌했다. 이 테마와 관련해서 애널리스트들은 지역공동체의 복지에 관심을 기울인 기업이 장기적인 구조적 변화로부터 이익을 얻을 것이라고 주장했다.

스위스은행의 분석팀 일원으로서 이런 식으로 상충하는 전략들에 대한 토의에 참가했다. 어떤 애널리스트에게는 자원을 민영화하는 회사와 지역공동체에 관심을 가지는 기업의 주식을 동시에 추천하는 것이 전혀 문제될 것이 없었다. 그들은 물 자원을 민영화하는 것 자체는 나쁠 것이 없다고 설명했다. 물에 가격을 매기면 물을 소비하는 사람들이 물의 가치를 더 높이 평가하게 만들어 더 바람직한 방식으로 물을 소비하게 된다는 것이었다. 그들은 이들 주식을 동시에 추천하는 것이 이해 상충적이라는 견해를 비판하면서, 물 자원 민영화 활동을 적극 수행한 네슬레Nestlé의 전임 대표이자 현 의장인 브라베크Peter Brabeck를 사람들이 좋아한다는 주장을 반복했다. 정부는 물이 필요한 시민에게 일정량의 물을 공급해야 하지만, 나머지 물은 자유시장에서 기업에게 판매하는 것이 좋다는 것이다. 물 시장은 자원에 가격을 부여하며, 이는 대다수 애널리스트에게 바람직한 것으로 여겨졌다.

지역공동체 주제의 경우에도 이와 비슷한 취지의 주장이 전개되었다. 지역공동체 복지에 더욱 주목하게 되는 사회전환 과정에서 금전적 이익을 얻기 위해서는, 가난한 사람들이 스스로 기업가적인 사업을 시작하도록 돕는 미소금융기관microfinance institutions에 투자하라고 애널리스트들은 고객에게 조언했다.[2] 미소금융은 애널리스트 부서 내에서도 논쟁적인 주제였다. 어떤 애널리스트는 미소금융이 착취적 도구라고 신랄하게 비판했다. 고참 애널리스트인 마르코는 현재 방식의 미소금융은 금지되어야 한다고 내게 말했다. "이자율이 얼마인지 아느냐? 무려 50%다. 그것은 이자가 아니라 고리대금업이다. 스위스에서는 절대 허용되지 않을 거야."

그러나 거시성장 개념의 스토리 라인을 팔기 위해 그리고 고객들에게 미소금융이 인기 있다는 것을 알기에 애널리스트들은 자신들의 투자 보고서나 고객 브리핑에 이런 비판적 내용을 넣지 않았다. 미소금융에 비판적인 시각을 가지지 않는 애널리스트들은 "가난한 사람들은 게을러서가 아니라 자본에 접근할 수 없기에 가난한 것이다"라는 밀턴 프리드먼의 말을 주문처럼 반복해 언급했다.[3] 여기서 논지는 물 자원 민영화와 동일하다. 모두에게 접근 가능한 시장은 모든 이에게 동일한 기회와 의무를 만들어낸다는 것이다.

거시성장 개념 틀에서 주식을 추천하는 애널리스트에게 그 회사는 전체 관점에서 일관성을 유지할 수 있어야 하며, 금융적 측면에서도 긍정적으로 가치평가 되어야 한다. 이러한 점에서 거시성장 개념을 구성하는 교육이라는 또 다른 주제 모둠은 심각한 문제점을 드러냈다. 참석했던 한 회의에서 교육 주제가 세부적으로 논의되었다. 대부분의 애널리스트는 교육을 매력적인 투자 분야로 생각했지만, 다국적으로 주식시장에 상장된 회사들 가운데 교육 분야에 적극 참여하는 회사들은 실적이 좋지 못했다. 일부 애널리스트는 장기적 성장이 단기적 성공과 늘 일치하는 것은 아니라고 주장하지만, 다수의 애널리스트들은 현재 좋은 성과를 내지 못하는 주식을 추천하는 것은 위험하다고 느끼고 있었다. 곧이어 이 토론은 더 광범위한 논쟁으로 발전했다. 투자자들에게 장기적 성장이 과연 중요한가? 거시성장 개념은 애널리스트들의 투자 내러티브를 고객에게 파는 마케팅 속임수에 불과한 것인가?

거시성장 같은 거대한 투자 개념은 투자 내러티브가 고객과 애널리스트 사이에서 직간접적으로 어떻게 유통되는지를 잘 보여준다. 그것은 모든 고객에게 이해 가능한 스토리 라인과 연결될 때 성공적일 수 있다. 그러나 고객자산 관리자들에게 그러한 개념은 현재의 주가 전개를 통해 재점검 받아야만 한다. 좋은 실적 없는 좋은 내러티브는 만족스럽지 않다. 좋은 내러티브 없는 좋은 실적도 마찬가지다. 그러나 가끔 거시성장 개념은 좋은 성과를 좋은 내러티브에 연결시키는 데 성공하기도 했다. 바로 그 이유로 이 개념은 스위스은행의 임원진들 사이에서 성공을 거두었다.

"애널리스트를 쏴 죽여라": 실패 책임의 외부화

거시성장 같은 수퍼내러티브는 애널리스트와 고객자산 관리자 사이의 이해관계를 조화시킬 수 있는 기회를 제공한다. 그러나 스위스은행에서는 모든 투자 관점을 수퍼내러티브로 전환하려는 노력에 반대가 있었다. 그 이유는 분업이 중요한 이점을 만들기 때문이다. 즉, 애널리스트는 내러티브를 만들고 자산운용역이나 고객자산 관리자는 그것을 사용할지 말지, 그리고 수정할지 아니면 아예 무시할지를 선택하는 것이다. 투자 결과 손실이 발생하는 경우, 이러한 분업은 책임 소재를 분산시킨다. 고객자산 관리자는 자신들에게 손실을 안긴 투자 내러티브를 제공한 애널리스트 탓을

할 수 있다. 반대로 애널리스트는 자신들이 원래 의도한 투자 추천을 정확하게 수행하지 않은 고객자산 관리자를 탓할 수 있다.[4] 따라서 애널리스트와 고객자산 관리자 사이의 관계는 밀고 당기는 상호적 관계로 특징된다. 둘의 이해관계가 가까워지는 경우는 시장 움직임에 대한 관점을 강하게 고수할 수 있으며, 설득력 있게 마케팅할 수 있는 수퍼내러티브를 만들어낼 수 있다. 둘의 이해관계가 멀어지는 경우는 예측이나 투자의사결정에 관련된 실패의 책임을 다른 상대방 탓으로 돌릴 수 있다.

2001년 3월, ≪파이낸셜 타임스≫는 "애널리스트를 쏴 죽여라"라는 제목의 사설을 실었다. 닷컴버블the dotcom bubble 이후 점점 더 많은 시장 참가자들이, 언론을 포함하여, 버블 붕괴 후 주식시장에서 발생한 거대한 손실로 인해 애널리스트들을 비난했다. 그 기사에서는 애널리스트들이 "약간이라도 겸손을 배우고 본연의 분석 업무로 돌아가야 한다"고 주장했다. 비록 ≪파이낸셜 타임스≫가 버블이 터지기 전에 애널리스트들에게 목소리를 낼 기회를 주어 시장 전문가로서의 성공적 정착에 크게 기여했지만, 그 당시 주가 하락에 대해 분명히 큰 실망을 표명했다. 신문은 손실에 대해 산업의 구조적 문제점이나 경영의 실패를 탓하는 대신 애널리스트를 비난했다. 물론 ≪파이낸셜 타임스≫는 애널리스트를 비난할 이유가 충분히 있었다. 당시 애널리스트 예측이 터무니없이 틀린 것으로 나타났기 때문이다. 더구나 이 사설뿐만 아니라 다른 곳에서도 드러났듯이, 많은 애널리스트는 해당 회사가 실제보다 더 좋은 상태인 것처럼 보이도록 할 개인적 인센티브를 가지고 있었다(Dreman, 2002; "Shoot All", 2001).

2001년 당시 애널리스트들이 당한 대접은 만약 시장에서 예상치 못한 일이 발생하면 어떤 그룹을 희생양 삼아 비난하는 것이 얼마나 쉬운 일인지 잘 보여준다. 스위스은행에서도 고객자산 관리자들이 이처럼 책임을 외부화하는 것을 몇 차례 경험했는데, 틀린 예측으로 인해 고객의 포트폴리오에 큰 손실이 발생하면 애널리스트들이 희생양이 되곤 했다. 때로는 자산운용역들과 고객자문역들이 불만을 토로하기 위해 애널리스트들과 만나기도 했다. 애널리스트들은 그러한 상황에서 어떻게 반응할지를 정확히 알고 있었다. 그들은 잠잠히 있었고 대개는 고객자산 관리자들에게 자신들이 미처 예측하지 못했던 이런저런 사건들에 대해 설명했다.

예상치 못한 사건들은 정기적으로 발생한다. 홍수, 정치적 소요, 또는 예상치 못한 이자율 하락. 이런 일들이 일어날 때면, 애널리스트들은 종종 아침 일찍 자신들의 추천을 변경하고 고객자산 관리자들에게 예측의 오류 사항이 이미 수정되었다고 알려준다. 그러나 놀랍게도 애널리스트들이 제공하는 투자자문의 양이나 그 내용이 틀린 것으로 판명되는 빈도와 비교한다면, 이러한 전화가 이루어지는 경우는 매우 드문 일이라고 할 수 있다. 다양한 고객자산 관리자들과 대화하면서 깨달은 바, 그들은 애널리스트들에게 직접 불만을 표현하기보다는 고객들을 달래기 위한 목적으로 나쁜 상황에 대한 책임을 전가하기 위해 애널리스트를 비난했다.

애널리스트를 비난하는 것은 투자 손실이 발생한 고객자산 관리자에게 분명히 편리한 전략이다. 그러나 궁극적으로 그들 역시 애널리스트만의 잘못이 아니라는 것을 알고 있었다. 고객자산 관리자들과 대화하면서 그들이 투자 전략을 선택할 때 애널리스트 추천을 단순히 따르는 경우는 거의 없음을 알게 되었다. 앞에서 언급한 것처럼, 애널리스트가 제공하는 투자 내러티브는 그들의 의사결정 과정에서 단지 하나의 참고 사항일 뿐이다. 그들 역시 시장 전개에 관한 자신만의 생각이 있고, 무엇보다 중요한 것은, 고객들이 원하는 투자 방식을 고려하는 것이다. 다양한 요인이 투자 방식 선택에 영향을 미치며, 고객자산 관리자들도 애널리스트들처럼 시장 움직임에 대한 자신들의 예측에 대해 성공과 실패를 경험한다. 투자 전략 수립에 대해 개인적으로 대화를 나누면서 알게 된 바, 고객자산 관리자들은 투자 실패에 대해 애널리스트들만을 탓할 수는 없다는 점을 잘 알고 있었다. 그들은 애널리스트 추천에 대해 자세히 살펴보며, 만약 원한다면 그 내용을 무시할 수도 있기 때문이다. 따라서 손실을 초래한 의사결정에 대해 애널리스트를 비난하는 것은 많은 경우, 실제로 애널리스트에 의해 잘못된 안내를 받았다는 표현이라기보다는 사후에 책임을 외부로 돌리는 하나의 방법인 셈이다.

그러므로 고객자산 관리자들이 애널리스트들을 직접 만나서 손실을 만든 의사결정에 대해 비난하는 경우는 상대적으로 드물다. 그러나 그런 일이 벌어지면 그것은 뭔가 흥미로운 것을 보여주게 된다. 고객자산 관리자들과 이러한 상호작용을 하는 상황이 되면 애널리스트들은 자신들의 투자 추천의 금융적 효과에 대해 고민하게 된다. 애널리스트가 자신의 영향력에 대해 이야기할 때면, 대개는 얼마나 많은 운용역과 고객이 자신의 아이디어를 좋아하는지, 그리고 얼마나 많은 고객이 자신의 투자 보고서를 요청하는지를 말한다. 자신의 예측으로 인한 경제적 실적에 대해서는 적극적인 논의가 거의 이루어지지 않는다. 일반적으로 애널리스트 예측에 대한 토론은 회피되어질 뿐만 아니라 심지어 적극적으로 억제된다. 다른 애널리스트들에게 과거의 예측이나 그 실적에 대해 확인하지 않는 것이 불문율처럼 여겨진다. 이러한 관습의 이유는 명확하다. 과거의 예측 실적을 자세히 살펴보면 애널리스트들이 시장의 전개를 바르게 예측하지 못하는 경우가 매우 흔하다는 점을 쉽게 알 수 있기 때문이다.

애널리스트들 사이의 이러한 "묻지마, 말하지마don't ask, don't tell" 문화는 2011년 도전에 직면하게 된다. 재무분석 부서가 구조조정 된 후 에바Eva가 전체 금융시장 연구팀 팀장이 된 직후였다. 채권 리서치 부서 출신인 에바는 주식시장 애널리스트들이 과거 예측의 성과에 대해 언급하지 않는 관습을 고려하지 않았다. 그리고 계속되는 위기 상황에 대한 대책으로 스위스은행의 모든 부서는 각자의 책임을 강화하고 비용 효율성에 대해 최고 경영진에게 보고해야 했다(Strathern, 2000 참고). 에바는 예측 성과 측정을 도입하는 것이 애널리스트 업무를 통해 비용이 어떻게 편익으로 전환되는지를 경영진에게 보여주는 좋은 방법이라고 생각했다.

애널리스트들은 에바의 생각을 싫어했다. 에바가 예측 성과를 측정하고자 한다는 발표를 한 직후, 애널리스트들은 그러한 측정에 사용할 수 있는 모든 방법에 이의를 제기하기 시작했다. 크리스는 예측의 질을 측정하기 위해서는 단순히 전체 시장의 움직임과 비교해서는 안 된다고 말했다. 그 대신에 해당 회사와 규모, 전략, 사업 포커스가 비슷한 회사의 주식 성과와 비교하여 상대적인 성과를 측정해야 한다고 했다. 그러나 크리스는 이어서 다음과 같이 주장했다. "많은 경우 그러한 유효한 벤치마크를 찾기 어렵습니다. 운이 좋으면 벤치마크 회사들이 나쁜 성과를 낼 수도 있지만, 운이 나쁘면 벤치마크 회사들이 당신의 예측을 초과하는 우수한 성과를 낼 수도 있습니다. 따라서 두 경우 모두 공정한 측정은 불가능합니다." 크리스는 다른 애널리스트들과의 개인적 토론에서 에바와 최고 경영진이 추진하려 했던 성과 측정에 대해 태업sabotage을 시도하겠다고 말했다.

많은 애널리스트가 크리스의 의견을 공유했고 과거 예측의 성과는 정확하게 측정될 수 없다는 점에 대해 에바를 설득하려 했다. 갑자기 전문가적 측정 방법이 측정 관행에서 핵심적인 문제가 되었다. 그러나 에바는 애널리스트들의 비판에 주눅 들지 않았다. 그녀가 발표한 지 석 달 뒤에 성과 측정 시스템이 도입되었다. 그때부터 모든 주식시장 애널리스트는 다른 모든 사람의 예측 성과에 대한 월간 보고를 받아보게 되었다. 경험 많고 저명한 애널리스트의 실적이 신참 애널리스트의 예측보다 오히려 더 부정확한 경우가 많다는 사실이 분명해졌다. 그 보고 내용에 대한 반응은 여러 가지였다. 개인 애널리스트들은 때때로 측정 기법이나 벤치마크 설정에 대해 비판했고(대개는 나쁜 평가를 받은 경우다), 대부분의 경우 그 결과에 대해 언급하지 않았다. 그 측정치는 고객자산 관리자들과의 의사소통 시에 절대로 언급되지 않았다. 과거를 측정하는 대신, 애널리스트들은 미래에 대한 내러티브를 구성하는 데 집중했다.

이것이 보여주는 바, 책임성을 분산시키는 방식을 통해 애널리스트들은 때때로 실패를 외부의 탓으로 돌린다. 다른 경우 그들은 실패에 대해 무시하는 전략을 취한다. 그러나 사적으로 애널리스트들과 말할 때, 과거 추천의 실제 업적을 무시하는 것에 대해 많은 애널리스트가 불편한 마음을 가지고 있었다. 그것은 그들의 직업의 정당성에 도전하는 것이며, 또 다른 한편으로 2008년 이후 애널리스트들이 이전과는 다른 상황을 직면하게 되었기 때문이다. 글로벌 금융위기 이전에 시장은 장기적으로는 일반적으로 그 규모가 증대되고 있었다. 따라서 일부 예측이 단기적으로는 손실을 유발하기도 하지만 전체 기간 동안 시장의 전반적 가치가 증가하기 때문에 고객들은 대체로 이익을 얻고 만족했다. 만약 예를 들어 1990년대 스위스 주택시장에서처럼 위기가 발생한다면 애널리스트들은 상황을 비관할 것이다. 그러나 2008년 이전에 그런 위기는 아주 오래 지속되지는 않았고 고객들이 뭔가 잘못되었다고 깨달을 때면 특정 위기에 영향을 덜 받은 대체적 투자안을 고르도록 조언해 주었다.

그러나 2008년 이후 상황은 달라졌다. 위기는 길었고, 전 세계적으로 영향을 받았고, 대체적인 투자 기회는 찾기 어려웠다. 그들은 투자 기회를 찾을 수 있다고 주장했지만, 애널리스트들은 위기가 시장의 어느 부분을 덮칠지 도무지 알 수 없다고 인정했다. 고객자산 관리자들로부터의 실패에 대한 추가적 비난은 애널리스트들의 불안과 죄책감을 더욱 강화시켰다. 채굴 산업을 담당하는 애널리스트인 폴Paul은 한번은 점심시간 동안 이러한 감정을 토로하기 시작했다. 일부는 반어적으로 일부는 절망적 목소리로 그는 말했다. "당신도 알다시피 바깥세상 모든 사람이 위기의 책임이 누구에게 있는지 알고 싶어 싶어합니다. 제가 말하건대 바로 우리입니다! 우리가 이 모든 쓸모없는 것들, 이 위험한 주식들, 그리고 구조화 상품들을 사라고 추천했습니다. 그들은 알지도 못하지만, 책임질 사람들은 바로 우리입니다."

금융시장의 이야기꾼들

제8장

촉진자 애널리스트

Analysts as Animators

❖

프렌치Kenneth French는 2008년 미국재무학회장 취임연설문에서 애널리스트 같은 시장중개자의 역할이 "우수한 수익률을 얻으려는 헛된 추구"에 기반한다고 묘사했으며, 이는 수동적 투자 전략passive investment strategies과 비교하여 연평균 0.67%의 손실을 투자자들에게 안겨준다고 설명했다(French, 2008: 1558). 금융시장이 발전하면서 적극적 투자active investing,* 즉 전문가 추천이나 특별한 자산운용 전략에 기초하는 투자는 수십억 달러 규모의 산업이 되었다. 2007년 한 해에만 미국은 적극적 투자를 위한 금융 서비스에 5280억 달러를 지출한 것으로 추산된다(Bogle, 2008: 97). 이는 미국 국내총생산의 약 4%에 해당한다(Marti and Scherer, 2016 참고). 이러한 거대한 액수는 적극적 투자가 시장 효율성 가정과 배치된다는 점을 고려하면 더욱 놀랍다. 이 책 초반에 언급한 패러독스가 생각난다. 애널리스트는 주류 경제학인 신고전파 경제학 이론 및 그에 따른 실증분석 결과가 그 존재 이유를 부정함에도 불구하고 실무 영역에서 여전히 건재하고 있다.

애널리스트는 적극적 투자를 촉진한다. 이 역할을 수행할 수 있는 것은 그들이 고객자산 관리자, (필자의 경우에는 스위스은행 같은) 호스트 기관host institution,** 그리고 대중들과 강력한 공생 관계를 구축하기 때문이다. 이

---

* 적극적 투자는 흔히 액티브 투자라고도 불린다. 한편 이와 대비되는 개념으로 소극적 투자 또는 패시브 투자 전략이 있는데, 이는 시장 전반의 성과를 추종하는 것으로, 특정한 개별 자산들을 선별하는 것이 아니라, 주가지수 같은 시장 자산에 주로 투자한다 ― 옮긴이.

** 은행 등 금융기관이 애널리스트들을 고용하여 내부 부서에 배치한다는 뜻이나, 단순한 고용자가 아니라 애널리스트들이 역할을 수행하는 경제활동의 장을 마련하고 그 과정을 주관한다는 의미를 내포하는 말로 생각되어 영어 표현을 그대로 사용하여 호스트 기관으로 번역했다 ― 옮긴이.

모든 관계에서 애널리스트는 투자 내러티브를 제공할 뿐만 아니라 투자자들이 주식이나 다른 금융 상품을 사고파는 것을 적극적으로 촉진한다. 애널리스트를 고용한 금융회사는 투자자들이 거래할 때마다 수수료 수입이 발생하므로 애널리스트의 역할이 중요하다. 투자자들도, 일부는 애널리스트의 작업에 불만을 가질 수는 있지만, 애널리스트의 역할을 촉진자로 받아들이게 되는데, 이는 애널리스트가 그들에게 주체성을 느끼게 해주기 때문이다. 단순히 시장의 움직임과 자산의 변화를 관망하기만 하는 대신, 애널리스트의 촉진 활동에 의해 투자자들은 스스로를 의사결정을 내리고 시장에서 자신의 재산 형성에 영향을 미칠 수 있는 능동적인 시장참가자로 생각할 수 있게 된다.

애널리스트의 회사 내 역할

애널리스트와 그들의 소속 기관인 스위스은행 간의 관계는 흥미롭지만, 때로는 갈등이 발생하기 쉽다. 공식적으로 은행의 많은 담당자들은 애널리스트의 역할을 은행 고객에게 단순히 서비스를 제공하는 것이라고 설명한다. 서비스 제공자로서 애널리스트는 자신을 고용한 은행과 스위스 금융규제 당국FINMA으로부터 독립적인 시장 전문가로 여겨진다. 2008년 FINMA 보고서(2008.4)는 애널리스트 역할을 정의하면서 스위스은행협회의 '금융분석 독립성 지침'을 언급했는데, 이것은 금융 서비스 산업이 자율규제 차원에서 만든 애널리스트 행동 강령the code of conduct이다.[1] 이 지침에서 스위스은행협회는 애널리스트 업무의 독립성을 보장하기 위해 필요한 적극적 조치들에 대해 세 가지 사항을 강조한다. 첫째로는 조직 내부적으로 애널리스트의 독립성을 규제하는 것이다. 즉, "재무분석을 담당하는 조직 단위는 … 조직적·위계적·지역적 관점에서, 그리고 증권 발행 및 투자 업무를 담당하는 조직 단위로부터 반드시 독립적이어야 한다"고 규정한다(Swiss Bankers Association, 2008: 5). 조직 내부적 독립성은 "증권 거래(자기 매매를 포함)와 판매"(7),* 그리고 "차입을 담당하는 여하한 조직 단위"(9)에 대해서도 마찬가지로 적용되어야 한다.

두 번째로는 보상의 역할을 언급한다. 스위스은행협회는 "애널리스트에게 지급되는 보상은 투자은행 업무인 증권 발행을 담당하는 부서의 특정 거래 실적(수익이나 업적 목표치들)에 연동되어서는 안 된다"고 말한다(Swiss Bankers Association, 2008: 5). 마찬가지로 증권 트레이딩 부서의 거래 실적에 연동되어서도 안 된다(7).

세 번째로는 조직 내부에서 정보 비대칭을 피하는 방법에 대한 지침을 제공한다. 스위스은행협회는 "은행의 신규 증권발행 부서와 투자은행업 부서, 재무분석 부서는 기본적으로 은행 고객에게 동시에 제공되지 않는 특권적 정보("중요한 비공개" 정보)를 서로 교환하지 않도록 조직이 구조화되어야 한다(일명 차이니즈 월Chinese Walls 규정)"고 명시하고 있다(Swiss Bankers Association, 2008: 6).[2] 유사하게, 여러 단락에서는 이른바 선행매매 front running**에 초점을 맞추고 있다(6~8). 선행매매는 비공개 정보를 전략적으로 획득하거나 투기 목적으로 사용하는 금지된 시장 거래 행위이다.

이 세 가지 사항 모두 금융시장 지식과 금융시장 영업의 관계를 규정

---

* Swiss Bankers Association(2008) 문건의 7쪽 내용이라는 뜻이다. 이하 괄호에 숫자만 나오는 경우는 모두 마찬가지로 이해된다 — 옮긴이.

** 공적으로 재량이 주어진 일을 수행함에 앞서 그 일로 인해 사적 이익을 얻도록 미리 준비하는 행위를 의미한다. 그 대표적인 예로 펀드매니저가 개인적으로 미리 어떤 주식을 사들인 뒤 자신이 운용하는 펀드 자금으로 그 주식을 사들여 가격 상승을 유도하는 것을 생각할 수 있다 — 옮긴이.

한다. 즉, 지식에 대한 특권적 접근에 기초한 영업을 금지한다. 정보에 대한 특권적 접근이 가능한 관계자와 애널리스트 사이의 정보 흐름을 규제함으로써 정보가 모든 시장 참가자들에게 평등하게 주어지도록 보장하는 것이다.[3]

스위스은행협회가 발간한 행동 강령 내용은 스위스은행 내부적으로도 공지되어 있고 재무분석 부서의 조직 설계에도 반영되어 있다. 지침의 요구에 따라 애널리스트는 은행의 투자은행업 부서나 트레이딩 부서와 독립적으로 영업한다. 그리고 스위스은행에서 애널리스트는 트레이딩 부서나 새로운 주식의 발행과 관련된 이익을 위해 자신의 투자자문을 조정할 직접적 유인은 없다.

그러나 그 행동 강령을 시행한다고 해서 스위스은행이 애널리스트 부서를 완전히 독립적인 서비스 조직 단위로 취급한다는 뜻은 아니다. 은행에게 애널리스트는 고객의 투자를 촉진할 책임이 있다. 한번은 애널리스트의 회사 내부적 역할에 대해 이야기하는 동안 크리스는 이 점을 분명히 했다. 최악의 금융위기 시기에도 재무분석 부서장은 애널리스트들에게 "스토롱 콜strong call", 즉 특정한 주식을 매입하는 투자 추천을 할 수 있는 기회를 계속해서 찾도록 적극 권장했다. 스위스은행 같은 금융기관들은 고객들이 적극적 투자를 하는 것이 이익인데, 이는 고객들이 주식을 사고팔 때마다 수수료가 생기기 때문이다. 고객은 수익을 극대화하기 원하지만, 은행은 고객의 포트폴리오 회전율turnover rate을* 극대화하기 원한다. 이를 위해 은행은 고객들이 금융 상품을 계속 사고팔도록, 그렇게 하지 않는 것이 고객에게 더 유리하다 해도, 지속적으로 투자자문을 하고 또 수정하는 애널리스트들에게 의존한다.

---

* 투자 기간 동안 몇 번 거래하는지 측정하는 지표이다 — 옮긴이.

고객의 거래를 촉진하는 내러티브를 계속해 만드는 애널리스트들을 두려는 금융회사의 유인은 투자 수익을 극대화하려는 고객의 유인과 상충되는 경우가 자주 있다. 따라서 애널리스트를 두는 금융회사들은 간접적인 방식을 통해 애널리스트들이 금융회사 이익을 위해 행동하도록 한다. 애널리스트들에게 높은 급여를 제공함으로써 그들이 소속 금융회사의 이익을 추구할 경제적 유인을 마련하는 것이다.

저명한 자산운용가인 드레먼David Dreman은 《심리학과 금융시장 연구 저널Journal of Psychology and Financial Markets》의 편집자 논평을 통해 닷컴버블dotcom bubble 당시의 여러 엉터리 예측과 스캔들에 관해 특별한 문제점을 제기했다(Dreman, 2002). 다양한 설문 조사와 관측을 언급하면서, 드레먼은 애널리스트의 보너스가 예측의 정확도가 아니라 투자자가 주식을 사고팔게 만드는 능력에 주로 영향을 받는다고 지적했다(Dreman, 2002: 138). 드레먼에게 이는 애널리스트들이 자처하는 만큼 그런 독립적인 시장 전문가가 아님을 나타내는 것이다. 많은 보너스를 바라는 애널리스트들의 욕망은 그들의 이익이 소속 금융회사의 이익과 일치한다는 것을 의미한다.

그러나 스위스은행에 있는 동안 이야기가 그리 간단하지 않음을 알게 되었다. 드레먼은 애널리스트들이 예측 정확성에 따라 보상받지 않는 것을 비판했지만, 스위스은행협회는 애널리스트 보상과 예측 정확성을 서로 분리하는 것을 내부 정보 이용 유인을 억제하는 하나의 방편으로 본다. 일반적으로 독립적인 전문가로서의 애널리스트 역할과 자신을 고용한 회사나 기관의 이익을 추구하는 역할 사이에는 희미한 선이 있을 뿐이다. 애널리스트가 아닌 다른 시장 전문가들에게 이러한 연구 결과를 들려주자, 그들은 애널리스트들이 소속 기관의 이익에 부합하는 주식을 추천하는 것으로 생각한다고 말해 주었다(이는 앞서 7장에서 독일의 일중매매 거래자 예에서 지적한 바이다). 그러나 현장 연구에서 필자가 경험한 바는 그렇지 않은 경우를 보여주었다.

재무분석은, 적어도 매수측buy-side은, 강력하게 규제되고 감독되었다. 스위스은행의 애널리스트들은, 필자가 아는 바로는, 자신이 분석을 담당하는 특정 회사에 대해 스위스은행이 앞으로 어떠한 사업 관계를 가지게 되는지에 대해 거의 알지 못했다. 은행이 그 회사와 현재 이해관계를 가지는 경우 그 주식은 재무분석이 제한된다. 이는 애널리스트가 그 회사의 주식을 고객에게 추천하거나 자신들의 투자 견해를 제공하는 것이 허용되지 않음을 뜻한다. 이러한 제약은 스위스은행의 관리자들과 애널리스트들에게 널리 적용된다. 따라서 호스트 기관이 애널리스트들에게 가지는 영향력은 직접적인 것이 아니라 구조적인 것이다.

구조적 영향력이란 무엇인가? 애널리스트들과 함께하는 동안 그들이 특정 주식을 사도록 평가하려는 유인은 강한 반면, 팔도록 고객에게 자문하는 것은 조심스러워한다는 것을 알게 되었다. 매입, 매도, 보유 추천 사이에 특별한 공식적 규정이 없어도 많은 애널리스트는 적어도 추천의 50% 이상은 매입 추천이 되어야 하는 것으로 생각한다고 말해 주었다. 매도와 보유 추천은 각각 20%나 25% 수준을 넘으면 안 된다고 생각하는 것이다. 이러한 비율을 유지하는 것은 쉬운 일은 아닌데, 특히 필자가 경험한 바로는 주식시장 전체가 침체되는 시기에는 더욱 어렵다. 이러한 경우에는 애널리스트들은 대부분의 회사가 장기적으로 회복될 것이며 따라서 자신들의 투자 추천 내용을 매도 추천으로 변경하지 않는다고 발표한다. 고객들이 지금 주식을 손해 보고 팔았다가 이후 시장이 회복되기 전에 미리 주식을 사지 못한다면 장기적으로 손해라는 것이다. 독립적인 시장 관찰자로서 애널리스트들은 만약 시장이 하락할 것으로 느껴지면 100% 매도 추천하고, 시장이 상승할 것으로 느껴지면 다시 100% 매수 추천해야 할 것이다.

그러나 애널리스트들은 투자자들에게 주식을 사도록 이야기하는 입장을 유지하기를 선호했다. 애널리스트들과 점심을 먹으면서 이러한 편향bias에 대해 토론했는데, 그들은 투자철회 신호signal of disinvesting에 대해 강한 거부감을 가지고 있다고 말해 주었다. 그들 주장은 투자를 중단하는 것이 경제에 좋지 않다는 것이었다. 그들은 시장 전망이 아무리 나빠도 경제의 상승 기회를 찾는 것이 자신의 일이라고 생각했다. 관점의 틀로서의 이러한 낙관주의는 투자 내러티브를 구성할 때 모든 애널리스트 사이에 공통적으로 존재했다.

때로는 이러한 낙관적 편향optimistic bias이 곤란한 상황을 만들어냈다. 2011년 전반기를 예로 들자면, 재무분석 부서장인 리처드는 투자자들에게 끊임없이 주식을 사라고 조언했다. 주가가 거의 1년 동안 오른 후에도 리처드는 주가 상승을 장기적 추세로 해석했다. 그러나 2011년 8월 유로존 소동 및 은행 부문 안정성에 대한 염려로 인해, 애널리스트들 사이의 언어로, "대규모 매도big sell-off" 현상이 나타나기 시작했다. 3개월도 안 되어 MSCI* 세계지수MSCI World Index가 3분의 1 하락했다. 리처드의 주식 매수 추천은 어떤 투자자에게는 큰 재앙이 될 수 있음에도 불구하고, 재무분석 부서 내에서 중심적인 논의 주제가 되지는 못했다. 리처드를 성격적으로나 전문성 측면에서 좋아하지 않던 사람들은 이러한 상황에 대해 불평하면서 그의 무능력을 탓했다. 그러나 다른 애널리스트들의 투자 내러티브에도 동일하게 메아리치는 그의 낙관적 편향 자체는 대화 주제가 되는 경우가 거의 없었다.[4]

---

* MSCI는 Morgan Stanley Capital International 약자이며, MSCI World Index는 세계적인 미국 투자은행인 모건 스탠리(Morgan Stanley)가 관리하는 주가지수로서, 23개 선진국들의 주요 주식들로 구성된다 ― 옮긴이.

스위스은행의 사업적 이익이 애널리스트의 일상 업무에 미치는 간접적 영향력은 투자 전략 변경 빈도와 관계가 깊다. 앞에서 은행이 고객들로 하여금 투자 전략을 수정하여 거래를 유발함으로써 수수료 수입을 얻으려는 이해관계를 가진다고 언급했다. 물론, 스위스은행은 단지 수수료 수입만을 위해 애널리스트들에게 투자 추천을 바꾸라고 강요하지는 못한다. 그럼에도 여전히 투자자문 변경으로 이익을 얻을 수 있는 은행은 다수의 투자 보고서를 발간함으로써 시장의 움직임에 적극적으로 반응하는 모습을 보여주려는 애널리스트들과 시너지 효과를 가진다.

대부분의 애널리스트가 예측의 정확성을 업무의 질적 측정치로 사용하는 것에 대해 회의적이지만, 투자 보고서를 새로 만들거나 수정하는 빈도는 실적 지표로 널리 인정된다. 애널리스트의 실적을 평가할 때, 많은 애널리스트팀 부서장들은 거의 언제나 팀원들의 보고서 발간 빈도를 고려한다.

예를 들어, 앤디는 재무분석 부서에서 4년을 보낸 뒤 다른 부서로 이동하기로 결정했다. 그의 환송회는 스위스은행 내부 바에서 열렸으며, 그의 전임 상사인 마르코는 앤디의 성취를 축하하는 연설을 했다. 애널리스트로서 앤디의 가치를 강조하기 위해 마르코는 술을 마시며 앤디에게 작별 인사를 하로 온 직원들에게 앤디의 실적에 관한 수치들을 읽어 내려갔다. 마르코는 자랑스럽게 말하기를, "작년에 앤디는 52개의 투자 보고서를 발간했습니다. 이는 재무분석 부서의 그 누구보다도 많은 것입니다". 그 숫자는 청중들에게 인상적인 것이었다. 그들은 서로 돌아보며 고객을 끄덕임으로써 긍정의 반응을 보였다. 마르코의 연설 뒤, 애널리스트들은 앤디가 작성한 많은 보고서에 대해 이야기했다. 모두들 새로운 투자 보고서 작성 빈도가 앤디의 업적을 측정하는 정당한 지표임에 동의하는 것으로 보였다.

고객들이 투자 보고서를 읽고 끊임없이 변화하는 투자 활동에 참여하도록 장려하는 것은 은행과 애널리스트가 공유하는 목표다. 그들은 고객들이 투자 전략을 수정하도록 끊임없이 활기를 불어넣는 환경을 창조한다. 그 메시지는 분명하다. 오늘 좋은 투자가 반드시 내일도 좋은 투자가 되는 것은 아니다. 물론 애널리스트들이 하나의 주식에 대해 매주 평가 등급을 바꿀 수는 없다. 따라서 많은 투자 장려는 새로운 투자 주제나 현재 추세에 대해 반응하는 것을 통해 이루어진다. 앞에서 아랍의 봄이나 금융 시장 투자의 도덕화 같은 이벤트들을 그 예로 살펴보았다. 이러한 추세나 이벤트들을 재무분석에 통합하는 것은 새로운 투자 전략을 계속해서 만들어내는 하나의 방법이 된다. 은행에게 수수료 수입을 만들어주고 애널리스트들에게는 그들이 반드시 필요한 시장 참여자로 보이도록 만들어준다. 따라서 은행과 애널리스트는 환경 변화나 시장 변동, 그리고 심지어 경제적·정치적 위기로부터도 함께 이익을 얻는데, 이러한 상황은 그들이 고객에게 투자 기회로 설득할 수 있는 새로운 투자 내러티브를 만들 수 있게 해주기 때문이다.

애널리스트의 외부적 관계

애널리스트와 소속 기관 사이의 이해 충돌을 예방하려는 것처럼 스위스은행협회(2008)는 애널리스트와 고객 사이의 관계에 대해서도 이해 충돌을 피하기 위한 지침을 조언한다. 이 지침에서 협회는 애널리스트와 그들이 근무하는 기관의 외부 사람들 간의 관계를 규율하는 세 가지 영역을 강조한다.

첫째, 내부적 정보 흐름에 대한 지침과 마찬가지로 스위스은행협회는

금융시장의 이야기꾼들

애널리스트와 외부 당사자 사이에서도 비대칭적인 정보 흐름이 발생하지 않도록 은행에 권고한다. 이는 애널리스트와 투자 보고서 수령자 모두에게 평가되는 회사에 대한 정보의 비대칭적 흐름과 관련이 있다. 가치평가 대상 회사와 애널리스트 사이의 정보 흐름에 대해 그 지침은 다음과 같이 말한다.

> 원칙적으로 회사는 애널리스트에게 특권적 정보("중요한 비공개" 정보)를 공개해서는 안 된다. 그럼에도 만약 애널리스트가 활동 과정에서 특권적 정보를 얻었다면, 특별히 보고서 발간이나 투자 추천의 중지 여부 및 특권적 정보 획득 사실의 공시에 대해 준법 부서와 상의해야 한다(Swiss Bankers Association, 2008: 12).

고객에게 제공되는 시장 지식에 대해서는, "원칙적으로 애널리스트 보고서와 추천은, 특히 등급의 발표 및 변경은, 같은 고객 범주 수령자들에게 은행 내·외부적으로 동시에 주어져야 한다. 내·외부 당사자들과 사무실에 주어지는 사전적 통지는 예외적인 경우에 한해, 그리고 "준법 부서 지침the Directives of the Compliance unit"에 따라 이루어져야 한다"(Swiss Bankers Association, 2008: 11).

둘째 영역에서는 법률적 공시의 역할이 강조되어 규제된다. "모든 발간 연구 보고서에서 은행은 직전 12개월간 분석 대상 회사의 증권 발행에 관여한 적이 있는지를 공시해야 한다"(Swiss Bankers Association, 2008: 7). 정보 공시에 관한 추가적 규정으로 분석 대상 회사로부터 보상이나 특권적 정보를 받는 애널리스트의 경우가 언급되는데, 이는 스위스은행협회의 지침을 위반하는 것이 된다. 지침은 이러한 발생 가능한 이해 충돌의 공시를 통해 애널리스트들은 스스로를 보호할 수 있다고 말한다(5~10).

셋째 영역은 가치평가 대상 회사로부터 애널리스트가 독립성을 유지하고 투자 추천으로부터 사익을 추구하지 않는다는 개인적 청렴성을 확보하기 위한 기준을 마련하는 것이다. 지침은 "애널리스트는 분석 대상 회사로부터 통상적 수준의 선물의 가치를 초과하는 어떠한 특권이나 선물, 또는 특혜를 받아서는 안 된다. 의심스러운 경우에는 제공받은 내용에 대해 준법 부서에 반드시 공지해야 한다(Swiss Bankers Association, 2008: 14)"라고 말한다. 청렴성과 관련된 규정은 다음과 같다. "애널리스트는 자신이 분석하는 어떠한 증권(증권, 미인증 증권, 파생상품 포함)도 자신의 계좌로 취득할 수 없다"(14). 그리고 "만약 애널리스트가 분석 대상 회사에 대해 이사직이나 다른 중요한 영향력을 가지고 있는 경우에는 해당 회사에 대한 보고서를 작성할 수 없다"(15).

경험한 바로는, 애널리스트가 회사를 분석할 때 비대칭적인 정보 흐름을 착취하는 경우는 없었다. 가치평가 대상 회사와 애널리스트 사이의 관계는 매우 공식화되어 있다. 애널리스트는 주식의 시장 실적에 대한 비판적 가치평가가 가능해지도록 그 회사의 대표들과 친분을 쌓는 것도 피하려고 조심한다. 애널리스트들의 이러한 노력에 필자는 놀랐다. 그러한 친분 관계는 애널리스트들이 더 정확한 예측을 만드는 데 도움이 될 정보에 대한 접근 기회를 제공할 수도 있을 것이다. 애널리스트들이 그러지 않는 그럴듯한 이유 하나는 그들이 투자 보고서 수량을 늘리거나 좋은 이야기를 만들고자 애쓰는 만큼 예측의 정확도를 개선하려 애쓰는 것은 아니기 때문이다. 내부 정보는 단기적 차원에서는 도움이 안 되는데, 투자 내러티브에 통합시킬 수 없기 때문이다. 따라서 애널리스트는 주가에 영향을 미칠 수 있지만 투자 내러티브에 통합시키기는 어려운 정보보다 분석 대상 회사에 대한 비전형적인(대개 주가에는 영향력이 약하더라도 이야기를 만드는 데는 도움이 될 수 있는) 사실들을 더 선호한다.

애널리스트인 마누엘Manuel은 자신이 평가하는 회사의 대표와 정기적으로 만났다. 매수측 애널리스트에게 서비스를 제공하도록 고용되는 매도측 애널리스트들이 그러한 미팅을 주선했다. 미팅은 스위스은행 내부의 회의실이나 인근의 호텔 컨퍼런스 룸에서 열렸다. 가끔은 해당 회사 대표들이 동시에 다른 은행들의 애널리스트들과도 함께 만나기도 했고, 때로는 매도측 애널리스트가 1 대 1one-on-ones이라고 부르는, 즉 회사 대표자들이 한 명의 매수측 애널리스트와 단독으로 만나는 미팅도 있었다. 마누엘과 대화할 때 그는 엄격한 의미의 새로운 시장 정보에 대한 언급을 절대하지 않았다. 대신 그는 자신이 그 회사의 전략을 수립하는 데 관여한 사람들을 믿을 수 있는지 알아보려 노력했다고 설명해 주었다. "이러한 미팅에서 중요한 것은 회사가 진정한 비전이 있는지 판단하는 것이 전부"라고 마누엘은 말했다.

이처럼 애널리스트들이 분석 회사의 비전 및 전략 수립 책임자에 대한 신뢰성에 집중한다는 사실은 회사들이 애널리스트와의 미팅에 누구를 참석시키는지를 보면 더 분명해진다. 필자가 들은 바로는 이러한 미팅에 회사의 재무적 상황을 가장 정확하게 설명해 줄 수 있는 재무담당 이사가 참석하는 경우는 드물다. 오히려 애널리스트는 회사의 전략 수립 및 마케팅 책임자들을 만났다. 이러한 담당자들의 강점은 회사 재무 상태에 대한 깊은 지식이 아니라 회사 발전에 대한 내러티브 맥락을 만들어낼 수 있는 능력이다.

마누엘은 스포츠 장비 제조업자와 만남을 가진 뒤 특히 깊은 인상을 받았다. 미팅에서 돌아온 후, 그는 자신의 책상 근처에 앉아 있던 다른 애널리스트들에게 무슨 일이 있었는지 이야기했다. 그 회사는 미국과 유럽에서 자사 브랜드에 대한 다양한 인지도를 조사했다고 했다. 미국에서는 그 브랜드가 스포츠 장비 제조업체로 인식되는 반면, 유럽에서는 패션 브랜드fashion label로 인식된다는 결과가 나왔다. 마누엘은 이러한 발견이 흥미롭고 매우 가치 있는 것으로 생각했다. 첫째, 이는 궁극적으로 시장가격에 반영될 수 있는 정보인데, 회사가 그 조사 결과를 마케팅에 활용할 것이기 때문이다. 둘째, 마누엘에게는 더 중요한 것으로, 이는 쉽게 투자 내러티브에 통합되어 투자자에게 전달될 수 있는 통찰력을 제공하기 때문이다.

이러한 마누엘의 예는 애널리스트들이 회사 대표자들과의 만남에서 추구하는 바가 무엇인지를 잘 보여준다. 즉, 가까운 미래의 수치 정보나 합병 및 전략 변화 등과 같은 내부 정보가 아니라, 자신들의 투자 보고서 작성에 재무 정보 이외의 다른 통찰을 제공할 수 있는 정보를 찾으려는 것이다. 앞서 6장에서 설명한 기업 보고서에서 마르셀은 자신의 예측이 단순한 수치나 재무 정보에 기초하는 것이 아닌 투자 이야기investment story를 보여주기 위해 인격화 전략strategy of personalization을 사용했다. 이와 비슷하게 마누엘은 일관된 내러티브의 기초가 되는 통찰에 재무 정보를 연결시켜주는 정보를 가장 중요하게 생각했다.

애널리스트와 분석 대상 회사와의 관계를 규제하는 스위스은행협회의 지침과 대조적으로 많은 애널리스트는 분석 대상 회사 주식을 자기 계좌로 투자하는 것을 금지하는 지침에 대해 비판적 시각을 가지고 있었다. 준법 부서의 애널리스트에 대한 정기 브리핑에서 이러한 점을 알게 되었다. 애널리스트의 이해 상충을 통제하는 준법 부서 팀의 책임자인 양Yang은, 고객들에게 위험한 투자를 추천하게 되는 애널리스트 업무와, 위험한 자문으로부터 발생 가능한 미래의 피해를 예방하려는 준법 부서 사이의 적대적 관계에 대한 농담으로 발표를 시작했다. 양은 애널리스트들에게 고객들, 특히 교육 수준이 높지 않는 투자자들을 생각해 보고, 그들이 이해하지 못하는 투자를 하도록 설득하는 일이 없도록 해야 한다고 주의를 환기시켰다. 그리고 그녀는 애널리스트들을 위한 언어 지침에 대해서도 언급했다. "우리는 당신들의 보고서에서 도박 비유의 언어나 '이 주식을 플레이하라play this stock' 또는 '이 회사에 베팅하라bet on this company' 같은 표현들이 사용되는 것을 원하지 않습니다." 추가적으로 그녀는 애널리스트들이 미래를 예견할 수 없으며 따라서 "시장이 5% 상승할 것이다will" 같은 문장은 사용해서는 안 되며, 대신 "우리는 시장이 5% 상승할 것으로 예상한다expect"처럼 표현해야 한다고 주의를 환기시켰다.

이 브리핑에 참석한 고참 애널리스트들은 이전에 이러한 지침을 들은 적이 있었다. 그래서 많은 사람들이 의무적인 회의에 앉아 지루해 보였다. 그러나 양이 애널리스트들이 시장에 직접 투자하는 문제를 언급했을 때 그들의 태도가 돌변했다. 스위스은행협회의 지침은 애널리스트들이 분석 대상 회사에 투자하는 것을 금한다. 그러나 실제로는 이 지침은 실천되기 어렵다. 많은 애널리스트는 제한된 수의 주식만을 분석할 뿐이나, 광범위한 투자 주제나 지역에 관한 보고서 작성에 협업하는 경우가 흔한데, 여기서는 다른 애널리스트들이 분석하는 주식들이 함께 언급되는 경우가 많다. 따라서 문제는 애널리스트가 부분적으로 작성에 참여한 보고서에 관련된 주식을 보유하는 경우다. 많은 애널리스트가 못마땅하다는 표시로 눈동자를 굴리며 불필요한 것으로 여겨지는 그러한 지침에 불평했다. 심지어 어떤 애널리스트는 양에게 스위스은행의 비밀유지 규정으로 인해 준법 부서조차도 애널리스트들이 자신들이 분석하는 회사 주식을 보유하고 있는지 확인할 수 없다고 말했다.

필자가 현장에서 약 3개월 동안 활동한 후 열린 그 회의에서, 처음에는 애널리스트들이 자신들의 지식과 예측으로부터 금전적 이익을 얻지 못하는 것 때문에 불만인 것으로 생각했다. 그러나 나중에는 그들의 반대에는 다른 이유가 있음을 알게 되었다. 투자를 제한하는 것은 그들이 시장과 연결되어 있다는 느낌을 차단하기 때문이었다. 그들에게 있어 직접 투자하는 것은 기대를 시험하고 성공과 실패를 몸소 경험할 수 있는 공간을 만드는 것을 의미했다.

예를 들어, 마르코는 모든 애널리스트가 스스로 주식시장에 투자해야 한다고 확신하고 있었다. 그뿐만 아니라 다른 애널리스트들도 필자가 직접 주식 투자를 하는지 여러 번 물어보았다. 투자하지 않는다고 말하자, 직접 돈을 투자해 보지 않으면 시장의 작동 방식에 대한 감각을 얻기 어려울 것이라고 몇몇 애널리스트들이 말했다. 특별히 앤디는 자신의 분석에 대해 토론할 때면 자신의 투자 활동에 대해 언급하곤 했다. 그가 재무분석 부서를 떠날 때, 그의 동료 중 한 명은 송별 연설에서 앤디는 "전문성 뒤에 숨는" 애널리스트가 아니라, "말한 대로 행동하는" 실천적인 사람hands-on guy이라는 점을 매우 높이 평가한다고 말했다.

공공 담화와 애널리스트

애널리스트는 투자 보고서 발간 빈도, 보고서가 투자자들 사이에서 주목받는 정도, 그리고 공공 해설자로서의 역할을 통해 그 실력이 평가된다. 스위스은행의 경영진은 애널리스트가 언론에 나오는 것을 장려하며, 애널리스트들 자신도 정당성과 영향력을 확보하려는 목적 때문에 이를 원한다. 예를 들어, 일간지에 언급되면 애널리스트는 자신의 생각을 더 많은 대중에게 알릴 기회를 얻게 된다. 그러한 경우에 대비하기 위해 애널리스트는 언론인들과 대화하는 방법에 대한 교육을 받는다. 이 교육 세션 동안, 애널리스트들은 다양한 미디어에서 투자 내러티브를 전달하는 방법과 카메라 앞에서 이야기하는 요령에 대해 브리핑을 받는다.

스위스은행에서는 지역 TV 방송국의 한 언론인이 이러한 교육을 진행했다. 이 언론인은 금융 전문가가 아니었다. 그의 역할은 내용에 대해 생각하는 것이 아니라 TV에서 말할 때 그들의 외모와 제스처가 전문가로서 청중에게 인식되는 방식에 어떻게 영향을 미칠 수 있는지 가르치는 것이었다. 또한 그는 복잡한 내용을 시청자들이 이해하기 쉽게 전달하는 방법에 초점을 두었다. 스위스은행의 경영진이 애널리스트들을 위해 연 1회 진행하는 하루짜리 워크숍 형식의 이 교육은 참석이 필수 사항은 아니었다. 그러나 대부분의 애널리스트는 대중에게 전문가로서 자신을 나타내는 기술을 익히기 위해 적어도 한 번은 이 교육에 참석했다.

애널리스트 가운데 어떤 이들은 TV나 신문에 나오는 것을 좋아했지만, 어떤 이는 시장에 대한 자신의 지식을 대중에게 제시한다는 생각을 불편하게 여겼다. 그러나 재무분석 부서 관리자는 애널리스트들이 대중에게 부각되는 것을 환영한다는 점을 분명히 했다. 언론에 익숙한 사람들은 적극적으로 자신의 성공을 홍보했다. 언론 미디어에 출연한 뒤에는 자신이 대중적 담화의 일부가 되는 데 성공했음을 보이기 위해 신문 기사나 인터넷 링크를 주위 사람들에게 보냈다.

언론에 이야기할 때 애널리스트들은 자신의 시장분석을 신문 구독자 또는 TV 시청자의 기대를 만족시키는 방식으로 발표하려고 매우 주의했다. 대략적으로 말해, 애널리스트는 세 가지 유형의 미디어를 대한다. 첫째는 금융시장에 특화된 매체들이다(예를 들면 블룸버그, ≪파이낸셜 타임스≫, ≪월스트리트 저널≫, 그리고 스위스의 그런 종류의 매체들). 두 번째는 일반 경제 및 비즈니스를 전문으로 취급하는 매체(또는 섹션)이다(예를 들어 일간지 경제면이나 경제 이슈를 다루는 TV 프로그램); 셋째는 비전문적 매체이다(예를 들어 일간지 또는 일반 목적의 TV 프로그램).

애널리스트들은 청중을 타깃으로 하여 자신들의 내러티브를 미디어 유형에 맞추어 조정한다. 금융시장에 특화된 신문이나 TV의 언론인과 이야기하는 것이 가장 쉽다. 금융 전문용어를 마음대로 사용할 수 있다. 전문가 대 전문가로 이야기하는 것이므로 그들은 계산적 접근, 자료, 최근의 금융시장 연구 등을 언급함으로써 자신의 시장 지식을 강조한다. 그리고 청자가 투자위험에 대해 잘 알고 있는 금융시장 전문가들이기 때문에 그들은 위험한 투자 결정에 대해 말하기도 한다.

경제 문제를 전문으로 다루는 매체의 경우, 애널리스트는 투자 내러티브를 전달하기 위해 보통 다른 전략을 취한다. 금융시장 특유의 용어나 논지를 직접 사용하는 대신, 경제 전체에 초점을 맞춘 스토리 라인으로 번역하여 설명한다. 그들은 장기적 성장, 중소기업의 가치, 또는 소비의 역할 같은 요인들의 중요성을 강조한다. 이러한 발표 스타일의 차이점을 보면, 애널리스트들이 다양한 상징과 언어를 사용하여 어떻게 작업하는지 분명해진다. 애널리스트는 코드 전환의 전문가로, 상징체계를 다루며 목표 청중에 맞추어 어휘를 전환하는 데 능숙하다(Gumperz and Hymes, 1986). 애널리스트의 이런 기술은 세 번째 범주의 매체(비전문적인 주류 매체)를 위해 기사를 작성하고 콘텐츠를 제작하는 언론인들과 의사소통할 때에도 드러난다. 이 경우 경험이 많은 애널리스트는 전문용어를 최소한으로 줄이고, 금융시장 작동에 관한 지식과 관계없이 누구나 이해할 수 있는 방식으로 말하려고 노력한다.

약 10명의 애널리스트로 구성된 팀을 이끌고 있으며 폭넓은 인맥으로 유명한 앤Anne은 자주 주류 매체의 언론인들과 이야기를 나누었다. 그녀의 인용문과 설명은 언론인들 사이에 매우 인기 있었는데, 복잡한 이슈를 이해하기 쉬운 언어로 잘 번역했기 때문이다. 또한 앤은 금융시장 프로세스가 어떻게 이해되어야만 하는지에 대해 견해가 명확했다. 한 번은 필자가 스위스의 경제와 정치의 관계에 대해 그녀와 이야기하고 있을 때, 그녀는 이를 매우 명확하게 다음과 같이 설명했다. "당신도 알다시피 금융에서는 모든 것이 논리적입니다. A가 B를 초래하는데, 그것은 사실입니다. 그러나 정치에서 사람들은 이 논리를 이해하지 못합니다." 그녀에게 경제학은 합리적 영역을 대표하고, 정치와 같은 다른 분야는 그 합리성을 위협한다고 여겼다. "정부에는 더 많은 경제전문가가 있어야 한다고 생각합니다." 그녀는 화난 듯이 덧붙였다. "그러나 베른*(스위스 연방의회 소재지)에서는 심지어 인문학 배경을 가진 사람들이 권력을 쥐고 있는 경우도 있습니다."[5]

앤에 따르면, 시장의 상황 전개는 언제나 비교적 단순하고 논리적인 추론으로 이해될 수 있다. 시장에서 일어나는 모든 일이 비교적 단순한 인과 분석으로 이해된다는 그녀의 신념은 주류 매체의 언론인들이 이야기하기에 매력적이다. 앤은 복잡한 계산 방식이나 데이터를 언급하는 대신, 복잡한 문제를 설명하기 위해 매우 간단한 예를 선택하는 데 재능이 있었다. 그녀는 마치 수학에 대해 이야기하듯, 종종 사과와 배를 예로 들어 각기 다른 사람들이 무엇을 성취하려고 하는지와 그들이 어떻게 상호작용하는지를 설명하곤 했다. 이러한 단순화에 대한 질문을 받으면, 앤은 종종 경제학을 어렵게 만드는 것은 경제학 자체가 아니라 "제대로 교육받지 못한" 투자자와 정치인들이 들여온 "불합리성"이라고 말하곤 했다. 그녀가 한 언론인에게 말했듯이, "단순한 논리를 이해하지 못하는 비≢경제전문가들의 비합리적인 이데올로기"에 속지만 않으면 시장을 이해하는 것은 쉽다.

일반적으로 애널리스트들은 전문 매체에 전문가로 등장하길 원하지만, 주류 매체에는 크게 관심이 없을 것으로 예상할 수 있다. 그러나 놀랍게도, 적어도 고참 애널리스트스들에게는 이것이 반대다. 전문 매체와의 인터뷰는 애널리스트 커뮤니티 내에서 인지도를 높이는 데 도움이 되지만,

---

• 　사실상 스위스의 행정수도 — 옮긴이.

주류 미디어에 등장하면 그들의 영향력을 더욱 확대할 수 있다. 주류 매체에서는 개별 주식과 현재의 실적뿐만 아니라 더 넓은 경제 상황의 전개에 대해서도 이야기한다. 그렇게 함으로써 더 광범위한 논의에 참여하여 시장 움직임을 설명할 수 있는 권위 있는 전문가로서의 입지를 강화할 수 있다.

역설적이게도 이러한 현상은 금융위기 여파에서 특히 더 분명해졌다. 금융시장 경제의 실패로 인해 많은 애널리스트들이 위기 극복 방법에 대한 공개 토론에 참여하게 되었다. 이는 금융위기를 극복하기 위한 제안을 하려면 금융시장에 대한 깊은 지식이 필요하다고 많은 사람들이 가정했기 때문이다(그러나 한편으론 이러한 공공적 토론에서 금융시장 참가자의 영향력을 최소화하는 것이 더 낫다고 주장할 수도 있었다).

앤과 같은 애널리스트는 이러한 가정을 기회로 활용하는 것에 대해 매우 기뻐했다. 결과적으로 애널리스트는 금융위기를 오히려 자신들의 영향력을 확대할 수 있는 기회로 바꿀 수 있었다. 그들은 많은 TV와 신문 인터뷰를 통해 위기가 발생한 이유를 설명하고 시장을 "정상 궤도"로 되돌릴 수 있는 가능한 방안들을 제시했다. 위기를 설명해 줄 전문가에 대한 대중의 요구에 응답함으로써, 애널리스트들은 시장 내에서 그들의 정당성이 의심받고 있는 동안에도 대중 앞에서는 정당성을 확보할 수 있었다. 이는 다시 내러티브 구조를 구성하는 그들의 능력과 관련된다. 금융위기가 초래한 불확실성에 둘러싸인 사람들은 시장이 어떻게 이러한 혼란에 빠졌고 어떻게 벗어날 수 있을지 설명하는 이야기를 찾기 시작했다. 애널리스트들은 복잡한 문제를 비교적 간단하게 이해시킬 수 있는 이야기들을 제공하여 대중이 위기를 이해하는 데 도움을 줄 수 있었다.[6]

애널리스트들에게 공공 담론에 참여하는 것은 세 가지 이유에서 특히 중요하다. 첫째, 그들은 공공의 장에서 목소리를 내어 시장의 상황 변화를 분석적으로 설명할 수 있도록 만들 수 있다. 둘째, 은행의 자체 고객이든 언론 미디어를 따르는 투자자든, 지속적으로 그들을 독려하여 투자 규모를 증가시키는 데 기여한다. 셋째, 공공 담론에서 목소리를 냄으로써, 금융시장의 영역을 넘어 다른 영역의 일들도 경제적 문제로 만드는 경제화 economization 과정을 강화한다.

언론 매체에 출연함으로써 애널리스트들은 금융시장이 대규모 카지노 (1986년 수전 스트레인지Susan Strange의 책 『카지노 자본주의Casino Capitalism』에서 대중화된 비난이자 위기 동안 많은 사람들이 반복한 주장)가 아니라 과학적으로 분석될 수 있는 분야라는 개념을 강화한다. 언론인들과 이야기할 때, 마치 은행의 고객들에게 보고서를 작성할 때처럼, 애널리스트들은 필요한 정보만 있으면 금융시장 움직임을 합리적으로 이해할 수 있는 사건으로 표현하려고 한다. 공공 담론에서 애널리스트는 금융시장의 작동 방식이 투기적이거나 카지노와 같은 모습이 아니라, 알 수 있는 "시장 법칙"에 의해 지배되는 분야로 보이도록 틀을 짠다(Callon, 1998 참조).

둘째, 투자 내러티브를 구성함으로써 애널리스트는 전체 시장 규모와 금융 상품의 회전율을 증가시키는 데 도움을 준다. 1960년 뉴욕증권거래소에 상장된 주식의 평균 보유 기간은 8년이었다. 이 수치는 지난 50년간 지속적으로 하락했다. 2010년에는 6개월이 되었다("Stock Market Becomes Short Attention Span Theater", 2011; "Wisdom of Exercising Patience", 2012). 체스니 Chesney는 오늘날 그 기간이 단 몇 분에 불과할 것이라고 추정한다(Chesney, 2014). 평균 보유 시간의 이 극적인 감소는 부분적으로는 고빈도 거래 high-frequency trading에 의해 이루어지는 거래량 증가 때문이다. 고빈도 거래는 짧은 시간 동안의 가격 변동을 이용하여 이익을 얻기 위해 매우 빠르게 거래하는 알고리즘 프로그램을 사용한다(Lewis, 2014; Pardo-Guerra, 2012 참조). 한편 이러한 감소는 끊임없이 새로운 투자를 추천하고 투자자들이 적극적인 시장 참여자가 되도록 유도하는 애널리스트의 성공을 반영하기도 한다. 그리고 애널리스트는 투자자가 적극적으로 투자하도록 촉진함으로써 금융시장에 투자되는 전체 금액이 증가하도록 한다. 설명했듯이, 애널리스트들은 고객들에게 주식을 사라고 권하는 것을 선호하며, 팔라고 말하는 경우는 거의 없다. 브루스Brian Bruce는 다양한 연구를 참조하여 시장 상황에 관계없이 대부분의 애널리스트 추천의 50%가 매입 추천이고 투자 조언의 1% 미만이 매도 추천인 점을 지적했는데, 이는 내가 현장에서 경험적으로 관찰한 바에 부합한다(Bruce, 2002: 198). 브루스는 이러한 편향이 애널리스트들이 평가하는 회사에 대한 정보 접근을 필요로 하기 때문에 발생한다고 말한다. 애널리스트가 주식 매도를 추천하면, 평가된 회사는 정보에 대한 접근을 차단함으로써 그들을 벌하게 된다(Bruce, 2002: 199; Dreman, 2002: 139).

필자가 조사한 매수측 애널리스트들은 공식적으로 공개된 데이터만을 사용하여 분석할 수 있기 때문에 그런 경우에 해당하지 않는다. 이들에게 주식을 팔기보다는 사라고 권하는 경향은 데이터 접근 동기와는 관련이 없으며, 그들이 시장을 전반적으로 어떻게 생각하는지를 반영하는 것이다.

이 애널리스트들은 투자를 철회하는 것이 전체 경제에 해를 끼치므로 도덕적으로 문제가 있다고 믿는다. 그 결과, 시장 전망이 다소 부정적이더라도 고객에게 주식을 사도록 권하는 것을 선호한다. 구조적 차원에서 이러한 편향은 금융시장에 대한 전체 투자 수치를 증가시킨다.

공개 담론에 애널리스트가 등장하는 세 번째 효과는 때때로 상품화commodification로 설명되는 것과 관련 있다.[7] 거래가 가능하려면 물질적인 것이든 비물질적인 것이든 수량 측정이 가능하고 가격이 매겨져야 한다. 찰리쉬칸Koray Çalişkan과 캘런이 만들어낸 용어로 표현하자면 애널리스트는

금융시장의 이야기꾼들

"경제화 실행자economizers"이다(Çalişkan and Callon, 2009, 2010). 경제화 실행자는 모든 것에 가격표를 매기며, 그렇게 함으로써 경제적이든 비경제적이든 모든 것이 측정 가능하고 거래 가능하다는 경제 논리를 강화한다.

앞서 5장과 6장에서 애널리스트들이 기업의 사회적 책임이나 2011년 이집트 혁명에 대해 이야기할 때 비경제적 가치들에 가격을 부여하는 과정을 서술했다(Leins, 2011 참고). 2011년 호주에 발생한 큰 홍수와, 후쿠시마에서 일어난 핵 재앙, 오바마Barack Obama에 대항하는 공화당 후보로 롬니Mitt Romney가 선출된 것, 그리고 NATO가 리비아에 대한 군사 공습을 시작한 것에 대해서도 유사한 주장들이 제기될 수 있다. 이러한 사건들은 본질적으로는 경제적인 문제로 이해되지 않았지만, 애널리스트들에게는 그 경제적 영향에 대해 생각하는 계기가 되며 환경적·정치적·사회적 측면의 일들을 시장 신호로 해석하도록 동기를 부여했다.

그러한 과정을 통해 애널리스트는 이러한 환경적·정치적·사회적 측면의 일들이 그들이 다루는 일부 금융 데이터를 사용하는 방식으로는 계산될 수 없다는 것을 완전히 이해하게 되었다. 그럼에도 불구하고, 그들은 이러한 측면을 기업 보고서의 차트나 표로, 최소한 시각적으로 나타낼 수 있는 형식으로 변환하는 데 많은 노력을 기울였다. 그 이유는 이러한 데이터가 일단 시장 신호로 묘사되면 일정 수준의 비교 가능성과 교환 가능성이 허용될 수 있기 때문이다.

이러한 경제화 과정은 폴라니Karl Polanyi가 거대한 전환great transformation* 이라고 부르는 더 광범위한 과정의 일부로 이해될 수 있다(Polanyi, [1944] 1957). 폴라니에게 거대한 전환은 경제생활economic life이 사회생활social life에

---

* 칼 폴라니가 1944년 저술한 책으로 제2차 세계대전 이후 국제질서의 전망과 이 세계의 근본적 주체로서 사회의 역할을 강조한다 — 옮긴이.

포함된 세계에서 사회생활이 경제생활에 포함된 세계로 이동하는 것을 의미했다. 폴라니는 이러한 전환이 경제적 명령에 의해 지탱되는 사회, 즉 시장 사회market society를 만들기 위한 정치적 프로젝트라고 말한다(Hann and Hart, 2009; Hart and Ortiz, 2008). 바로 여기서 애널리스트들이 공공 담론에서 가지는 광범위한 영향력이 잘 드러난다. 그들의 접근 방식은 우리가 사회적·환경적·정치적 또는 문화적 과정을 바라보는 방식을 재구성한다. 이렇게 함으로써 그들은 경제주의적 이데올로기를 공공 담론에 통합하는 데 기여한다.

제9장

왜 경제는 내러티브가 필요한가?

Why the Economy Needs Narratives

❖

이 책은 단순한 역설로 시작했다. 경제학자들의 공통된 기본 가정이 금융시장은 효율적이어서 시장 전개를 예측할 수 없다는 것이라면, 왜 재무분석과 애널리스트가 존재하는가? 애널리스트와 그들의 일상적인 업무 관행을 연구하면서, 필자는 시카고 스타일의 신고전파 경제학의 주요 이론적 기반과 시장근본주의자들의 신념에 의문을 제기하는 사람들에 대해 인류학의 문화서술적 그림ethnographic picture을 그려보고자 했다.

이 책의 실증적 부분에서는 애널리스트의 근무 환경, 가치평가 관행, 그리고 시장 중개자 역할을 설명하면서 그들의 업무를 탐구했다. 우리는 애널리스트들이 어떻게 자신을 다른 시장 참여자와 차별화하여 별개의 전문가 집단이 되는지 보았다. 말하는 방식speaking이나 옷차림dressing, 그리고 자신을 표현하는 방식presenting themselves과 같은 문화적 코드cultural codes를 이용하여 시장 환경에서 전문가 역할을 맡게 되고 다른 금융 전문가들과 자신들을 구분한다. 이렇게 함으로써 그들은 시장에서 영향력을 갖게 하는 상징권력symbolic power을 창출한다. 그들은 뛰어난 학력과 함께 복잡한 계산적 접근 방식 및 전문 지식을 통해 금융시장을 분석할 수 있는 능력을 강조함으로써 자신들의 전문성을 돋보이게 한다.

그들의 시장 관행을 언급하면서, 필자는 애널리스트들이 투자 내러티브를 어떻게 구성하여 이를 명확히 하고 투자자들에게 판매할 수 있는지를 설명했다. 이러한 투자 내러티브는 특정 계산법이나 정보 수집에만 의존하지 않고, 감정적 요소와 암묵적 전략, 다양한 계산법이 한데 어우러진다. 예를 들어 투자자와 상담하거나 투자 보고서에서 명확히 표현될 때만 이러한 투자 내러티브가 일관되게 재구성된다. 이러한 투자 내러티브를 구성하고 전달할 수 있는 능력에 따라 훌륭한 애널리스트인지 여부가 판가름 난다. 그들의 성공은 주로 내러티브가 실제로 사실인지 여부가 아니라, 이러한 내러티브가 애널리스트의 시장 이해 능력을 강화하고 다른 사람들에게 시장의 미래에 대한 자신의 특정 관점을 설득하는 능력에 달려 있다.

스위스은행의 다른 이해관계자들에게 시선을 돌리면서, 우리는 투자 내러티브가 스위스은행 내부에서 어떻게 유통되고 공공 담론으로 어떻게 진행되는지 살펴보았다. 그들의 중개자 역할은 고객자산 관리자와 소속 은행에게 유용하다. 고객자산 관리자들은 투자 내러티브를 사용하여 고객과 소통하고, 그들의 투자 전략이 전문가의 지식에 기반하고 있다는 인상을 줄 수 있다. 반면, 호스트 기관인 스위스은행에게 애널리스트는 끊임없이 변화하는 투자 추천을 만들어내어 고객들이 계속해서 주식을 사고팔도록 설득하는 촉진자 역할을 한다. 공공 담론에서 애널리스트는 또 다른 중요한 역할을 담당한다. 그들은 전문성을 발휘함으로써, 금융시장을 투기가 아닌 합리성에 기반해 탐색할 수 있다는 인상을 만들어낸다.

시장 관행과 수행성 효과

예측의 실증적 측면에 초점을 맞추기 전에, 이 책은 금융시장을 사회과학적 관점에서 생각하는 이론으로서 인기 있는 수행성performativity 개념을 소개하면서 시작했다. 이 이론을 고수하는 학자들과 달리 필자는 재무분석이 경제학 이론에서 생겨나는 시장 관행으로 이해될 수는 없다고 주장했다. 만약 효율적 시장 가설이 금융에 대한 사회적 연구에서 설명하는 것처럼 수행적performative이라면 애널리스트는 존재하지 않을 것이기 때문이다.

그러나 이 책에 제시된 실증적 발견들로부터 이러한 생각을 좀 더 복합적인 것으로 확장하고 싶다. 애널리스트의 예가 반드시 수행성 이론과 모순되는 것은 아니며, 오히려 출발점이 될 수 있다.

그러한 확장이 요구되는 첫 번째 이유는 애널리스트가 종종 효율적 시장의 실행자가 되기 때문이다. 효율적 시장 논의에서 특별히 흥미로운 점은 새뮤얼슨이나 파마 같은 경제학자들이 모든 공개 정보는 가격에 언제나 이미 반영되어 있다고 주장할 때, 이러한 정보 반영은 반드시 누군가 또는 무엇인가에 의해 실행되어져야만 한다는 사실은 은폐된다는 점이다. 비판적 경제학자들이 이에 대해 즐겨 하는 농담이 두 가지 있다. 첫 번째는 신고전파 경제학자가 친구와 함께 길을 걷고 있는 이야기이다. 친구가 땅에 떨어져 있는 100달러 지폐를 보고 주우려고 하자 경제학자가 말한다. "주우려고 수고하지 마라. 진짜 100달러 지폐라면 누군가 이미 주워갔을 거다." 다른 농담은 다음과 같다. "전구가 고장 나면 바꿔 끼우려는 신고전파 경제학자는 몇 명일까? 0명. 그들은 어두운 데 앉아서 시장이 그 일을 해주기를 기다린다."

정보를 가격에 반영하는 사람이나 기구에 대한 논의가 없다는 점은 정말 충격적이다. 신고전파 경제학파 옹호자들은 시장은 일종의 '거시인류 macroanthropos' 같아서 공개 정보를 자동적으로 시장가격에 통합한다고 종종 주장한다. 그러나 시장이 단지 개별적인 시장 행위들의 집합체라고 가정하면, 이 가운데 재무분석은 새로운 정보를 수집하고 분석하여 시장에 반영하는 시장 관행이라고 할 수 있다. 신고전파 경제학자들은 이러한 시장 효율성 실행에 대해서는 명시적으로 고려하지 않는다. 그러나 이것이야말로 시장을 효율적이라고 간주할 수 있는 첫 번째 근거가 된다(Ortiz, 2013).

재무분석을 고려할 때 수행성 이론을 무시하지 못하는 두 번째 이유는 실제로 애널리스트들의 업무에서 수행적 효과가 관찰되기 때문이다. 이

금융시장의 이야기꾼들

책에서 보인 다양한 사례는 시장 관행으로서의 재무분석이 묘사하려고 하는 시장의 모습을 어떻게 실제로 형성하는지 보여준다. 특정한 투자 내러티브를 수용하는 투자자들이 더 많아질수록 더 많은 투자 결과가 그 투자 내러티브에 영향을 받을 것이다. 그리하여 시장은 애널리스트들이 예상하는 방향으로 실제로 전개될 것이고, 이는 투자 내러티브를 자기 충족적 예언self-fulfilling prophecies이 되도록 한다.

그러나 이러한 수행적 효과는 경제 이론과 경제 실무economic practice 사이가 아니라 시장 관행으로서의 재무분석에서 도출되는 지식과 실증적 사실로서의 시장 사이에서 발생한다. 이런 형태의 수행성은 홈스가 중앙은행가central banker의 역할을 연구할 때 설명한 것과 일치한다(Holmes, 2014). 그의 예에서 시장 형성formatting of markets은 경제 이론과 실증적 사실로서의 시장 사이에 이루어지는 것이 아니라, 중앙은행가의 발언과 시장 간에 발생한다. 예를 들어, 중앙은행가들이 시장이 회복될 것이라고 주장하면, 시장 참여자들이 중앙은행가들이 제시한 시나리오에 맞춰 행동 방식을 조정하기 때문에 시장이 실제로 회복될 가능성이 높아진다.

시장의 반사성reflexivity은 중앙은행가나 애널리스트와 같은 전문가로서 행동하는 시장 실무자들과 그들의 전문가 조언을 따르는 다른 시장 참여자들 사이에서 나타난다. 이러한 과정을 기존 이론에 통합하려면, 수행성 개념은 학문적 지식, 실무적 지식, 그리고 실증적 사실로서의 시장 영역을 구분해야 한다. 일부 경우에는 시장이 학문적 지식에 의해 형성될 수 있지만(금융 사회학 연구에서 많은 학자들이 보여주듯이), 시장은 또한 시장 관행에서 비롯된 실무적 지식에 의해 형성될 수 있다. 중앙은행가와 애널리스트의 사례는 바로 이 후자의 수행성 형태에 해당한다.[1]

내레이션과 시장 대리인

이 책의 내용은 수행성 개념을 확장하는 데 기여하지만, 주된 논지는 재무 분석에서 내러티브의 역할에 초점을 두고 있다. 이 책의 실증 부분은 재무 분석이 투자 내러티브를 만드는 시장 관행이며, 이러한 투자 내러티브가 애널리스트들을 필수적인 시장 참가자로 인식되게 한다는 것을 보여준다. 필자가 보여주려고 한 바와 같이, 애널리스트의 모든 활동은 궁극적으로 그들의 이야기꾼narrators 역할을 수행하는 것으로 귀결된다.

이야기꾼으로서 애널리스트는 시장의 움직임에 의미감sense of meaning을 부여하는 데 도움을 준다. 그들이 이야기꾼의 지위를 얻기 위해서는 먼저 자신을 "은행가bankers"가 아닌 금융 전문가로 자리매김해야 한다. 일단 전문가로 인정받으면, 애널리스트는 시장을 이해할 수 있다는 이미지를 형성할 수 있으며, 이를 통해 다른 시장 참가자들이 투기보다는 투자에 참여하도록 이끌 수 있게 된다. 분석적 관점에서 보면 투기와 투자 모두 불확실한 미래에 관여하는 자본주의적 행동 양상이지만(Bear, 2015 참조), 애널리스트들은 둘을 구분하도록 만든다. 이러한 차별화는 투자는 투기와 달리 "철저한 분석thorough analysis"에 근거한다는 그레이엄과 도드의 주장에서도 나타난다. 이러한 "철저한 분석"에 참여함으로써 애널리스트는 자신들의 업무가 투기꾼을 투자자로 바꿀 수 있다는 생각을 만들어내며, 자신들의 계산적·문화적·사회적 관행을 통해 시장의 움직임에서 의미를 감지할 수 있다는 생각을 만들어낸다(Graham and Dodd, 1940: 106).

따라서 애널리스트들이 구성하는 투자 내러티브는 다른 시장 참여자들이 시장 움직임을 우연적인 것이 아니라 예측 가능한 것으로 생각하게끔 만들어준다. 이를 달성하기 위해 애널리스트는 서사 예술art of narration의 전문가가 되어야 한다. 일단 투자 내러티브가 구성되면 같은 조직에 속한 다른 시장 참가자들에게도 이익이 된다. 필자가 이미 보여준 바, 고객자산 관리자와 소속 은행은 애널리스트의 투자 내러티브를 이용해 고객이 투자하게 만들고, 실패에 대해 다른 이를 탓할 수 있으며, 수수료 수입을 창출할 수 있다.

또한, 애널리스트의 작업은 극심한 불확실성의 환경에서 주체성을 느끼게 만든다. 이러한 환경에서 수동적이 아니라 적극적이 된다는 것은 심리학적으로 중요하다. 애널리스트가 만들어낸 투자 내러티브는 투자자들이 그것을 수용하거나 거부함으로써 적극적인 의사결정자가 되어 투자의 수익성에 영향을 미칠 수 있음을 시사한다. 비록 실증 연구는 적극적 투자의 경제적 효용성에 의문을 제기하지만, 많은 투자자들은 적극적인 시장 참여자가 되기를 더 선호하는 것으로 보인다(French, 2008; Marti and Scherer, 2016 참조). 애널리스트는 이들에게 그 수단을 제공하는 것이다.

여기서 주목할 점은 주체성을 창출하는 애널리스트의 역할이 투자자에게만 국한되지 않는다는 점이다. 소속 은행, 고객자산 관리자, 애널리스트들 자신, 그리고 다른 시장 참가자들은 애널리스트들이 불안정하고 불확실한 시장 환경을 적극적으로 헤쳐나갈 수 있는 능력과 수단을 갖추고 있다고 생각한다. 따라서 애널리스트는 시장 참가자들이 적극적인 의사결정자가 될 수 있는 환경을 조성한다고 말할 수 있다.

왜 금융시장 경제는 내러티브가 필요한가?

내러티브가 금융시장에서 수행하는 중심적 역할은 애널리스트의 업무를 넘어 경제 전체의 작동 방식에 대해 중요한 무언가를 드러낸다. 경제는 내러티브가 필요한데, 내러티브는 알 수 없는 미래를 현재의 투자자들에게 이해 가능하게 만들어주기 때문이다.

베케르트가 지적한 것처럼, 알 수 없는 미래를 상상하는 것은 오늘날 자본주의에서 벌어지는 모든 경제행위에 결정적인 역할을 수행한다(Beckert, 2013, 2016). 현재를 평가하고 미래를 예상함으로써 금융시장 참가자는 금융적 기회를 만들어낸다. 예를 들어 당신이 주식시장에 투자할 100달러를 가지고 있다고 해보자. 아이폰이 유행하기 때문에 애플 주식을 사겠는가? 또는 암 치료제 개발의 선두 주자인 로슈Roche 주식을 사겠는가? 당신이 금융시장에 익숙하지 않은 초보자라면 누군가는 언젠가 회사의 성공이 반드시 만족스러운 수익을 보장하지 않는다고 말해줄 것이다. 그 이유는 당신이 이들 주식을 사기 전에 다른 많은 투자자가 같은 이유로 그 주식들을 먼저 사서 그 가격이 이미 올라가 있기 때문이다. 투자자로서 당신이 수익을 얻으려면 현재 성공한 기업이 아니라 미래에 성공할 기업을 골라야 한다. 아이폰이 계속 유행할 것인가? 로슈가 암 치료제 개발 분야를 계속 선도해 나갈 것인가? 또는 성공이 아직 가격에 반영되지 않은 새로운 회사가 다음의 애플 또는 로슈가 될 것인가?

성공적인 투자자가 되려면 알 수 없는 미래에 대한 기대를 만들어내야만 한다. 이는 경제를 구성하는 다른 행위들에 대해서도 마찬가지다. 베케르트가 언급한 바, 예를 들어 신용 관계는 돈을 빌린 사람이 미래의 어느 단계엔 돈을 되갚을 것이라는 기대에 근거한다(Beckert, 2013). 혁신도 같은 논리에 근거한다. 혁신적이려면, 기업가는 자신이 충족하고자 하는 미래 수요에 대한 기대를 만들어내야 한다. 이 미래 수요는 계산을 통해 접근할 수 없고, 미래 수요가 어떻게 될지 나타내는 내러티브를 통해 접근할 수 있다.

금융시장 환경에서의 경제적 행동을 미래 지향적인 것으로 이해하는 것은 새로운 주장이 아니다. 1921년 나이트Frank Knight는 위험risk과 불확실성uncertainty이 금융시장을 중심으로 조직된 경제 활동에서 중요한 두 가지 범주가 된다는 유명한 말을 남겼다. 나이트가 주장했듯이, 위험은 측정 가능한 범주로 확률 계산을 통해 수량화될 수 있지만, 불확실성은 숫자로 표현될 수 없다. 두 범주 모두 미래를 향하는 것이고, 이익 창출을 위해 경제의 움직임을 예측하려는 것이다. 나이트가 그의 책『위험과 불확실성 및 이윤Risk, Uncertainty, and Profit』(1921)에서 펼치는 진짜 주장은 — 위험과 불확실성에 대한 구분만큼 많이 논의되진 못하지만 — 금융시장 경제에서는 경제 주체들은 항상 위험과 불확실성을 모두 감당해야 한다는 것이다. 나이트는 이것이 금융시장 환경에서의 경제적 행동을 비금융 환경에서의 경제적 행동 — 예를 들어 두 사람이 상품과 현금을 바로 교환하는 경우 — 과 구별 짓는 점이라고 주장한다.[2]

따라서 알 수 없는 미래에 대한 관여는 금융시장 경제활동의 기초가 된다. 이는 파생상품 같은 금융시장 거래 수단을 살펴볼 때 더욱 분명해진다. 아파두라이가 보인 것처럼 파생상품은 본질적으로 불확실한 미래에 관한 약속이다(Appadurai, 2016: 2: Esposito, 2011; LiPuma and Lee, 2004; Maurer, 2002 참고). 파생상품의 가치는 기초 자산의 미래 가치에 의존한다. 애플과 로슈의 예처럼 주식시장 투자도 마찬가지다. 투자의 가치는 기업의 현재의 수익성 평가가 아니라 미래의 주식가격에 달려 있다.

미래는, 경제적이든 아니든, 무언가가 어떻게 될 것이라는 내러티브를 통해서만 현재에서 접근할 수 있다. 금융시장에서는 이익을 창출하는 유일한 방법이 미래를 예측하는 것이기 때문에, 시장 참여자들은 미래를 이해할 수 있게 해주는 내러티브에 의존하게 된다. 시장 예측을 만들어내는 관행은 투자자들이 투기적 노력을 할 수 있게 해주는 중요한 기술이다. 이런 의미에서 애널리스트의 역할을 부인하려는 신고전파 경제학자들은 틀렸다고 하겠다. 애널리스트들의 시장 예측이 실제 미래를 예측하는 데 도움이 안 된다고 하더라도, 그들의 내러티브는 시장 참가자들이 가능한 미래에 현재로부터 접근할 수 있게 해주는 매우 중요한 도구이다. 재무분석은 하찮은 시장 관행이 아니며, 사실 완전 그 반대다. 그들의 투자 내러티브는 모든 금융시장 활동의 출발점이며, 진 코마로프와 존 L. 코마로프가 지적한 바와 같이, 신자유주의 문화neoliberal culture를 규정하는 특징이 된다(Comaroff and Comaroff, 2000).

금융시장의 이야기꾼들

부록

방법론에 대한 설명

Methodological Appendix

❖

이 책의 기초가 되는 현장 연구를 위해 나는 스위스은행의 리서치 프로그램에 참여했다. 그 프로그램은 연구자가 회사 내부의 실증적 자료를 수집하는 것과 업무 과정에 적극적으로 참여하는 것을 허용했다. 2010년 9월부터 2012년 8월까지 2년의 프로그램 기간 동안 나는 애널리스트 집단의 핵심 부서에 속해 있었다. 나는 애널리스트들의 언어, 문화 코드, 업무 절차, 그리고 일상적인 일과를 배웠다.

은행과 무관한 경력의 인류학자가 현장실습 목적으로 돈의 세계에 들어가는 것은 거의 불가능한 일일 것이다. 운 좋게도 나는 취리히에 있는 프랑스 은행과 미국 은행에서 임시 직원으로 일함으로써 인류학 연구의 재정을 충당할 수 있었다. 그 결과 나는 다른 은행업 종사자들에게 동료로 받아들여질 수 있도록 옷을 입고 말하고 행동하는 방법을 알게 되었다. 이는 내가 만나게 된 현장의 "문지기들gatekeepers"이 나를 이미 그 현장에 친숙한 사람으로 인정하는 데 큰 도움이 되었다(Abolafia, 1998: 78). 더구나 나의 석사논문(Leins, 2010) 주제는 스위스은행이 특별히 관심을 가졌던 이슬람금융Islamic finance이었다. 나의 은행 경험과 이슬람금융 지식 덕분에 스위스은행 인사 부서는 나의 스위스은행 리서치 프로그램 지원을 수락했다.

애널리스트 부서에 적극 관여함으로써 나는 외부인으로 인식되지 않고 참여적 관찰자가 될 수 있었다. 해당 부서 주변뿐만 아니라 은행 전체를 어느 정도는 자유롭게 이동할 수 있었기 때문에 나는 흥미로운 문화적 서술을 위한 막대한 양의 자료에 접근할 수 있었다. 나는 은행에서 근무한 2년 동안 연구 일지를 작성했고, 모든 관찰, 인상, 수집된 데이터를 기록했다. 내가 이 책에서 사용한 자료는 회의, 교육, 비공식 토론, 업무용 점심, 퇴근 후 회식 모임에 참여하고 관찰한 결과에서 비롯되었다. 더 나아가 나는 스위스은행의 기록 문서, 은행 지침, 업무 절차에 대한 매뉴얼, 그리고 은행의 내부 구조를 분석했다. 마지막으로, 이 책에서 제시된 결과들은 현장 연구 기간 동안 직접 애널리스트로 활동하면서 획득한 지식에 의한 것이기도 하다. 인지 인류학자cognitive anthropologist인 블로흐Maurice Bloch는 특정 생활 방식lifestyle을 일시적으로 내면화함으로써 데이터를 생성하는 이 과정을 설명하기 위해 자아 성찰introsection이라는 용어를 사용했다(Bloch, 1998: 22~26).

다른 많은 인류학자와 달리 나는 현장 연구 기간 동안 공식적인 인터뷰를 수행하지 않았다. 이러한 결정을 내린 것은 나도 예전에는 인터뷰를 진행했지만, 은행업 종사자들을 인터뷰한 결과로 얻은 자료들의 깊이에 만족하지 못했기 때문이다. 그 주된 이유는 은행업 종사자들은 학력이 우수하고 말하기 훈련이 된 사람들이기 때문이다. 인류학자가 인터뷰할 때 그들은 자신이 어떤 말을 해주기를 기대하는지 매우 잘 알았으며, 실제로 그 기대에 맞추어 말해 주기 때문이다. 이러한 사회적 기대 게임은 대화를 쉽게 만들어주지만 자료의 유효성을 떨어뜨린다.

이전 연구에서 수행했던 인터뷰에서 신문 기사에 인용할 인상적인 문구를 찾아 헤매는 기자로 취급받는 걸 피하는 것이 늘 어려웠다. 애널리스트 연구도 상황은 비슷했다. 애널리스트들은 언론인들과 자주 이야기하며, 대중매체나 은행 외부 사람들과 대화하는 방법에 대해 전문가 교육을 받는다. 나는 2년간 은행에 머무를 기회가 있었기 때문에 참여 관찰, 비공식 대화, 그리고 문서 분석에 전적으로 집중하기로 결정했다.

인류학의 문화서술적 연구ethnographic research는 종종 복잡한 노력이 필요하다. 나는 스위스은행의 연구 프로그램에 참여하여 현장 연구를 수행하는 과정에서 여러 방법론적인 그리고 윤리적인 도전에 직면하게 되었다. 예를 들어, 방법론과 관련하여 연구 현장의 영역을 정하는 데 어려움이 있었다. 스위스은행은 전 세계 주요 금융 중심지에 많은 직원을 두고 있다. 지리적으로 가까운 위치에 있는 것이 반드시 비슷한 은행 업무를 한다는 것을 의미하지는 않는다. 재무분석 부서의 경우, 일부 직원은 런던, 두바이, 싱가포르에 배치되었다(4장의 재무분석 부서의 지리적 배치 내용을 참조할 것).

또 다른 어려움은 애널리스트들이 즐겨 이야기하는 지배적인 경제 서사 또는 경제 내러티브에서 나 자신이 끊임없이 벗어나려 노력해야 했다는 점이다. 나는 재무분석을 인류학적 관점에서 시장 관행으로 보려 했기 때문에, 라투르Bruno Latour가 말한 것처럼 경제를 이해하기 위해 "비경제화"하는diseconomize 법을 배워야 했다(Latour, 2013: 385). 복잡한 문제를 단순하고 명확한 경제적 설명으로 압축하는 것은 애널리스트 업무의 일부다. 내가 물어볼 수 있는 질문 중 거의 모든 질문에 대해 그들은 몇 문장으로 답할 수 있었다. 이는 내가 그들의 내러티브를 비판적으로 성찰하고, 그들의 특정한 설명 방식을 모방하지 않으려는 노력을 지속적으로 도전받게 했다.

연구 윤리 측면에서, 스위스은행과 연구 협약을 체결한 내용을 밝혀둔다. 나는 은행에서 문화서술적 데이터를 수집하는 것을 허락받았고 학문적 자유를 보장받았다. 그러나 내부 정보가 매우 중요하며 정치적 또는 경제적 이해관계에 따라 악용될 가능성이 많은 자료를 다루는 일은 당연히 많은 주의를 요구한다. 즉, 나는 해당 기관, 대화 상대자들, 그리고 나 자신을 위험에 빠뜨리지 않도록 매우 신중하게 진행해야만 했다. 그 결과, 책에서 해당 기관의 이름을 포함하여 모든 관계자의 이름을 익명으로 처리했고, 글을 쓰는 동안 발생할 수 있는 이해 상충 가능성을 고려했다.

주

제1장

1 이 책의 많은 비공식적 대화는 원래 스위스 독일어(Swiss German)로 이루어진 것이며, 번역하면서 문장 표현을 다소 가다듬었다.

2 이 책에서는 현재의 경제를 지칭하기 위해, 가치가 흥정되고 교환이 이루어지는 금융시장을 중심으로 조직된다는 점에서(Epstein, 2005 참고), "금융시장 경제(financial market economy)"라는 용어를 사용한다. 『말에 기초한 은행(Banking on Words)』에서 아파두라이(Appadurai, 2016)는 동일한 개념으로 "금융자본주의(financial capitalism)" 또는 "금융화된 자본주의(financialized capitalism)"라는 용어를 사용한다.

3 필자는 효율적 시장 가설에 대해 시장이 실제로 언제나 자원 배분에 효율적이라고 가정하는 것은 아니다. 스티글리츠(Stiglitz) 같은 학자들은 시장이 완전히 효율적인 경우는 거의 없다고 설득력 있게 주장한다(Gale and Stiglitz, 1989; Grossman and Stiglitz, 1980). 재무분석의 경우도 미래의 시장 전개에 관한 투기에 이용될 수 있는 정보 비대칭이 존재한다. 시장 효율성에 대해 자세히 설명하는 것은 그 이론을 지지하기 때문이 아니다. 재무분석이 신고전파 경제학에 의해 이론적으로 맹렬히 공격당하면서도 어떻게 실무 분야에서 여전히 존재할 수 있는지에 대한 필자의 관심 때문이다.

4 다음의 내용을 강조하기 위해 이야기(stories)보다는 서사(敍事) 또는 내러티브(narratives)로 표현하기로 한다. 첫째, 그것은 반드시 말로 표현될(verbalized) 필요는 없다. 둘째, 그것은 문화적으로 그리고 사회적으로 구성되는 것으로 이해되어야 한다. 셋째, 그것은 자신을 만들어내고 의사소통하는 화자(speaker)의 지위에 의해 늘 영향을 받는다. 내러티브 개념에 대한 더 자세한 논의는 Carroll and Gibson(2011), Maggio(2014), Tanner(2016), 그리고 Zigon(2012)을 참고하라.

5 "애널리스트(analyst)"라는 용어를 직위(grade)가 아니라 직무(job)를 지정하고자 사용한다. 미국의 일부 투자은행들은 젊은 전문가 직원들의 직위를 일컫는 용어로 사용하기도 하는데, 종종 이런 애널리스트들은 재무분석이 아니라 회계장부 업무를 하기도 한다.

6   어떤 면에서 수행성(performativity) 개념은 로버트 머튼(Robert K. Merton)이 자기 충족적 예언(self-fulfilling prophecy)이라고 부른 효과와 동일한 것을 일컫는 것으로 보인다(Merton, 1948). 실제로 일부 학자는 어떻게 이론이 실무 세계에 영향을 주는지 저술하면서 그러한 효과를 수행적이라고 하는 대신 자기 충족적이라고 표현하기도 한다. 경영학 연구 분야에서 예를 들자면, Ferraro, Pfeffer and Sutton(2005)은 시장 설정에서 경제 이론이 사회적 규범에 영향을 줄 수 있다면 자기 충족적이 될 수 있다고 주장했다. 그러나 캘런과 매켄지는 자기 충족적 예언은 개별 행위자의 (의식적인) 신념의 영역으로 제한된다는 점에서 수행적 효과와 차별된다고 주장한다. 수행성은 경제 이론이 행위자의 신념과 시장 전체의 하부구조(infrastructure) 모두에 결부된다는 것이다(Callon, 2007: 321~324; MacKenzie, 2006: 19).

7   애널리스트들이 원래 사용하는 느낌(feeling)이나 또는 다른 유사한 뜻의 감상(sentiment)이나 감정(emotions)이라는 용어를 사용하기보다는 정서(affect)라는 용어를 사용하고자 한다. 샤우스(Shouse, 2005; 이탤릭체 강조는 원문에 따름)가 설명하기를, "느낌(feelings)은 **개인적**(*personal*)이고 **전기적**(傳記的: *biographical*)이며, 감정(emotions)은 **사회적**(*social*)이며, 정서(affects)는 **전**(前)-**인격적**(*prepersonal*)이다." 따라서 정서가 느낌이나 감정보다는 더 추상적이다. 샤우스는 정서를 "강렬함의 비(非)의식적 경험; 〔…〕 비형식화되고 비구조화된 잠재성의 모멘트(moment)"로 정의했다. 따라서 분석적으로 말하자면, 내러티브를 구성할 때 애널리스트의 작업에 영향을 주는 것은 느낌이나 감정이 아니라 정서이다. 암묵지(tacit knowledge)는 원래 마이클 폴라니(Michael Polanyi)가 말로 표현하기 어려운 지식 유형을 칭하기 위해 만든 용어이다(Polanyi, [1966] 2009).

8   로버트 실러(Robert Shiller)는 2017년 1월 7일, 미국경제학회(the American Economic Association) 정기총회에서 학회장 연설을 통해, 내가 이 책에서 서술하는 이슈들에 해당하는 개념으로서, "내러티브 경제학(narrative economics)"을 소개했다. 실러(Shiller, 2017: 3)는 내러티브 경제학을 대중적 내러티브, 특히 인간의 관심사와 감정에 대한 이야기의 전파 및 변화, 그리고 이것들이 어떻게 시간에 따라 변하는지를, 경제적 변동을 이해하기 위해 연구하는 것으로 정의했다. 실러는 어떻게 내러티브가 경제 인식의 틀을 만드는지와 시간에 따른 전개에 대해 흥미로운 설명을 했다. 그러나 그는 내러티브 생산자로서의 금융 전문가 역할은 살펴보지 않으며, 이미 구성된 내러티브가 어떻게 전파되는지에 초점을 두고 있다.

제2장

1   시장이 전적으로 수요와 공급에 의해 지배된다는 개념은 애덤 스미스의 유명한 '보이지 않는 손'이라는 개념으로 설명된다. 이는 어떠한 외부 개입의 필요 없이 수요와 공급이 일치

되는 것을 의미한다(Smith, [1776] 1991: 351~352; Smith, [1759] 2002: 215). 그레이버(2011, 50~51)가 지적한 것처럼, 스미스는 원래 보이지 않는 손을 신의 섭리, 즉 신의 손으로 생각했다.

2   Mirowski and Plehwe(2009)의 연구들을 참조하라. 인류학에서 신자유주의라는 용어의 사용에 대한 비판적인 논의는 Hilgers(2012), Wacquant(2012) 및 사회인류학(Social Anthropology)에서의 그 이후의 논쟁을 참조하라.

3   이 새로운 이론적 개념들의 개발과 학문적 함의에 대한 자세한 사회학적 설명을 보려면, MacKenzie(2006) 2장을 참조하라.

4   하이에크는 이 이론의 사상적 아버지로서도 중요한 역할을 했다. 하이에크는 「사회의 지식 이용(The Use of Knowledge in Society)」이라는 논문에서 시장의 핵심 기능은 정보를 분권화시키는 것이라고 말한다(Hayek, 1945: 167). 이로 인해 부분적 지식이 시장의 이례현상에서 이익을 얻기 위해 사용되고, 결국 시장가격이 이 모든 부분적 지식들을 포괄함으로써 궁극적 권위를 가진다고 말한다.

5   아이러니하게도, 1990년대 초반에 파마 교수와 프렌치 교수는 시장 대비 고위험, 소규모, 그리고 낮은 장부가 대비 주가비율을 가진 회사들의 주가 수익률이 전체 시장을 상회하는 경향이 있다고 주장하는 "3요인 모형"을 도입했다(Fama and French, 1992, 1993). 3요인 모형은 여러 면에서 효율적 시장 가설의 가정과 모순되는 것처럼 보인다. 하지만 파마는 시장의 단기적인 "이례 현상"의 존재가 시장이 일반적으로 효율적이라는 자신의 주장을 뒷받침한다고 지속적으로 강조했다.

6   한 예로, 현재 가장 널리 읽히는 경제학 입문서 중 하나인 맨큐의 『경제학 원론(『맨큐의 경제학』으로 번역 출간)』(2015)이 있다.

7   거래비용 개념은, 신제도파 경제 이론의 다른 개념들과는 달리, 자신을 신고전파 경제학자로 여기는 경제학자들에 의해서도 사용된다.

제3장

1   스위스 은행업의 역사는 별도의 책으로 다룰 만큼 큰 주제이며, 경제사학자인 카시스(Cassis, 1992; Cassis and Tanner, 1993), 귀스(Guex, 2000; Guex and Mazbouri, 2010), 릿츠만(Ritzmann, 1973), 그리고 태너(Tanner, 1993, 1997)에 의해 탐구된 바 있다. 여기 소개하는 내용은 스위스 은행업 역사의 특정 단계에 대한 간략하고 불완전한 요약에 불과하다.

2   Cassis and Tanner(1992)가 지적한 바와 같이, 스위스 은행업을 제네바 무역 시장에서부터 오늘날까지 계속 이어지는 하나의 연속선으로 보는 것은 오해의 소지가 있다. 실제로, 적어도 제2차 세계대전이 끝날 때까지, 스위스의 은행업은 급격한 혼란을 겪었다.

3   해링턴(Harrington, 2016)이 설득력 있게 보여준 바, 이러한 비밀유지 관행은 오늘날에도

많은 고객자산 관리자에게 직업윤리의 핵심 요소이다.

4 스웨덴이나 덴마크 같은 국가들도 비슷한 상황이었다. 그러나 두 번의 세계대전에 직접 참여하지 않았던 중립국들 가운데, 스위스는 고객자산 관리업(wealth management)에서 상대적으로 더 긴 역사와 전통을 지니고 있다.

5 이 발견은 스위스 내에서 상당한 논란을 불러일으켰다. 이는 스위스 은행들의 비밀보장 정책이 스위스에 보관된 유대인의 재산을 나치 정권으로부터 보호하기 위해 만들어졌다는 기존에 널리 받아들여진 설명과 상충되기 때문이다(Guex, 2000: 239).

6 세계에서 가장 잔혹한 독재자들 중 다수가 스위스 은행들의 계좌를 이용해 자금을 은닉해 왔다. 가장 주목받는 스캔들에는 아이티의 장클로드 뒤발리에(Jean-Claude Duvalier), 필리핀의 이멜다(Imelda)와 페르디난드 마르코스(Ferdinand Marcos), 현재 콩고 민주공화국인 자이르의 모부투 세세 세코(Mobutu Sese Seko), 나이지리아의 사니 아바차(Sani Abacha), 라이베리아의 찰스 테일러(Charles Taylor), 그리고 이집트의 호스니 무바라크(Hosni Mubarak) 등의 재산이 포함된다. 이들 지도자는 국가의 자금을 빼돌려 스위스 은행 등에 숨김으로써 압류를 피하고, 이 자금을 개인적인 목적이나 정치적 목표를 달성하는 데 사용했다.

7 1990년대와 2000년대 초반, 스위스 은행 업계가 구조적 변화를 겪는 동안, 스위스 은행들은 미국 내에서의 사업을 대대적으로 확장했다. 2006년 UBS는 스위스 국내보다 미국에서 더 많은 직원을 고용한 것으로 알려졌다(Wetzel, Fluck and Hofstatter, 2010: 351).

8 여기에서 '독성(toxic)'이라는 용어는 해당 금융 상품이 명확한 시장가격을 갖지 못해 거래가 불가능한 상태를 나타낸다. 이는 상품이 그 자체로 가치가 전혀 없다는 뜻이 아니라 일정 기간 잠재적인 구매자가 없음을 뜻한다.

9 스위스 금융감독 기관인 FINMA는 2009년 9월 14일 보고서를 통해, 경제위기 이전의 긍정적인 경제 발전의 관점에서 은행, 정치인, 규제 기관들이 전반적인 경제 상황을 잘못 평가했다고 지적했다. 그러나 FINMA 보고서는 위기 이전에 스위스 은행들이 점점 더 공격적이고 높은 레버리지를 사용하도록 이들 금융 관계자가 허용한 것은 불법적인 것은 아니라고 부연했다.

10 정체성을 언급하는 귀속의 수행적 성격을 강조하기 위해 "사회적 역할"(독일어: SozialFiguren)이라는 용어를 사용한다. 사회적 역할 개념은 '정체성', '고정관념', '이미지', '자기 귀속' 등과 달리 행위자 본인의 역할 구현과 수행뿐만 아니라 외부적으로 주어지는 틀의 짜임(framing from outside)도 강조한다(Moebius and Schroer 2010).

11 올리버 스톤이 고든 게코(Gordon Gekko)라는 가상의 인물을 창조할 때, 그는 실제 월스트리트 인물들로부터 영감을 얻었다(아이번 보에스키(Ivan Boeski), 칼 아이컨(Carl Icahn), 제임스 토밀슨 힐(James Tomilson Hill) 등이 자주 언급된다). 그러나 고든 게코가 1980년대의 특정한 사회적 역할을 대표하는 것은 결코 아니다. 아이러니하게도, 올리버 스톤이

최근에 한 인터뷰에서 밝힌 바에 따르면, 고든 게코를 무자비한 은행가로 묘사했음에도 불구하고 대부분의 월스트리트 은행가들은 그 캐릭터를 멀리 두지 않았다. 오히려 이 캐릭터는 1980년대 월스트리트에 진출한 많은 젊은 은행가에게 롤 모델로 작용했다("Greed Never Left," 2010).

12 스위스 군대는 전문 군사조직이 아니라 민병대로 조직되어 있다.

13 이러한 구분은 프라이빗 뱅킹 종사자들이 주로 사용하는 단순화된 직무 범주 구분법이다. 필자는 이를 분석적 범주 구분으로 이용했다.

14 전문가의 실체성에 대한 논의를 위해서는 Boyer(2005)와 Mason and Stoilkova(2012)를 참고하라.

제4장

1 이 장에서 사용된 정보는 현장 연구가 거의 절반 정도 진행된 2011년 10월 말 당시 스위스 은행의 조직구조 및 임직원의 고용 현황에 기초한다. 2년여간의 현장 연구 기간 중, 재무분석팀에 많은 신입 직원이 들어왔고 일부는 다른 부서로 옮겼으며, 구조조정 과정에서 해고되거나 팀이 변경되는 등의 변화가 있었다. 급속한 전환, 직원 이직, 그리고 지속적인 구조조정 과정은 유연 자본주의(flexible capitalism)의 특징적 면모다. 이처럼 계속되는 현장의 변화 때문에 스위스은행의 재무분석 부서에 관한 수치나 정보는 유동적이며 특정 시점의 임시적 현황(snapshot)으로 이해되어야 한다.

2 이와 같은 열악한 조건들은 베버(Weber, [1905] 2009)가 언급한 "세속적 금욕주의"의 결과로 해석될 수 있다. 베버에게 이는 근대 자본주의 사상의 발전에 기여한 프로테스탄트 윤리의 한 부분이 된다.

3 다만 정크본드(junk bond)와 같이 신용 등급이 낮아 투기적 목적으로 활용되는 경우는 예외이다.

4 주의할 점은 여름 인턴십이 스위스에서는 공개 입찰로 이루어지는 일자리라는 것이다. 미국이나 영국과는 달리 이러한 일자리가 관련 기관의 고객 자녀나 제휴사에게 주어지는 경우는 드물다.

제5장

1 가치평가(valuation)를 문화적 관행(cultural practice)으로 보는 일부 학자들(예: Bessy and Chauvin, 2013; Fourcade, 2011; Helgesson and Muniesa, 2013; Stark, 2009)도 있다. 스타크(Stark, 2009: 7~8)는 가치평가 연구가 경제학자들이 **가치**(*value*)를 연구하는 것과 사회학자들이 **가치들**(*values*)에 대해 연구하는 것 사이에 존재하는 기존 분업 방식을 극복하는

것을 의미한다고 언급했다. 최근에는 경제적 가치(economic value)가 인류학에서도 중요한 연구 주제가 되었다(참조: Graeber, 2001, 2005; Gregory, 2014).

2 물론 일부 경제학자들도 시장 효율성이 인간의 행동으로 달성된다는 사실을 지적하는데, 대개의 경우 정보비대칭(information asymmetries)으로 인한 단기적 가격차를 이용하여 이득을 얻는 **차익거래**(*arbitrage*)의 역할을 강조한다(참조: Miyazaki, 2007).

3 헤르츠는 이 개념을 '삼차 논리(a logic of the third degree)'로 설명한다. "케인즈가 불편함을 느끼는 지점은 '실제' 사실 여부나, 또는 다른 사람들이 '진짜' 사실이라고 생각하는 것을 표현한 것(representation)에 기반하는 선택이 아니라, 다른 사람들의 표현에 대한 표현에 기반한 선택에 대한 것이며, 이 경우 기준으로서 현실에 대한 고려는 완전히 사라진다"라고 설명한다(Hertz, 2000: 42). 그러나 헤르츠가 주장하듯이, 경제에서 실제적인 것(the real)과 투기적 추정들(the speculative) 사이의 구분에 대한 케인즈의 불편함은 그냥 주어진 것으로 보기보다는, 더 복잡한 존재론적 관점에서 이해되어야 한다. 헤르츠는 금융시장이 확실히 표현(그리고 표현에 대한 표현)을 다루지만, 이들의 (물질적일뿐만 아니라 사회적인) 효과는 항상 실제적인 것으로 보아야 한다고 주장한다(참조: Lepinay and Hertz, 2005; Muniesa, 2014: 22).

4 카를로 카두프(Carlo Caduff)는 이러한 의견의 유사한 형성과 확산을 전염(Contagion)으로 설명한다(Caduff, 2015).

5 Luhmann(1998); Rabinow(2008: 57~60); Caduff(2015); Leins(2013) 참조.

제6장

1 스위스 독일어로 이뤄진 원래 대화에서 마르코는 다른 사람과 공감하는 능력뿐만 아니라 감을 기르는 것(developing a feeling)을 묘사하는 말로 "gschpüre"와 "gschpürsch mi"라는 용어를 사용했다. 이러한 친사회적 요소(prosocial element)가 마르코로 하여금 인류학자는 정의상 사회적 상호작용뿐만 아니라 시장 상황 감각(feelings in a market context)도 뛰어날 것이라고 말하게 한 것이다.

2 이는 벤저민 그레이엄(Benjamin Graham)을 깊이 연구한 워런 버핏(Warren Buffett)이 만든 문구다.

3 이러한 발견들은 현재 인기 있는 관점, 즉 금융시장을 하나의 커다란 카지노라고 보는 (일반적으로 카지노 자본주의라는 용어로 표현되는) 관점을 지지하는 것은 결코 아니다. 카시디(Cassidy, 2009)가 보여주는 것처럼, 주식 투자와 달리 카지노 도박은 불확실성이 아닌 오직 위험에만 관여한다(casino gambling involves only risk, not uncertainty). (계산 가능한) 위험과 (계산 불가능한) 불확실성을 구분하는 나이트(Knight, 1921)를 언급하면서, 카시디는 금융시장은 위험뿐만 아니라 불확실성도 다루지만 카지노 도박 참여자는 오직

위험만을 다룬다고 주장한 것이다(Appadurai, 2016 참고). 한편 금융시장을 카지노로 파악하는 관념은 가치를 창출하는 실물경제(real economy)와 대비하여 금융시장은 가치를 파괴하는 시스템이라고 비난하는 데 이용되기도 한다(도박과 금융의 역사적 관점에 대해서는 de Goede(2005)를 참고). 헤르츠와 레인스(Hertz and Leins, 2012)는 투기경제(speculative economy)와 실물경제(real economy)의 이러한 구분은 단지 낭만적 그림에 불과하다고 주장한 바 있다. 금융뿐만 아니라 소위 실물경제까지 포괄하는 자본주의의 기저 논리(underlying logic of capitalism)를 제대로 파악하지 못하기 때문이다(Hertz, 2000 참고).

4   물론 소위 자유시장 역시 실제로는 완전히 규제를 벗어난 적도, 그리고 모든 이가 동일한 조건에서 참여하는 민주적 시장이었던 적도 결코 없었다. 그런 점에서 시장은 언제나 제도화된 권력 구조 안에 형성된다는 신제도파 경제학의 비판은 되새겨 볼 만하다. 소위 자유시장에 의해 누군가는 권력을 부여받게 되지만, 그런 자유시장이 누군가에게는 자유로운 운영 기회를 제약한다는 것이다. 이러한 점을 강조하고자 필자는 "자유시장"이 아니라 "자유시장 내러티브"에 대해 말하는 것이다.

5   스위스은행의 애널리스트는 스위스 주식이 아닌 주식에 대해서도 분석과 예측을 제공한다. 여기서 보고 시점은 보고 대상 기업의 모국의 시간에 의존한다.

6   이 보고서에서도 회사명과 CEO 이름뿐만 아니라 정확한 디자인 모두 익명 처리되었다. 그러나 이 보고서 안의 내러티브 자체와 관련 시장 정보는 2013년경 스위스은행이 발간한 보고서의 내용과 거의 동일한 것이다. 보고서의 인용 문구는 원래의 스펠링과 문법을 그대로 따랐다.

7   여기서 흥미로운 점은 애널리스트의 투자 전략이 집단적이면서도 개별적인 접근이라는 것이다. 한편으로 애널리스트는 공유되는 전략 레퍼토리와 기호 체계를 가진다. 자유시장에 기대되는 작동 방식에 대한 관점 역시 집단적으로 공유되는 인식틀(collectively shared cognitive frame)이다. 그러나 그들의 선택의지를 강조하기 위해서는 그 접근법이 독창적이고 개인적인 것이 되어야 한다. 따라서 대개 그들은 자신의 투자 내러티브가 부분적으로는 각자만의 통찰과 신념에 근거한다고 주장한다. 5장에서 언급한 바와 같이, 내러티브 형성에서 원천 정보(original information)의 사용이 중요해진다. 독특하고 독창적인 정보 원천을 이용함으로써 애널리스트는 개인적으로 숙련된 전문가로서 다른 애널리스트가 쉽게 복제하기 어려운 접근법을 채택할 수 있는 역할을 강조하는 것이다.

제7장

1   "거시성장" 개념 명칭은 익명성 보장을 위해 원래 개념의 명칭을 가칭으로 바꾼 것이다.

2   미소금융(microfinance)은 다른 금융 접근이 불가능한 이들에게 소액을 대출해 주는 개념

으로, 1970년대에 무함마드 유누스(Muhammad Yunus)에 의해 등장했다. 미소 대출을 통해 빈곤 퇴치에 기여한 공로로 2006년 유누스와 그라민뱅크(Grameen Bank)는 노벨평화상을 수상했다. 그러나 미소금융기관의 너무나 높은 이자율과 공동 책임(collective custody) 관행으로 인해 인류학자들뿐만 아니라 경제학자들도 미소금융을 비판하는 바이다. 어떤 이는 미소금융이 가난한 자들도 사업을 할 수 있도록 돕는다고 하지만, 다른 이들은 전 지구적으로 채무와 금융 종속을 확장하는 신자유주의 전략이라고 본다(Elyachar 2005, 2012; Rankin and Shakya, 2007 참고).

3   이 인용 문구는 공식적으로는 밀턴 프리드먼(Milton Friedman)의 것이라고 할 수 없으나, 금융시장 저술이나 학술 논문에서 종종 그렇게 인용된다. 예로 Smith and Thurman(2007: 34)를 참고하라.

4   포크와 쉐크(Falk and Szech, 2013)의 실험경제학(experimental economics) 연구는 시장 과정(market processes)이 책임의 외부화(externalization of responsibilities)로 이어져 도덕가치의 역할을 주변화(marginalize the role of moral values) 시킬 수 있다는 가정을 지지한다. 이들은 저명한 ≪사이언스(Science)≫ 저널에 게재된 논문을 통해 시장 및 비시장 상황에서 행위자들이 도덕가치를 고려하려는 정도를 비교하는 실험의 결과를 보여준다. 각 참가자들에게는 금융적 보상을 위해 죽일 수 있는 쥐가 주어졌다. 다양한 설정의 실험에서 쥐를 죽이기 위해 주어져야 할 보상이 비시장 상황에서는 상대적으로 더 높았다. 그러나 보상과 쥐를 거래할 수 있는 시장 상황에서는 그 보상 수준이 상당히 낮아졌다. 저자들은 "시장 상호작용(market interaction)은, 개인적으로 표명되는 선호에 비해, 도덕가치를 낮추는 경향성을 보인다"고 결론지었다(Falk and Szech, 2013: 710).

제8장

1   스위스은행협회(Schweizer Bankiervereinigung / Association Suisse des Banquiers)는 모든 스위스 금융기관의 상위 조직이다. 주로 로비 활동을 하는 조직이지만, 협회는 때때로 지침을 개발하며, 이러한 지침은 스위스 금융감독 당국인 FINMA에 의해 참조되기도 한다.

2   "차이니즈 월(Chinese wall)"은 규제 지침에 따라 요구되는 은행 부서 간의 공간적 및 정보적 분리를 설명하기 위해 은행에서 자주 사용되는 용어이다.

3   이처럼 지식에 대한 접근을 규제하는 것은 흥미로운데, 이러한 규정을 제정하고 시행한 사람들이 자본주의의 반사적 속성(reflexive nature), 즉 행위자의 정보 접근이 금융 현실에 영향을 미친다는 사실을 잘 알고 있었다는 것을 보여준다(Thrift, 2005 참고). 또한 이러한 규제는, 정보 접근을 표준화함으로써 정보 효율적인 시장이 어떻게 작동하게 되는지를 보여준다(see Ortiz, 2013).

4   물론, 스위스은행의 주식시장 애널리스트들이 구조화 상품이나 풋옵션을 추천할 수 없다

는 사실에 의해서도 애널리스트들의 낙관적 편향은 더욱 강화된다. 주가 하락을 이용하는 금융 상품인 풋옵션을 추천하면 애널리스트들은 고객들에게 하락하는 시장에서 금융적 이익을 얻는 방법을 보여줄 수 있다. 구조화 상품과 풋옵션을 추천할 수 없기 때문에, 매수 추천은 단기적으로 투자자들이 금융적 이익을 얻을 수 있는 유일한 방법이다.

5   개인적인 대화에서 루드니츠키(Daromir Rudnyckyj)가 언급한 것처럼, 이 책은 B가 때로는 A를 유도하고 A를 변환시킨다는 점을 보여준다. 경제학 논리에 대해 이야기할 때 앤은 그녀 업무의 이러한 반사적 속성에 대해서는 망각하는 것 같다.

6   위기 개념을 정의하고 이를 활용하는 데 있어서 전문가의 역할에 대해서는 Caduff(2014, 2015)를 참고하라.

7   상품화(commodification)는 일반적으로 마르크스(Karl Marx)로부터 기인하는 개념이다. 비록 마르크스 스스로는 이 용어를 사용한 적이 없지만. 그러나 『자본론: 정치경제학 비판 제1권(the first volume of Capital: A Critique of Political Economy)』([1867] 1990)에서 그는 자본주의에서 재화가 시장에서 거래되기 위해 어떻게 상품 형태(commodity form)를 취하게 되는지 정확하게 소개한다.

제9장

1   캘런(Callon, 2007)은 "갇힌 경제학자(confined economists)" 그리고 "야생의 경제학자(economist in the wild)"를 구분하면서 이러한 점을 지적했다. 그러나 필자가 아는 한, 이러한 차별화는 수행성에 관한 대부분의 실증 연구에서 다루어지지 않았다.

2   슘페터(Joseph Schumpeter)는 혁신은 기존 지식이 아니라 오로지 미래의 상상체(imaginaries of the future)로부터 도출되므로 계산적 접근법에 기반할 수 없다고 주장하면서 비슷한 지적을 했다(Schumpeter, [1911] 2012; Beckert, 2013: 328~329; see also Bear, 2015).

참고문헌

Abolafia, Mitchel Y. 1996. *Making Markets: Opportunism and Restraint on Wall Street.* Cambridge, MA: Harvard University Press.

_____. 1998. "Markets as Cultures: An Ethnographic Approach." In *The Laws of the Markets.* edited by Michel Callon, 69~85. Oxford, UK: Blackwell.

Acheson, James M. 1994. "Welcome to Nobel Country: A Review of Institutional Economics." In *Anthropology and Institutional Economics: Monographs in Economic Anthropology.* edited by James M. Acheson, 3~42. Lanham, MD: University Press of America.

Akerlof, George and Robert J. Shiller. 2009. *Animal Spirits: How Human Psychology Drives the Economy, and Why It Matters for Global Capitalism.* Princeton, NJ: Princeton University Press.

Appadurai, Arjun. 2016. *Banking on Words: The Failure of Language in the Age of Derivative Finance.* Chicago: University of Chicago Press.

Bardhan, Ashok and Dwight Jaffee. 2011. "Globalization of R&D: Offshoring Innovative Activity to Emerging Economies." In *Global Outsourcing and Offshoring: An Integrated Approach to Theory and Corporate Strategy.* edited by Farok J. Contractor, Vikas Kumar, Sumit K. Kundu and Torben Pedersen, 48~72. Cambridge: Cambridge University Press.

Barry, Andrew and Don Slater. 2002. "Technology, Politics and the Market: An Interview with Michel Callon." *Economy and Society* 31(2): 285~306.

Baumann, Claude. 2006. *Ausgewaschen: Die Schweizer Banken am Wendepunkt.* Zurich:

금융시장의 이야기꾼들

Xanthippe.

Bear, Laura. 2014a. "Capital and Time: Uncertainty and Qualitative Measures of Inequality." *British Journal of Sociology* 65(4): 639~649.

_____. 2014b. "Doubt, Conflict, Mediation: The Anthropology of Modern Time." *Journal of the Royal Anthropological Institute* 20(1): 3~30.

_____. 2015. "Capitalist Divination: Populist-Speculators and Technologies of Imagination on the Hooghly River." *Comparative Studies in South Asia, Africa and the Middle East* 35(3): 408~423.

_____. 2016. "Time as Technique." *Annual Review of Anthropology* 45: 487~502.

Beckert, Jens. 2013. "Capitalism as a System of Expectations: Toward a Sociological Microfoundation of Political Economy." *Politics and Society* 41(3): 323~350.

_____. 2016. *Imagined Futures: Fictional Expectations and Capitalist Dynamics.* Cambridge, MA: Harvard University Press.

Beckert, Jens and Hartmut Berghoff. 2013. "Risk and Uncertainty in Financial Markets: A Symposium." *Socio-Economic Review* 11(3): 497~499.

Bergier, Jean-Francois. 1990. *Wirtschaftsgeschichte der Schweiz: Von den Anfangen bis zur Gegenwart.* 2nd ed. Zurich: Benziger.

Bessy, Christian and Pierre-Marie Chauvin. 2013. "The Power of Market Intermediaries: From Information to Valuation Processes." *Valuation Studies* 1(1): 83~117.

Beunza, Daniel and Raghu Garud. 2007. "Calculators, Lemmings or Frame-Makers? The Intermediary Role of Securities Analysts." In *Market Devices*, edited by Michel Callon, Yuval Millo and Fabian Muniesa, 13~39. Malden, MA: Blackwell.

Beunza, Daniel and David Stark. 2004. "Tools of the Trade: The Socio-Technology of Arbitrage in a Wall Street Trading Room." *Industrial and Corporate Change* 13(2): 369~400.

Bloch, Maurice E. F. 1998. *How We Think They Think: Anthropological Approaches to Cognition, Memory and Literacy.* Boulder, CO: Westview.

Bodie, Zvi, Alex Kane and Alan J. Marcus. 2002. *Investments.* 5th ed. New York: McGraw-Hill.

Bogle, John C. 2008. "A Question So Important that It Should Be Hard to Think about Anything Else." *Journal of Portfolio Management* 34(2): 95~102.

Bonhage, Barbara, Hanspeter Lussy and Marc Perrenoud. 2001. *Nachrichtenlose Vermogen bei Schweizer Banken: Depots, Konten und Safes von Opfern des national-sozialistischen Regimes und Restitutionsprobleme in der Nachkriegszeit*. Veroffentlichungen der UEK, Band 15. Zurich: Chronos.

Bourdieu, Pierre. 1984. *Distinction: A Social Critique of the Judgement of Taste*. Cambridge, MA: Harvard University Press.

Boyer, Dominic. 2005. "The Corporeality of Expertise." *Ethnos* 70(2): 243~266.

_____. 2008. "Thinking Through the Anthropology of Experts." *Anthropology in Action* 15(2): 38~46.

Brinton, Mary C. and Victor Nee(eds.). 1998. *The New Institutionalism in Sociology*. Stanford, CA: Stanford University Press.

Brockling, Ulrich. 2016. *The Entrepreneurial Self: Fabricating a New Type of Subject*. London: Sage.

Bruce, Brian. 2002. "Stock Analysts: Experts on Whose Behalf?" *Journal of Psychology and Financial Markets* 3(4): 198~201.

Bundesgesetz uber die Banken und Sparkassen. 1934. "Bundesgesetz uber die Banken und Sparkassen(Bankengesetz, BankG)." November 8. http://www.admin.ch/opc/de/classified-compilation/19340083/index.html.

Butler, Judith. 2010. "Performative Agency." *Journal of Cultural Economy* 3(2): 147~161.

Caduff, Carlo. 2014. "Pandemic Prophecy, or How to Have Faith in Reason." *Current Anthropology* 55(3): 296~315.

_____. 2015. *The Pandemic Perhaps: Dramatic Events in a Public Culture of Danger*. Oakland: University of California Press.

Çalişkan, Koray and Michel Callon. 2009. "Economization, Part 1: Shifting Attention from the Economy towards Processes of Economization." *Economy and Society* 38(3): 369~398.

_____. 2010. "Economization, Part 2: A Research Programme for the Study of Markets." *Economy and Society* 39(1): 1~32.

Callon, Michel. 1998. "Introduction: The Embeddedness of Economic Markets in Economics." In *The Laws of the Markets*, edited by Michel Callon, 1~57. Oxford, UK: Blackwell.

_____. 2007. "What Does It Mean to Say That Economics Is Performative?" In *Do Economists Make Markets? On the Performativity of Economics*, edited by Donald MacKenzie, Fabian Muniesa and Lucia Siu, 311~357. Princeton; NJ: Princeton University Press.

Carrier, James G. 1997. *Meanings of the Market: The Free Market in Western Culture.* New York: Berg.

_____. 2012. Introduction to *Ethical Consumption: Social Value and Economic Practice.* edited by James G. Carrier and Peter G. Luetchford, 1~36. New York: Berghahn.

Carroll, Noel and John Gibson(eds.). 2011. *Narrative, Emotion, and Insight.* University Park, PA: Pennsylvania State University Press.

Carruthers, Bruce G. and Wendy Nelson Espeland. 1991. "Accounting for Rationality: Double-Entry

Bookkeeping and the Rhetoric of Economic Rationality." *American Journal of Sociology* 97(1): 31~69.

Cartwright, Edward. 2011. *Behavioral Economics.* London: Routledge.

Cassidy, Rebecca. 2009. "'Casino Capitalism' and the Financial Crisis." *Anthropology Today* 25(4): 10~13.

Cassidy, Rebecca, Andrea Pisac and Claire Loussouarn(eds.). 2013. *Qualitative Research in Gambling: Exploring the Production and Consumption of Risk.* London: Routledge.

Cassis, Youssef(ed.). 1992. *Finance and Financiers in European History 1880-1960.* Paris: Editions de la Maison des Sciences de l'Homme; Cambridge: Cambridge University Press.

Cassis, Youssef and Jakob Tanner. 1992. "Finance and Financiers in Switzerland, 1880-1960(with Fabienne Debrunner)." In *Finance and Financiers in European History 1880-1960.* edited by Youssef Cassis, 293~316. Paris: Editions. de la Maison des Sciences de l'Homme; Cambridge: Cambridge University Press.

_____(eds.). 1993. *Banken und Kredit in der Schweiz(1850-1930).* Zurich: Chronos.

Chesney, Marc. 2014. *Vom Grossen Krieg zur Permanenten Krise: Der Aufstieg der Finanzaristokratie und das Versagen der Demokratie.* Zurich: Versus.

Chiapello, Eve. 2015. "Financialisation of Valuation." *Human Studies* 38(1): 13~35.

Chong, Kimberly and David Tuckett. 2015. "Constructing Conviction through Action and Narrative: How Money Managers Manage Uncertainty and the Consequence for Financial Market Functioning." *Socio-Economic Review* 13(2): 309~330.

Coase, Ronald H. 1937. "The Nature of the Firm." *Economica* 4(16): 386~405.

Comaroff, Jean and John L. Comaroff. 2000. "Millennial Capitalism: First Thoughts on a Second Coming." *Public Culture* 12(2): 291~343.

Commons, John R. 1924. *Legal Foundations of Capitalism*. New York: Macmillan.

Copeland, Tom, Tim Koller and Jack Murrin. 2000. *Valuation: Measuring and Managing the Value of Companies*. 3rd ed. New York: Wiley.

Cowles, Alfred 3rd. 1933. "Can Stock Market Forecasters Forecast?" *Econometrica* 1(3): 309~324.

"Currency Wars." 2010. *Economist*, October 16. http://www.economist.com/printedition/2010-10-16.

De Goede, Marieke. 2005. *Virtue, Fortune, Faith: A Genealogy of Finance*. Minneapolis, MN: University of Minnesota Press.

Dreman, David. 2002. "Analysts' Conflicts-of-Interest: Some Behavioral Aspects." *Journal of Psychology and Financial Markets* 3(3): 138~140.

Elyachar, Julia. 2005. *Markets of Dispossession: NGOs, Economic Development, and the State in Cairo*. Durham, NC: Duke University Press.

_____. 2012. "Before (and after) Neoliberalism: Tacit Knowledge, Secret of the Trade and the Public Sector in Egypt." *Cultural Anthropology* 27(1): 76~96.

Ensminger, Jean. 1992. *Making a Market: The Institutional Transformation of an African Society*. Cambridge: Cambridge University Press.

Epstein, Gerard. 2005. "Introduction: Financialization and the World Economy." In *Financialization and the World Economy*. edited by Gerard Epstein, 3~16. Cheltenham, UK: Edward Elgar.

Esposito, Elena. 2011. *The Future of Futures: The Time of Money in Financing and Society*. Cheltenham, UK: Edward Elgar. Evans-Pritchard,

Edward E. 1937. *Witchcraft, Oracles and Magic among the Azande*. Oxford, UK: Clarendon Press.

Falk, Armin and Nora Szech. 2013. "Morals and Markets." *Science* 340: 707~711.

Fama, Eugene F. 1965. "The Behavior of Stock-Market Prices." *Journal of Business* 38(1): 34~105.

_____. 1970. "Efficient Capital Markets: A Review of Theory and Empirical Work." *Journal of Finance* 25(2): 383~417.

Fama, Eugene F. and Kenneth R. French. 1992. "The Cross-Section of Expected Stock Returns." *Journal of Finance* 47(2): 427~465.

_____. 1993. "Common Risk Factors in the Return on Stocks and Bonds." *Journal of Financial Economics* 33(1): 3~56.

Ferraro, Fabrizio, Jeffrey Pfeffer and Robert I. Sutton. 2005. "Economics, Language and Assumptions: How Theories Can Become Self-Fulfilling." *Academy of Management Review* 30(1): 8~24.

Finke, Peter. 2005. *Nomaden im Transformationsprozess: Kasachen in der Post-Sozialistischen Mongolei*. Munster, Ger.: LIT.

_____. 2014. *Variations on Uzbek Identity: Strategic Choices, Cognitive Schemas, and Political Constraint in Identification Processes*. New York: Berghahn.

FINMA. 2008. "Rundschreiben 2008/10: Selbstregulierung als Mindeststandard." November 20. https://www.finma.ch/de/~/media/finma/dokumente/dokumentencenter/myfinma/rundschreiben/finma-rs-2008-10.pdf?la=de.

Foucault, Michel. 2008. *The Birth of Biopolitics: Lectures at the College de France, 1978-1979*. Houndmills, UK: Palgrave Macmillan.

Fourcade, Marion. 2011. "Cents and Sensibility: Economic Valuation and the Nature of 'Nature.'" *American Journal of Sociology* 116(6): 1721~1777.

Francini, Esther Tisa, Anja Heuss and Georg Kreis. 2001. *Fluchtgut-aubgut: Der Transfer von Kulturgutern in und uber die Schweiz 1933-1945 und die Frage der Restitution*. Veroffentlichungen der UEK, Band 1. Zurich: Chronos.

Free by 50. 2009. "Jim Cramer versus a Monkey: Who Wins?" April 21. http://www.freeby50.com/2009/04/jim-cramer-versus-monkey-who-wins.html.

French, Kenneth R. 2008. "Presidential Address: The Cost of Active Investing." *Journal of Finance* 63(2): 1537~1573.

Friedman, Milton. 1962. *Capitalism and Freedom*. Chicago: University of Chicago Press.

Friedman, Milton and Rose D. Friedman. 1990. *Free to Choose: A Personal Statement*. Orlando, FL: Harcourt.

Furubotn, Eirik G. and Rudolf Richter. 2005. *Institutions and Economic Theory: The Contributions of the New International Economics*. 2nd ed. Ann Arbor: University of Michigan Press.

Gale, Ian and Joseph E. Stiglitz. 1989. "A Simple Proof That Futures Markets Are Almost Always Informationally Inefficient." National Bureau of Economic Research, Working Paper No. 3209.

Garcia-Parpet, Marie-France. (1986) 2007. "The Social Construction of a Perfect Market: The Strawberry Auction at Fontaines-en-Sologne." In *Do Economists Make Markets? On the Performativity of Economics*, edited by Donald MacKenzie, Fabian Muniesa and Lucia Siu, 20~53. Princeton; NJ: Princeton University Press.

Garsten, Christina. 2012. "Corporate Social Responsibility and Cultural Practices in Globalizing Markets." In *A Companion to the Anthropology of Europe*, edited by Ullrich Kockel, Mairead Nic Craith and Jonas Frykman, 407~424. Chichester, UK: Wiley-Blackwell.

Geertz, Clifford. 1978. "The Bazaar Economy: Information and Search in Peasant Marketing." *American Economic Review* 68(2): 28~32.

Goldthwaite, Richard A. 2009. *The Economy of Renaissance Florence*. Baltimore, MD: Johns Hopkins University Press.

Graeber, David. 2001. *Toward an Anthropological Theory of Value: The False Coin of Our Own Dreams*. New York: Palgrave.

_____. 2005. "Value: Anthropological Theories of Value." In *A Handbook of Economic Anthropology*, edited by James G. Carrier, 439~454. Cheltenham, UK: Edward Elgar.

_____. 2011. *Debt: The First 5,000 Years*. New York: Melville House.

Graham, Benjamin and David L. Dodd. (1934) 1940. *Security Analysis: Principle and Technique*. 2nd ed. New York: McGraw-Hill.

"Greed Never Left." 2010. *Vanity Fair*, April 1. http://www.vanityfair.com/hollywood/2010/04/wall-street-201004.

Gregory, Chris. 2014. "On Religiosity and Commercial Life: Toward a Critique of Cultural Economy and Posthumanist Value Theory." *HAU: Journal of Ethnographic Theory* 4(3): 45~68.

Grossman, Sanford J. and Joseph E. Stiglitz. 1980. "On the Impossibility of Informationally Efficient Markets." *American Economic Review* 70(3): 393~408.

Guex, Sebastien. 2000. "The Origin of the Swiss Banking Secrecy Law and Its Repercussions for Swiss Federal Policy." *Business History Review* 74(2): 237~266.

Guex, Sebastien and Malik Mazbouri. 2010. "L'Historiographie des Banques et de la Place Financiere Suisses aux 19e-0e Siecles." *Traverse: Revue d'Histoire* 17(1): 203~228.

Guyer, Jane I. 2007. "Prophecy and the Near Future: Thoughts on Macroeconomic, Evangelical, and Punctuated Time." *American Ethnologist* 34(3): 409~421.

Gumperz, John J. and Dell Hymes. 1986. *Directions in Sociolinguistics: The thnography of Communication*. Oxford, UK: Blackwell.

Hablutzel, Peter. 2010. *Die Banken und Ihre Schweiz: Perspektiven einer Krise*. Zurich:

Conzett and Oesch.

Hall, Peter A. and Rosemary C. R. Taylor. 1996. "Political Science and the Three New Institutionalisms." *Political Studies* 44(5): 936~957.

Hann, Chris and Keith Hart. 2009. "Introduction: Learning from Polanyi." In *Market and Society: The Great Transformation Today*, edited by Chris Hann and Keith Hart, 1~16. Cambridge: Cambridge University Press.

_____. 2011. *Economic Anthropology: History, Ethnography, Critique*. Cambridge, UK: Polity.

Hansen, Kristian Bondo. 2015. "Contrarian Investment Philosophy in the American Stock Market: On Investment Advice and the Crowd Conundrum." *Economy and Society* 44(4): 616~638.

Harrington, Brooke. 2016. *Capital without Borders: Wealth Managers and the One Percent*. Cambridge, MA: Harvard University Press.

Hart, Keith and Horacio Ortiz. 2008. "Anthropology in the Financial Crisis." *Anthropology Today* 24(6): 1~3.

Harvie, David, Geoff Lightfoot and Kan Weir. 2013. "Ceux qui Font les Revolutions a Moitie ne Font que se Creuser un Tombeau." Paper presented at the Critical Management Studies Conference, Manchester, UK, July 10~12.

Hayek, Friedrich A. 1944. *The Road to Serfdom*. Chicago: University of Chicago Press.

_____. 1945. "The Use of Knowledge in Society." *American Economic Review* 35(4): 519~530.

_____. 1960. *The Constitution of Liberty*. Chicago: University of Chicago Press.

Helgesson, Claes-Fredrik, and Fabian Muniesa. 2013. "For What It's Worth: An Introduction to Valuation Studies." *Valuation Studies* 1(1): 1~10.

Hertz, Ellen. 1998. *The Trading Crowd: An Ethnography of the Shanghai Stock Market*. Cambridge: Cambridge University Press.

_____. 2000. "Stock Markets as 'Simulacra': Observation That Participates." *Tsantsa* 5: 40~50.

Hertz, Ellen and Stefan Leins. 2012. "The 'Real Economy' and Its Pariahs: Questioning Moral Dichotomies in Contemporary Capitalism." Theorizing the Contemporary, *Cultural Anthropology* website, May 15. http://culanth.org/?q=node/576.

Hilgers, Mathieu. 2012. "The Historicity of the Neoliberal State." *Social Anthropology* 20(1): 80~94.

Ho, Karen. 2005. "Situating Global Capitalisms: A View from Wall Street Investment Banks." *Cultural Anthropology* 20(1): 68~96.

_____. 2009. *Liquidated: An Ethnography of Wall Street.* Durham, NC: Duke University Press.

Hodson, Geoffrey M. 2006. "What Are Institutions?" *Journal of Economic Issues* 40(1): 1~25.

Holmes, Douglas R. 2009. "Economy of Words." *Cultural Anthropology* 24(3): 381~419.

_____. 2014. *Economy of Words: Communicative Imperatives in Central Banks.* Chicago: University of Chicago Press.

Holmes, Douglas and George Marcus. 2005. "Cultures of Expertise and the Management of Globalization: Toward the Re-Functioning of Ethnography." In *Global Assemblages: Technology, Politics, and Ethics as Anthropological Problems,* edited by Aihwa Ong and Stephen J. Collier, 235~252. Malden, MA: Blackwell.

"Investments: Orlando Is the Cat's Whiskers of Stock Picking." 2013. *Guardian,* January 13. http://www.theguardian.com/money/2013/jan/13/investments-stock-picking.

"Is This Really the End?" 2011. *Economist,* November 26. http://www.economist.com/printedition/2011-11-26.

Jensen, Michael C. and Clifford W. Smith Jr. 1984. "The Theory of Corporate Finance: A Historical Overview." In *The Modern Theory of Corporate Finance,* edited by Michael C. Jensen and Clifford W. Smith Jr., 2~20. New York: McGraw-Hill.

Jovanovic, Franck and Philippe Le Gall. 2001. "Does God Practice a Random Walk? The 'Financial Physics' of a Nineteenth-Century Forerunner, Jules Regnault." *European Journal of the History of Economic Thought* 8(3): 332~362.

Juris, Jeffrey S. 2012. "Reflections on #Occupy Everywhere: Social Media, Public Space and Emerging Logics of Aggregation." *American Ethnologist* 39(2): 259~279.

Kahneman, Daniel. 2011. *Thinking, Fast and Slow.* London: Penguin.

Kahneman, Daniel and Amos Tversky. 1973. "On the Psychology of Prediction." *Psychological Review* 80(4): 237~251.

_____. 1979. "Prospect Theory: An Analysis of Decision under Risk." *Econometrica* 47(2): 263~292.

Kanton Zurich. 2011, January. "Finanzplatz Zurich 2011: Monitoring, Prognosen, Perspektiven bis 2020. Eine Studie im Auftrag des Amtes fur Wirtschaft und Arbeit." http://www.awa.zh.ch/dam/volkswirtschaftsdirektion/awa/amt/veroeffentlichunge

n/BAK_2011_1.pdf.

Kendall, Maurice. 1953. "The Analysis of Economic Time Series, Part I: Prices." *Journal of the Royal Statistical Society* 116(1): 11~34.

Keynes, John Maynard. 1936. *The General Theory of Employment, Interest and Money.* New York: Harcourt.

Knight, Frank H. 1921. *Risk, Uncertainty and Profit.* Boston: Houghton Mifflin.

Knight, Jack. 1992. *Institutions and Social Conflict.* Cambridge: Cambridge University Press.

Knight, Jack and Itai Sened. 1995. Introduction to *Explaining Social Institutions,* edited by Jack Knight and Itai Sened, 1~4. Ann Arbor: University of Michigan Press.

Knorr Cetina, Karin. 2007. "Culture in Global Knowledge Societies: Knowledge Cultures and Epistemic Cultures." *Interdisciplinary Science Reviews* 32(4): 361~375.

_____. 2010. "The Epistemics of Information: A Consumption Model." *Journal of Consumer Culture* 10(2): 171~201.

_____. 2011. "Financial Analysis: Epistemic Profile of an Evaluative Science." In *Social Knowledge in the Making,* edited by Charles Camic, Neil Gross, and Michele Lamond, 405~441. Chicago: University of Chicago Press.

Latour, Bruno. 2013. *An Inquiry into Modes of Existence: An Anthropology of the Moderns.* Cambridge, MA: Harvard University Press.

Latour, Bruno and Steve Woolgar. 1979. *Laboratory Life: The Social Construction of Scientific Facts.* London: Sage.

Lee, Frederic. 2009. *A History of Heterodox Economics: Challenging the Mainstream in the Twentieth Century.* London: Routledge.

Leins, Stefan. 2010. "Zur Ethik des islamischen Finanzmarktes." *Zeitschrift fur Wirtschafts-und Unternehmensethik* 11(1): 66~75.

_____. 2011. "Pricing the Revolution: Financial Analysts Respond to the Egyptian Uprising." *Anthropology Today* 27(4): 11~14.

_____. 2013. "Playing the Market? The Role of Risk, Uncertainty and Authority in the Construction of Stock Market Forecasts." In *Qualitative Research in Gambling: Exploring the Production and Consumption of Risk,* edited by Rebecca Cassidy, Andrea Pisac and Claire Loussouarn, 218~232. London: Routledge.

Lepinay, Vincent Antonin. 2011. *Codes of Finance: Engineering Derivatives in a Global Bank.* Princeton, NJ: Princeton University Press.

Lepinay, Vincent Antonin and Ellen Hertz. 2005. "Deception and Its Preconditions: Issues Raised by Financial Markets." In *Deception in Markets: An Economic Analysis*, edited by Caroline Gerschlager, 267~300. Houndmills, UK: Palgrave Macmillan.

Lewis, Michael. 2014. *Flash Boys: A Wall Street Revolt*. New York: W. W. Norton.

LiPuma, Edward and Benjamin Lee. 2004. *Financial Derivatives and the Globalization of Risk*. Durham, NC: Duke University Press.

Lo, Andrew W. 2008. "Efficient Market Hypothesis." In *The New Palgrave Dictionary of Economics*, 2nd ed., edited by Steven N. Durlauf and Lawrence E. Blume. http://www.dictionaryofeconomics.com/dictionary.

Loussouarn, Claire. 2010. "Buying Moments of Happiness: Luck, Time and Agency among Chinese Casino Players in London." PhD diss., Goldsmiths, University of London.

Luhmann, Niklas. 1998. *Observations on Modernity*. Stanford, CA: Stanford University Press.

_____. 2000. *Art as a Social System*. Stanford, CA: Stanford University Press.

MacKenzie, Donald. 2006. *An Engine, Not a Camera: How Financial Models Shape Markets*. Cambridge, MA: MIT Press.

MacKenzie, Donald, Daniel Beunza, Yuval Millo and Juan Pablo Pardo-Guerra. 2012. "Drilling through the Allegheny Mountains: Liquidity, Materiality and High-Frequency Trading." *Journal of Cultural Economy* 5(3): 279~296.

MacKenzie, Donaldd and Yuval Millo. 2003. "Constructing a Market, Performing Theory: The Historical Sociology of a Financial Derivatives Exchange." *American Journal of Sociology* 109(1): 107~145.

MacKenzie, Donald, Fabian Muniesa and Lucia Siu(eds.). 2007. *Do Economists Make Markets? On the Performativity of Economics*. Princeton, NJ: Princeton University Press.

Maggio, Rodolfo. 2014. "The Anthropology of Storytelling and the Storytelling of Anthropology." *Journal of Comparative Research in Anthropology and Sociology* 5(2): 89~106.

Malkiel, Burton. (1973) 1985. *A Random Walk down Wall Street*. 4th ed. New York: W. W. Norton.

Mankiw, N. Gregory. 2015. *Principles of Economics*. 7th ed. Stanford, CT: Cengage Learning.

Mars, Frank. 1998. "'Wir sind alle Seher': Die Praxis der Aktienanalyse." PhD diss., University of Bielefeld.

Marti, Emilio and Andreas Georg Scherer. 2016. "Financial Regulation and Social Welfare: The Critical Contribution of Management Theory." *Academy of Management Review* 41(2): 298~323.

Marx, Karl. (1867) 1990. *Capital: A Critique of Political Economy*, vol.1. London: Penguin.

Mason, Arthur and Maria Stoilkova. 2012. "Corporeality of Consultant Expertise in Arctic Natural Gas Development." *Journal of Northern Studies* 6(2): 83~96.

Maurer, Bill. 2002. "Repressed Futures: Financial Derivatives' Theological Unconscious." *Economy and Society* 31(1): 15~36.

_____. 2005. *Mutual Life, Limited: Islamic Banking, Alternative Currencies, Lateral Reason.* Princeton, NJ: Princeton University Press.

Mauss, Marcel. (1923) 2002. *The Gift: The Form and Reason for Exchange in Archaic Societies.* London: Routledge.

Merton, Robert K. 1948. "The Self-Fulfilling Prophecy." *Antioch Review* 8(2): 193~210.

Michaely, Roni and Kent L. Womack. 2005. "Market Efficiency and Biases in Brokerage Recommendations." In *Advances in Behavioral Finance*, vol. 2. edited by Richard H. Thaler, 389~419. Princeton, NJ: Princeton University Press.

Miller, Daniel. 2002. Turning Callon the Right Way Up. *Economy and Society* 31(2): 218~233.

Miller, H. Laurence. 1962. "On the 'Chicago School of Economics.'" *Journal of Political Economy* 70(1): 64~69.

Mirowski, Philip and Edward Nik-Khah. 2007. "Markets Made Flesh: Performativity, and a Problem in Science Studies, Augmented with Consideration of the FCC Auctions." In *Do Economists Make Markets? On the Performativity of Economics*. edited by Donald MacKenzie, Fabian Muniesa and Lucia Siu, 190~224. Princeton, NJ: Princeton University Press.

Mirowski, Philip and Dieter Plehwe. 2009. *The Road from Mont Pelerin: The Making of the Neoliberal Thought Collective.* Cambridge, MA: Harvard University Press.

Miyazaki, Hirokazu. 2003. "The Temporalities of the Market." *American Anthropologist* 105(2): 255~265.

_____. 2007. "Between Arbitrage and Speculation: An Economy of Belief and Doubt."

Economy and Society 36(3): 396~415.

_____. 2013. *Arbitraging Japan: Dreams of Capitalism at the End of Finance.* Berkeley, CA: University of California Press.

Moebius, Stephan and Markus Schroer. 2010. Introduction to *Diven, Hacker, Spekulanten: Sozialfiguren der Gegenwart.* edited by Stephan Moebius and Markus Schroer, 7~11. Frankfurt am Main: Suhrkamp.

Montier, James. 2002. *Behavioral Finance: Insights into Irrational Minds and Markets.* Chichester, UK: Wiley.

MSCI. 2012, March 2. "GICS Structure." http://www.msci.com/resources/pdfs/MK-GICS-DIR-3-02.pdf.

Muniesa, Fabian. 2008. "Trading-Room Telephones and the Identification of Counterparts." In *Living in a Material World: Economic Sociology Meets Science and Technology Studies,* edited by Trevor Pinch and Richard Swedberg, 291~313. Cambridge, MA: MIT Press.

_____. 2011. "Comment la Bourse Fait ses Prix: Ethnographie d'un Cours d'Action Boursiere." In *Humains, Non-Humains: Comment Repeupler les Sciences Sociales,* edited by Sophie Houdart and Olivier Thiery, 176~190. Paris: Presses Universitaires de France.

_____. 2014. *The Provoked Economy: Economic Reality and the Performative Turn.* London: Routledge.

North, Douglass C. 1990. *Institutions, Institutional Change and Economic Performance.* Cambridge: Cambridge University Press.

_____. 1992. "Institutions and Economic Theory." *American Economist* 36(1): 3~6.

"On the Edge." 2011. *Economist,* July 16. http://www.economist.com/printedition/2011-07-16.

Ortiz, Horacio. "Financial value: Economic, moral, political, global." *HAU: Journal of Ethnographic Theory* 3(1): 64~79.

Osborne, Matthew F. M. 1959. "Brownian Motion in the Stock Market." *Operations Research* 7(2): 145~173.

Pardo-Guerra, Juan Pablo. 2012. "Financial Automation, Past, Present and Future." In *Oxford Handbook of the Sociology of Finance,* edited by Karin Knorr-Cetina and Alex Preda, 567-586. Oxford, UK: Oxford University Press.

Perrenoud, Marc, Rodrigo Lopez, Florian Adank, Jan Baumann, Alain Cortat, and

Suzanne Peters. 2002. *La Place Financiere et les Banques Suisses a l'Epoque du National-Socialisme: Les Relations des Grandes Banques avec l'Allemagne(1931-1946)*. Veroffentlichungen der UEK, Band 13. Zurich: Chronos.

Polanyi, Karl. (1944) 1957. *The Great Transformation: The Political and Economic Origins of Our Time*. Boston: Beacon Press.

Polanyi, Michael. (1966) 2009. *The Tacit Dimension*. Chicago: University of Chicago Press.

Posamentier, Alfred S. and Ingmar Lehmann. 2007. *The Fabulous Fibonacci Numbers*. New York: Prometheus.

Power, Michael. 2012. "Accounting and Finance." In *The Oxford Handbook of Sociology of Finance*, edited by Karin Knorr Cetina and Alex Preda, 293~316. Oxford, UK: Oxford University Press.

Preda, Alex. 2002. "Financial Knowledge, Documents and the Structures of Financial Activities." *Journal of Contemporary Ethnography* 31(2): 207~239.

_____. 2004. "Informative Prices, Rational Investors: The Emergence of the Random Walk Hypothesis and the Nineteenth-Century 'Science of Financial Investments.'" *History of Political Economy* 36(2): 351~386.

_____. 2007. "Where Do Analysts Come From? The Case of Financial Chartism." In *Market Devices*, edited by Michel Callon, Yuval Millo and Fabian Muniesa, 40~64. Malden, MA: Blackwell.

_____. 2009. *Framing Finance: The Boundaries of Markets and Modern Capitalism*. Chicago: University of Chicago Press.

Rabinow, Paul. 2008. *Marking Time: On the Anthropology of the Contemporary*. Princeton, NJ: Princeton University Press.

Rajak, Dinah. 2011. *In Good Company: An Anatomy of Corporate Social Responsibility*. Stanford, CA: Stanford University Press.

Rankin, Katharine N. and Yogendra B. Shakya. 2007. "Neoliberalizing the Grassroots? Microfinance and the Politics of Development in Nepal." In *Neoliberalization: States, Networks, Peoples*, edited by Kim England and Kevin Ward, 48~76. Malden, MA: Blackwell.

Richard, Analiese and Daromir Rudnyckyj. 2009. "Economies of Affect." *Journal of the Royal Anthropological Institute* 15(1): 57~77.

Riles, Annelise. 2004. "Real Time: Unwinding Technocratic and Anthropological

Knowledge." *American Ethnologist* 31(3): 392~405.

_____. 2006. Introduction to *Documents: Artifacts of modern knowledge.* edited by Annelise Riles, 1~8. Ann Arbor: University of Michigan Press.

_____. 2010. "Collateral Expertise: Legal Knowledge in the Global Financial Markets." *Current Anthropology* 51(6): 795~818.

_____. 2011. *Collateral Knowledge: Legal Reasoning in the Global Financial Markets.* Chicago: University of Chicago Press.

Ritzmann, Franz. 1973. *Die Schweizer Banken: Geschichte-heorie-tatistik.* Bern, Switz.: Paul Haupt.

Roose, Kevin. 2014. *Young Money: Inside the Hidden World of Wall Street's Post-Crash Recruits.* New York: Grand Central.

Rudnyckyj, Daromir. 2010. *Spiritual Economies: Islam, Globalization and the Afterlife of Development.* Ithaca, NY: Cornell University Press.

Samir, dir. 2005. *Snow White* [movie]. Zurich: Dschoint Ventschr Filmproduktion.

Samuelson, Paul. 1965. "Proof That Properly Anticipated Prices Fluctuate Randomly." *Industrial Management Review* 6(2): 41~49.

Schumpeter, Joseph A. (1911) 2012. *The Theory of Economic Development: An Inquiry into Profits, Capital, Credit, Interest and the Business Cycle.* New Brunswick, NJ: Transaction.

Sen, Falguni and Michael Shiel. 2006. "From Business Process Outsourcing(BPO) to Knowledge Process Outsourcing(KPO): Some Issues." *Human Systems Management* 25(2): 145~155.

Shefrin, Hersh. 2000. *Beyond Greed and Fear: Understanding Behavioral Finance and the Psychology of Investing.* Boston: Harvard Business School Press.

Shiller, Robert J. 2017. "Narrative Economics." Cowles Foundation Discussion Paper No.2069. https://ssrn.com/abstract=2896857.

"Shoot All the Analysts." 2001. *Financial Times,* March 19. Shouse, Eric. 2005. "Feeling, Emotion, Affect." *M/C Journal* 8(6). http://journal.media-culture.org.au/0512/03-shouse.php.

Simon, Herbert A. 1957. *Models of Man: Social and Rational; Mathematical Essays on Rational Human Behavior in a Social Setting.* New York: Wiley.

Smith, Adam. (1759) 2002. *The Theory of Moral Sentiments.* Cambridge: Cambridge University Press.

_____. (1776) 1991. *An Inquiry into the Nature and Causes of the Wealth of Nations*. Amherst, NY: Prometheus.

Smith, Philip and Eric Thurman. 2007. *A Billion Bootstraps: Microcredit, Barefoot Banking and the Business Solution for Ending Poverty*. New York: McGraw-Hill.

Staheli, Urs. 2010. "Der Spekulant." In *Diven, Hacker, Spekulanten: Sozialfiguren der Gegenwart*. edited by Stephan Moebius and Markus Schroer, 353~365.

Frankfurt am Main: Suhrkamp. Stark, David. 2009. *The Sense of Dissonance: Accounts of Worth in Economic Life*. Princeton, NJ: Princeton University Press.

Stark, David and Daniel Beunza. 2009. "The Cognitive Ecology of an Arbitrage Trading Room." In *The Sense of Dissonance: Accounts of Worth in Economic Life*. edited by David Stark, 118~162. Princeton, NJ: Princeton University Press.

Stehr, Nico. 2008. *Moral Markets: How Knowledge and Affluence Change Consumers and Products*. Boulder, CO: Paradigm.

"Stock Market Becomes Short Attention Span Theater of Trading." 2011. *Forbes*, January 21. http://www.forbes.com/sites/greatspeculations/2011/01/21/stock-market-becomes-short-attention-span-theater-of-trading/.

Strange, Susan. 1986. *Casino Capitalism*. Oxford: Blackwell.

Strathern, Marilyn. 2000. "Introduction: New Accountabilities." In *Audit Cultures: Anthropological Studies in Accountability, Ethics and the Academy*. edited by Marilyn Strathern, 1~8. London: Routledge.

Straumann, Tobias. 2006. "Der kleine Gigant: Der Aufstieg Zurichs zu einem internationalen Finanzplatz." In *Europaische Finanzplatze im Wettbewerb*. edited by Institut fur bankhistorische Forschung, 139~169. Stuttgart: Franz Steiner.

_____. 2010. "The UBS Crisis in Historical Perspective. Expert Opinion, Prepared for the Delivery to UBS AG, 28 September 2010." Working Paper, Institute for Empirical Research in Economics, University of Zurich.

Swiss Bankers Association. 2008. January. *Directives on the Independence of Financial Research*. January. http://shop.sba.ch/12108_d.pdf.

Swiss Federal Council. 1934, February 2. "Botschaft des Bundesrates an die Bundesversammlung betreffend den Entwurf eines Bundesgesetzes uber die Banken und Sparkassen." http://www.amtsdruckschriften.bar.admin.ch/viewOrigDoc.do?ID=10032224.

Tanner, Jakob. 1993. "Die Entwicklung des schweizerischen Finanzplatzes: Fragestellungen und Problemfelder." In *Banken und Kredit in der Schweiz(1850-1930)*. edited by Youssef Cassis and Jakob Tanner, 21~28. Zurich: Chronos.

_____. 1997. "Die internationalen Finanzbeziehungen der Schweiz zwischen 1931 und 1950." *Schweizerische Zeitschrift fur Geschichte* 47(4): 492~519.

_____. 2016. "Narratives." In *Protest Cultures: A Companion.* edited by Kathrin Fahlenbrach, Martin Klimke and Joachim Scharloth, 137~145. New York: Berghahn.

"10 Questions for Daniel Kahneman: Psychologist and Nobel-Winning Economist Daniel Kahneman on Why People Don't Make Rational Choices." 2011. *Time*, November 28. http://content.time.com/time/magazine/article/0,9171,2099712,00.html.

Thrift, Nigel. 2005. *Knowing Capitalism.* London: Sage.

Turner, Victor. 1975. *Revelation and Divination in Ndembu Ritual.* Ithaca, NY: Cornell University Press.

Valdez, Stephen. 2007. *An Introduction to Global Financial Markets.* 5th ed. New York: Palgrave Macmillan.

Van Horn, Robert and Philipp Mirowski. 2010. "Neoliberalism and Chicago." In *The Elgar Companion to the Chicago School of Economics.* edited by Ross B. Emmett, 196~206. Cheltenham, UK: Edward Elgar.

Van Overtveldt, Johan. 2007. *The Chicago School: How the University of Chicago Assembled the Thinkers Who Revolutionized Economics and Business.* Chicago: Agate.

Veblen, Thorstein. (1899) 2007. *The Theory of the Leisure Class: An Economic Study of Institutions.* Oxford, UK: Oxford University Press.

"Vorwarts nach Zurich Paradeplatz." 2011. WOZ, October 13.

Wacquant, Loic. 2012. "Three Steps to a Historical Anthropology of Actually Existing Neoliberalism." *Social Anthropology* 20(1): 66~79.

Wansleben, Leon. 2012. "Financial Analysts." In *The Oxford Handbook of the Sociology of Finance.* edited by Karin Knorr Cetina and Alex Preda, 250~271. Oxford, UK: Oxford University Press.

_____. 2013a. *Cultures of Expertise in Global Currency Markets.* London: Routledge.

_____. 2013b. "Dreaming with BRICs: Innovating the Classificatory Regimes of International Finance." *Journal of Cultural Economy* 6(4): 453~471.

Weber, Max. (1905) 2009. *The Protestant Ethic and the Spirit of Capitalism.* Oxford, UK: Oxford University Press.

Wetzel, Dietmar J., Markus Fluck and Lukas Hofstatter. 2010. "Konturen einer Branche im Umbruch: Das Bankenfeld in Deutschland, Osterreich und der Schweiz." In *Strukturierte Verantwortungslosigkeit: Berichte aus der Bankenwelt*, edited by Claudia Honegger, Sighard Neckel and Chantal Magnin, 335~370. Berlin: Suhrkamp.

"Why Are Swiss Bankers Called Gnomes?" 2010. BBC, February 25. http://news.bbc.co.uk/2/hi/uk_news/magazine/8534936.stm.

"The Wisdom of Exercising Patience in Investing." 2012. Reuters, March 2. http://www.reuters.com/article/us-patience-saft-idUSTRE8210O620120302.

"Woher das Schwarzgeld auf Schweizer Banken kommt." 2010. *Tages-Anzeiger*. February 12.

Working, Holbrook. 1934. "A Random Difference Series for Use in the Analysis of Time Series." *Journal of the American Statistical Association* 29(185): 11~24.

Zaloom, Caitlin. 2003. "Ambiguous Numbers: Trading Technologies and Interpretation in Financial Markets." *American Ethnologist* 30(2): 258~272.

_____. 2004. "The Productive Life of Risk." *Cultural Anthropology* 19(3): 365~391.

_____. 2006. *Out of the Pits: Trading Technologies from Chicago to London*. Chicago: University of Chicago Press.

_____. 2009. "How to Read the Future: The Yield Curve, Affect and Financial Prediction." *Public Culture* 21(2): 245~268.

Zigon, Jarrett. 2012. "Narratives." In *A Companion to Moral Anthropology*, edited by Didier Fassin, 204~220. Chichester: Wiley-Blackwell.

Zuckerman, Ezra W. 1999. "The Categorical Imperative: Securities Analysts and the Illegitimacy Discount." *American Journal of Sociology* 104(5): 1398~1438.

_____. 2012. "Market Efficiency: A Sociological Perspective." In *The Oxford Handbook of the Sociology of Finance*, edited by Karin Knorr Cetina and Alex Preda, 223~249. Oxford, UK: Oxford University Press.

Zucman, Gabriel. 2016. *The Hidden Wealth of Nations: The Scourge of Tax Havens*. Chicago: University of Chicago Press.

찾아보기

옮긴이의 말

이 책의 기본 관점은 경제활동, 특히 금융시장에서 "이야기가 현실을 결정 짓는다"는 것이며, 이러한 생각을 "내러티브의 수행성performativity of narrative" 이라는 용어로 표현한다. 즉, 경제나 금융활동에서 가장 중요한 요소인 "미래 예측"이 기본적으로 "이야기 만들기"라는 것이다. 시장에서 지배적 인 이야기가 만들어지면, 설령 그 내용에 동의하지 않는 사람이 많다 하더 라도, 그 이야기는 모든 시장 활동의 기준점이 된다는 것이다. 이러한 내 러티브 경제 원리는 대표적으로 금리 등 시장 상황에 대한 중앙은행 총재 들의 발언이 실제 경제활동에 미치는 영향에서 발견된다.

저자는 현대의 자본주의 금융시장에서 이러한 미래 예측 이야기를 생 산하고 유통하는 데 가장 주도적인 시장 참여자로 재무분석가, 즉 애널리 스트에 주목한다. 애널리스트는 주로 대형 금융회사에 소속되어 기업이 나 국가가 발행하는 증권을 비롯해 가격평가 대상이 되는 그 어떤 것이라 도 분석하는 일을 담당한다. 가치평가 대상에 관한 이야기를 만들어 유통 시키는 역할로 인해 애널리스트는 어느 정도는 금융시장을 지배하는 셈이

된다. 금융시장은 기본적으로 미래의 계산되는 위험 및 계산할 수 없는 불확실성을 거래한다. 이때 미래 예측의 핵심적인 일, 즉 위험에 대한 계산 및 불확실성에 대한 내러티브를 애널리스트가 만들어내는 것이다. 이 책은 저자가 특히 금융이 발달된 것으로 알려져 있는 자신의 고향 스위스 취리히에 위치한 대형은행 재무분석 부서를 사회금융학 관점에서 현장 연구한 결과물이다. 독자들은 이 책을 통해 애널리스트라는 직업 및 관련된 다양한 배경 지식들에 대해 흥미롭고도 자세한 설명을 얻을 수 있을 것이다.

이 책은 그 내용이 대단히 흥미롭고 시사하는 바가 크지만, 한편으론 금융경제학이나 기업재무 관련 전문용어가 적지 않은 편인데, 이에 역자들은 많은 독자들이 큰 불편함 없이 책의 내용을 이해할 수 있도록 하기 위해 번역어 선택에 신중을 기하고 여러 역자 주를 통해 배경지식에 관한 친절한 설명을 추가했다. 많은 독자들이 이 책을 통해 애널리스트와 금융시장, 더 나아가 자본주의 경제 전반에 대한 새로운 시각 하나를 더하기를 바라며.

2024년 4월
권세훈, 한상범

지은이

슈 테 판 라 인 스 Stefan Leins

· 현 베른 대학교University of Bern 사회인류학 교수Professor of Social Anthropology
· 연구 분야: 상품 거래, 공급망, 금융시장, 경제전문가의 사회적 역할 등
· 저서: 『금융시장의 이야기꾼들Stories of Capitalism: Inside the Role of Financial Analysts』 2018년 시
　　　 카고대학교출판부University of Chicago Press 출간
· 취리히 대학교University of Zurich에서 사회인류학, 경제학, 사회역사, 아랍어를 공부하였고,
　동 대학교에서 박사학위를 취득

옮긴이 (가나다순)

권 세 훈

· 현 상명대학교 경영학부 교수
· 전 자본시장연구원 연구위원
· 전문 분야 : 기업재무, 금융제도
· 저서: 『파생상품 이해』, 『글로벌 ESG 동향 및 국가의 전략적 역할』(공저)
· 서울대학교 국제경제학과를 졸업하고, 동 대학교에서 경영학 석사, 박사학위를 취득

한 상 범

· 현 경기대학교 경제학부 교수
· 현 한국경제발전학회 회장
· 현 금융감독원 "금융감독연구" 편집위원장
· 전 한국금융학회 부회장
· 전 자본시장연구원 연구위원
· 전문 분야 : 자본시장, 금융계량
· 저서: 『경제시계열분석』(공저), 『글로벌 ESG 동향 및 국가의 전략적 역할』(공저)
· 서울대학교 경제학과를 졸업하고, 동 대학교에서 경제학 석사, 박사학위를 취득

한울아카데미 2535

금융시장의 이야기꾼들

애널리스트의 내러티브 전략

지은이 **슈테판 라인스** | 옮긴이 **권세훈 · 한상범** | 펴낸이 **김종수** | 펴낸곳 **한울엠플러스(주)** | 편집 **조인순**

초판 1쇄 인쇄 **2024년 10월 10일** | 초판 1쇄 발행 **2024년 10월 15일**

주소 **10881 경기도 파주시 광인사길 153 한울시소빌딩 3층**

전화 **031-955-0655** | 팩스 **031-955-0656**

홈페이지 **www.hanulmplus.kr** | 등록번호 **제406-2015-000143호**

Printed in Korea.

ISBN 978-89-460-7535-1 03320

※ 책값은 겉표지에 표시되어 있습니다.

※ 이 책에는 KoPubWorld체(한국출판인회의, 무료 글꼴), 나눔체(네이버, 무료 글꼴)가 사용되었습니다.